prometeo
libros

PENSAR ESTE TIEMPO

PENSAR ESTE TIEMPO

Leonor Arfuch
(Compiladora)

Pensar este tiempo
Espacios, afectos, pertenencias

prometeo libros

Pensar este tiempo : espacios, afectos, pertenencias / Leonor
    Arfuch ... [et al.] ; compilado por Leonor Arfuch. - 1a ed . -
    Ciudad Autónoma de Buenos Aires : Prometeo Libros, 2014.
    302 p. ; 22,8 x 25,5 cm. - (Comunicación y crítica cultural)

    1. Filosofía Política. 2. Estudios Culturales. 3. Ciencias de la Co-
    municación. I. Arfuch, Leonor II. Arfuch, Leonor, comp.
    CDD 320.1

Traducciones de Margherita Guastammacchia Oglietti, Margarita Martínez,
Anahí Ré y Ana Gretel Echazú Boshemeieir.
El texto "Culture et technique" fue cedido gentilmente para su traducción
por Presses Universitaires de France y Editorial Cactus.

Cuidado de la edición: Micaela Magni
Armado: María Victoria Ramírez
Corrección: María Inés Howlin

Pringles 521 (C1183AEI), Buenos Aires, Argentina
Tel.: (54-11) 4862-6794 / Fax: (54-11) 4864-3297
editorial@treintadiez.com
www.prometeoeditorial.com

Índice

A Ernesto Laclau, maestro y amigo

Agradezco muy especialmente a Sheldon Leader por su invitación a desarrollar mi investigación en el marco del Centre for Theoretical Studies in the Humanities and the Social Sciences de la Universidad de Essex, Inglaterra, del cual fue director; y a Noreen Harburt, de la misma Universidad, por su inestimable colaboración.

Prólogo a la segunda edición

Hace diez años, en la introducción a la primera edición de este libro, yo decía que los artículos allí reunidos, en una cartografía singular, expresaban, desde distintas perspectivas, una cierta idea de "futuridad". El tiempo transcurrido, tanto en el escenario global como en el local y regional, parece dar razón a aquella estimación anticipada de sus posibles efectos de sentido: algunas tendencias se han acentuado, algunas problemáticas se han agudizado, mientras que los enfoques analítico-críticos siguen siendo de toda pertinencia y hasta resultan, en algunos casos, premonitorios. De allí la decisión de poner esos textos bajo la luz perturbadora del presente.

También, al volver sobre las páginas y evocar los diálogos que las precedieron –encuentros, conversaciones, preocupaciones compartidas con sus autores– descubrí que el libro podría inscribirse, con sus propias coordenadas, en lo que tiempo después –y sobre todo hoy– dio en llamarse "el giro afectivo" (*the affect turn*), por la importancia otorgada a los afectos, o más bien, a la relación entre afecto y lazo social, aunque la virtual afinidad con dicha perspectiva no suponga –salvo quizá en el caso de Scott Lash- la adhesión a ciertos principios que la ubican en estrecha relación con las neurociencias y el estudio de las emociones.

En esa "iluminación retrospectiva", podríamos empezar por la política, a nivel internacional, donde el "Capitalismo metafísico", que según Lash marcaba una inequívoca senda hacia el Oriente –sobre todo la China milenaria- hoy parece imperar sin atenuantes desde las insomnes pantallas del mundo, comprometiendo con su luz deslumbradora las finanzas –y las economías– a nivel global. Contraponiendo lo físico y lo metafísico, la materialidad versus las emanaciones de infinitos signos titilantes, delinea el panorama de una espacio temporalidad sin límites geográficos ni lingüísticos, donde priman energías, afectos y saberes cada vez más sofisticados. Desde otra óptica, Ernesto Laclau condensaba admirablemente en una enigmática pregunta –"Populismo: ¿Qué hay en el nombre?"– los conceptos fundamentales de su teoría y el desarrollo que poco después brindaría en *La Razón populista*, anticipándose en cierto modo a los populismos que marcaron el horizonte regional de América Latina en la última década y aportando de manera decisiva a la reflexión crítica sobre el tema, en estas latitudes y más allá. Pensaba premonitoriamente un tiempo, podríamos decir, que lo tuvo además, en su experiencia vital, como partícipe entusiasta. Por su parte, Chantal Mouffe, desde su perspectiva *agonista* y en una notable síntesis de la misma, reafirmaba la concepción de la democracia como conflicto y el carácter antagónico de la política, poniendo el acento en la relación entre pasiones y política –un tema de candente actualidad- y dando al respecto una señal de alerta: son los populismos de derecha los que parecen haber comprendido mejor que la izquierda su importancia en cuanto al poder de convicción y movilización en el marco de las actuales democracias. El tiempo transcurrido parece haber jugado a su favor si atendemos a la experiencia de *Podemos* en España –para tomar sólo un ejemplo en que la teoría resultó altamente inspiradora–, sin perjuicio de otras manifestaciones de signo inverso, donde populismos de derecha cobran fuerza acentuando tendencia xenófobas y discriminatorias, como en el conflictivo horizonte europeo contemporáneo.

La segunda parte del libro, "Espacios y culturas migrantes" nos enfrenta a un panorama multifacético, donde los diversos hilos de la trama –teóricos, históricos, geopolíticos- se torsionan hoy de otras maneras, formando nuevas figuras en el tapiz –dolorosas, lacerantes- en tanto esa *transculturalidad* producida por la migración tradicional y la radicación en otras tierras –el norte de otras brújulas, otras vidas posibles, otras lenguas– se ha transformado en una huida aterrorizada, en un escape forzoso donde se juega la vida o la muerte. Así, la *espacialidad* que delinea filosóficamente Doreen Massey en su artículo, no como una mera superficie sino en su vínculo indisoluble con la temporalidad, en términos de interrelaciones e interacciones donde el poder se juega "de lo más íntimo a lo global", y entonces, en su intrínseca condición generizada y política, revela en este tiempo su peor faceta: la de tierras arrasadas bajo las bombas, ciudades hechas trizas y seres desesperados vagando entre las ruinas y el despojo, reducido a escombros lo que podría llamarse "el hogar". Una década atrás, cuando todavía la palabra "refugiados" no había alcanzado la desmesura y el tremendo dramatismo con que nos golpea hoy, cuando todavía el mar no había devenido tumba para quienes no lograban alcanzar "la otra orilla", ya David Morley, en sintonía con su colega inglesa, planteaba en su capítulo la complejidad de hablar de *hogar, identidad* y *pertenencia* en un mundo mediatizado, donde diversas "geografías de exclusión", virtuales y materiales, se enfrentan al renovado vaivén de las vidas migrantes, desgajadas de su ámbito, marcando en el escenario europeo, pese a la supuesta difuminación de las fronteras –hoy repuestas bajo alambres de púas- límites rotundos a toda integración. Y es justamente la negociación con esos límites, el hecho de vivir en varios "mundos" lo que aparece, en el trabajo de Aksoy y Robbins, como un desafío ético y político para quienes transitan cotidianamente entre esos dos deícticos sensibles y sintomáticos, 'aquí" y "allí", cada uno con su peso –y su precio– en vivencias, afectos y emociones. Una distancia que se acorta en la satelización con la creciente conectividad, dando lugar a experiencias disímiles, entre ellas las de las comunidades de habla turca en Londres, donde se perfila una nueva manera "transnacional" de estar en el mundo, que surge de la confrontación diaria, ante cada noticia de importancia, de visiones y perspectivas que configuran la "realidad palpable" en ambos escenarios.

Una deambulación diferente, esta vez por los territorios de la infancia, en sus anclajes físicos y en el devenir azaroso de la memoria y la (auto) biografía, es la que nos ofrece Françoise Vergès, nacida en la Isla de Reunión, una insularidad *créole*, según su definición, que marca el deslinde con Francia, la "república colonial" y evoca el devenir migrante de los lejanos ancestros, las trayectorias sufrientes que surcaron el planeta en otros tiempos dejando huellas imborrables. Pero "aquí", en ese peculiar paraíso del Océano Indico, donde no hubo genocidios ni luchas por la liberación, según la autora, pero son bien visibles las "ciudadanías descartables" de ayer y de hoy, se mezclan, en su relato, rebeldías y recuerdos entrañables, modos de re-crearse en otras lenguas, de terminar siendo siempre otra, de mantenerse a distancia física y emocional, de asumir como visión prioritaria no la condena moral de la esclavitud o el colonialismo sino una fuerte crítica política.

La tercera parte, "Interioridades", propone cruzar ese umbral hipotético de la intimidad –poblada sin embargo de lo que acontece "del otro lado"– para interrogarse sobre su configuración subjetiva, a la vez histórica y contemporánea –mi capítulo–; sobre su configuración pasional, espacial y corporal en la poesía –William Rowe– y sobre el peso que ciertas fórmulas del lenguaje tienen en las reacciones emocionales que afectan los comportamientos –Denise Riley. Mi indagación trazaba un arco espacio-temporal desde el mítico "nacimiento" de la subjetividad moderna en el siglo XVIII, con su anclaje obligado, *la casa, el hogar,* hasta la deambulación contemporánea a través de territorios físicos y virtuales, donde se difuminan distancias y umbrales y parece primar la extroversión. Si hace ya más de una década podía hablarse de una "intimidad pública", construida en gran medida por los medios, en su acendrado rol biopolítico, hoy las redes sociales son determinantes en cuanto a los modos de esa exposición, que va de los mundos privados a la política, y constituyen un interesante terreno a explorar. William Rowe, por su parte, enfatiza en una sugerente lectura espacial y objetual de la poesía –palabras como objetos, objetos como palabras– introduciendo una perspectiva diferente para leer la emoción y la pasión, más allá del ritmo y la sonoridad de las palabras: el *cuerpo* de la letra, podríamos decir. Una pasión que también puede ser impersonal, desencadenarse, como nos muestra con sutil ironía Denise Riley, en el uso más inocente del lenguaje, en las sencillas fórmulas que rigen nuestra relación con los otros, aquello que debe hacerse por cortesía o por "buena educación" en tanto conductas socialmente aceptadas. Fórmulas que contienen, al acecho, el riesgo de que una extrema sensibilidad emocional –íntima, privada– quede súbitamente al descubierto.

Política, metafísica, populismo, pasiones y agonismos, crisis, migrancias, destierros, modos de vivir y convivir en la globalización, deambulaciones físicas y emocionales, entornos de la intimidad, formas de leer y de mirar, de asomarse al mundo interior y a la materialidad poética, reflexiones sobre los usos del lenguaje y nuestras relaciones con los otros…quizá ahora se perfile más nítidamente esa "cartografía singular" que se anunciaba al comienzo, como una promesa. Un modo de volver sobre este tiempo, en una transversalidad estimulante, que sin desdibujar líneas teóricas valora inesperadas sintonías, intersecciones y también disonancias.

Buenos Aires, diciembre de 2015

Introducción

Los capítulos que componen este libro transitan por diversos espacios, teóricos, geográficos, poéticos. Sus escrituras se diferencian en temáticas y estilos, trazando una cartografía al mismo tiempo reconocible e inusual. No fueron convocados por una consigna única o un formato predefinido y sin embargo ofrecen una curiosa sintonía: un pensar este (nuestro) tiempo con agudeza, traspasando fronteras canónicas, explorando nuevos territorios, aventurándose, en algunos casos, a una especie de "futuridad".

Tampoco la idea que le dio origen fue preconcebida. Surgió más bien como un *resultado,* como producto de diálogos nunca formales, sostenidos con algunas de las más relevantes figuras del medio académico británico, en un espacio distante de nuestras orillas y una lengua otra, en una ciudad mítica, Londres, quintaesencia de la diversidad cultural, la euforia callejera y una libertad estética que juega a menudo con la extravagancia. Allí, en mayo de 2004, en un viaje como profesora invitada que contó con el financiamiento de la Academia Británica, realicé una extensión de la investigación sobre identidades y culturas migrantes y tuve la oportunidad de entrevistar a los autores que forman parte de esta recopilación –cumpliendo así uno de los objetivos de mi proyecto– y de dialogar con ellos en torno de sus temas actuales, sus preocupaciones, su visión sobre el "estado de las cosas" tanto en términos teóricos como políticos.

Fue esa cercanía, esa irremplazable cualidad de la conversación, la percepción de inquietudes y problemáticas compartidas a pesar de los puntos de vista diversos, lo que me inspiró la idea de reunirlos en un libro –es decir, en una posteridad–, de un modo que quizá no los hubieran reunido sus respectivas especialidades. En efecto, aunque la impronta ya legendaria de los *Cultural Studies* británicos aparece con mayor o menor nitidez en varios de ellos, no constituye sin embargo la línea dominante. Hay, más bien, una interesante transversalidad disciplinaria que va de la filosofía y la teoría política a los estudios culturales, de la geografía cultural a la teoría poscolonial, de la literatura comparada a la semiótica y a la reflexión sobre el lenguaje, sin desasosiego por los límites o los contornos evanescentes. Un agrupamiento heterodoxo, cuya convivencia resulta apasionante tanto por el contraste de las singularidades como por las insospechadas coincidencias.

Varios ejes articulan los capítulos, algunos de ellos, artículos de reciente o simultánea publicación en inglés, otros, escritos especialmente para este libro. El primero, que se dibujó de modo sorprendente en la superficie textual, apenas configurada, tiene que ver con la idea de *espacialidad y sus* significantes asociados –espacio, lugar, superficie, territorio, nación, tierra natal, hogar, etc.–, ligada por supuesto al devenir, el desplazamiento, los tránsitos, los viajes, las migraciones y deambulaciones y, entonces, a lo "propio" y lo extraño, lo íntimo y lo público, la pertenencia y la ajenidad, la otredad, lo extranjero. Una tensión que compromete tanto el espacio físico como el escritural y el poético, y que involucra las múltiples dimensiones de la globalización: geográficas, culturales, políticas, mediáticas, identitarias, afectivas. El espacio –en verdad, la espacio-temporalidad– se torna así objeto de conceptualización en el caso de Doreen Massey; constituye una referencia fuerte en el análisis del capitalismo "metafísico" de Scott Lash; es medular en los artículos de David Morley y de Robins y Aksoy sobre migrancias y (re)localizaciones; deviene geográfico, histórico y vivencial en la escritura de Françoise Vergès; se plasma en la interioridad y la poesía, como en los textos de Arfuch y Rowe, se revela potencialmente conflictivo en las más simples interacciones cotidianas, como lo muestra Denise Riley.

El otro eje articulador, presente en todos los capítulos, es el de los afectos –investiduras, vivencias, pasiones, experiencias–, que es visto tanto en relación con la poética como con la política, la biografía y la vida cotidiana. De creciente importancia en la reflexión actual, sobre todo de la filosofía, la teoría política, la sociología, los estudios culturales y de la diferencia –sin olvidar por cierto el aporte medular del psicoanálisis–, la cuestión de los afectos viene a problematizar, una vez más, la vieja distinción entre público y privado como contraposición entre lo racional y lo afectivo, señalando nuevas vías interpretativas para el análisis de los fenómenos sociales: identificaciones, agrupamientos, pertenencias, memorias colectivas. Pasiones y política, afectos y lazo social aparecen así involucrados en reflexiones sobre los nuevos espacios a conquistar por formas más equitativas de democracia.

Hay además, entre los autores, una común postura no esencialista y una importancia otorgada al lenguaje, su condición performativa –la potencialidad de construir mundos y sentidos–, la fuerza de la nominación y lo inescindible de la dimensión simbólica y retórica. La *forma* deviene así un principio obligado –y ontológico– de toda descripción, más allá de sus eventuales "contenidos", desde el populismo revisitado por Laclau, el capitalismo según Lash o la democracia radical en el modelo de Mouffe, hasta el análisis poético en Rowe y la operatividad de las "fórmulas" de la lengua cotidiana que analiza Riley. Estas coincidencias en cuanto a las concepciones del lenguaje y la discursividad social, también se manifiestan en otros aspectos, tal como puede verse en la trama de referencias compartidas y los reconocimientos recíprocos. Así, y más allá de los temas y enfoques de cada uno, la intertextualidad depara sorpresas no menos estimulantes: se trata de todo un mapa de lecturas, reapropiaciones e interpretaciones que se despliega allí, bajo los ojos, trazando un perfil peculiar del campo epistémico contemporáneo.

Este perfil se caracteriza justamente por no dejar afuera lo político, en su más amplia acepción, como dimensión configurativa de los fenómenos que se analizan, ya sea en una óptica de "gran angular" (Laclau, Lash, Mouffe, Massey, Morley) como en análisis más particulares (Aksoy/Robins, Vergès) o intimistas (Arfuch, Rowe, Riley). En este sentido, hay un cierto carácter propositivo en todos los ensayos, una toma de posición en un debate que señala sus propios adversarios –teóricos y/o políticos– y que sostiene la polémica con diverso grado de intensidad y con armas dispares: la argumentación, la casuística, la metaforicidad, la ironía.

En cuanto a los capítulos en particular, la primera parte reúne los de
carácter más netamente político. Ernesto Laclau emprende la redescripción del "populismo" preguntándose "¿Qué hay en el nombre?" para
plantear la imposibilidad de definirlo en virtud del contenido "óntico"
de los populismos existentes, poco comparables entre sí, y proponer
en cambio que se trata de una categoría ontológica, de una *forma* de
hacer política, una *relación* de diversos elementos que configura al
pueblo de una manera especial. No habrá entonces una "esencia" del
populismo sino que éste será siempre el *resultado* de la combinación de
diversos factores: la dicotomización del espacio social en una frontera
interna que cuestiona el poder, la coincidencia de demandas populares
–y particulares– en algún nivel de universalidad que las trascienda,
es decir, en una instancia superior, política, una forma de constituir
una unidad –lo que el autor llama una *articulación*– y por último, una
relación con el líder que es también una forma de representación. El
"pueblo" no es visto entonces como un dato de la estructura social
sino como una fuerza antagónica, una categoría instituyente de la
política, una instancia superadora de las reivindicaciones particulares.

Scott Lash, por su parte, aborda la caracterización del capitalismo
contemporáneo como "metafísico", contraponiéndolo al carácter material, físico, tangible, de las conceptualizaciones clásicas, inspiradas en la
física newtoniana, que pueden rastrearse ya en los predecesores de Marx.
Su análisis va puntuando la tensión entre lo "físico" y lo "metafísico" a
través de las ideas de "estructura" y "superestructura" –entre otras– y
propone articulaciones entre diferentes pensadores –desde los clásicos,
Hobbes, Kant, Leibniz, a los contemporáneos, Gramsci, Williams,
McLuhan–, interrogando en estos últimos los mecanismos por los cuales lo "cultural" se inviste de "metafísico". Esta etapa del capitalismo,
dominada por la luz de las pantallas, la virtualidad, la intangibilidad del
dinero, donde los medios, la educación y los afectos tienen primacía,
donde la *forma* se vuelve sustancial, adquiere entonces para el autor un
carácter metafísico, y el mundo hacia el cual nos encaminamos, en una
espacialidad cada vez más globalizada, parece estar signado, más que
por el mercado neoliberal, por el intercambio de no-equivalencias y el
desequilibrio, que inclinaría la balanza hacia el Oriente.

El capítulo de Chantal Mouffe plantea la preocupación por la incapacidad de resolver los acuciantes problemas de nuestras sociedades en términos *políticos,* es decir, mediante decisiones que superen el nivel de la "técnica" y expresen el conflicto entre alternativas reales, la tensión antagónica que éstas suponen y la pugna por la hegemonía que es consustancial a la política. En este sentido, analiza los modos en que, en el escenario de la globalización, la narrativa de la moralidad –la distinción entre "lo bueno y lo malo"– va tomando el lugar de los discursos políticos y sociales en tanto que provee lineamientos para la acción colectiva y advierte sobre la dificultad, desde el pensamiento liberal, de reconocer la fuerza propulsora de las pasiones en la política, fuerza que parece hasta ahora capitalizada en Europa sólo por los populismos de derecha. Retoma su argumento sobre el *agonismo* como la forma natural de la política –donde el adversario no es un mero competidor y tampoco, en términos latos, un "enemigo"– y, al tiempo que hace una crítica al modelo del consenso y a la idea de "ciudadanía cosmopolita", plantea la necesidad de un "orden mundial multipolar", que reconozca el pluralismo de valores en un sentido fuerte.

En la segunda parte, donde predomina la idea de *espacio,* la consideración de los tránsitos que parecen remitir a los modos típicos de ser "contemporáneos", Doreen Massey plantea su "filosofía de la espacialidad", que aboga por una comprensión integradora de la espacio-temporalidad, como posibilidad de interacciones, multiplicidades y coexistencia de las diferencias. En lugar de seguir adheridos al hipotético isomorfismo entre cultura, sociedad y lugar –donde el "lugar" por excelencia sería el Estado-nación–, la autora propone la apertura a una consideración multifacética del espacio global, una nueva imaginación geográfica plena de interrogantes políticos, que también ponga en cuestión la idea de espacio como superficie homogénea y, en consecuencia, la partición del mundo en torno de "centros" y "periferias" o de países "avanzados" versus "atrasados" –lo que significa imaginar las diferencias espaciales en términos temporales –o de ciertos "otros" que vienen *detrás* de "nosotros". El pluralismo de la diferencia –y su simultaneidad–, los espacios propios a cada cultura y su cualidad relacional, la posibilidad de considerar en convivencia tanto lo local como lo internacional se unen, en su planteo, a la necesidad de prestar atención a los *mapas de poder a* través de los cuales se construyen hegemonías e identidades, y de afirmar una concepción *abierta* del espacio, que es también apertura a un futuro que desborda ampliamente los límites del "relato único".

David Morley, a su vez, aborda las transformaciones de la idea de "hogar" en nuestras sociedades mediatizadas, donde el tránsito, la migración y los accesos comunicacionales trazan "mapas" de pertenencias múltiples, difusas y hasta contradictorias. En esta indagación considera tanto los espacios íntimos, domésticos o locales, como los que corresponden a un nivel "macro", como la nación o la comunidad transnacional, vinculando los patrones de consumo de los medios de comunicación con la geografía material en que habitan las audiencias. Su argumentación ofrece un costado polémico al cuestionar "un cierto elogio acrítico de toda noción de movilidad, fluidez e hibridez", que las considera como naturalmente ligadas al progreso, y aboga por una visión más matizada, que contemple la diversidad de posiciones coexistentes en la globalización –tránsitos deseados e indeseados, anclajes e inmovilidades, tanto por opción como por imposibilidad de accesos, fronteras reales, políticas de exclusión, etc.–. Así, una nueva idea de "hogar" tendría que tener en cuenta las múltiples formas de habitación colectiva, de construir identidades y pertenencias, sin hundirse necesariamente en la "recuperación" nostálgica del pasado sino como apertura al diálogo y al reconocimiento de "comunidades en la diferencia".

El artículo de Kevin Robins y Asu Aksoy plantea el caso de las comunidades de habla turca en Londres, crecientemente incorporadas como audiencias de las emisoras turcas transnacionales, fenómeno que según los autores está produciendo nuevos tipos de comunidad "transnacional y transcultural" que alteran los lazos identitarios con el origen. Haciendo una crítica de la concepción sociológica que considera la "nación" y lo "nacional" como vectores de identificación y pertenencia, retoman la noción de Dewey de "experiencia", para abordar su objeto de estudio, con la técnica metodológica de *focus group*. El discurso de los migrantes va delineando así diversas identificaciones, que oscilan entre la conexión a diario con la "tierra natal" y la necesidad de saber qué pasa allí y su "ser y estar" en Londres, donde llevan una vida distinta. Tensión irresuelta, que a veces, quizás a pesar de los propios migrantes –y aun de los investigadores– asoma en alguna expresión fuertemente connotada como "mi corazón está allí" o "en mi cabeza yo vivo allí", donde la persistencia de los afectos campea por sobre las decisiones cotidianas. Al analizar los cambios producidos en cuanto a la relación con el conocimiento y con la sociedad británica, los autores apelan a una idea de raigambre bajtiniana, la de "imaginación dialógica".

Una diferente experiencia migratoria aparece en la narrativa de Françoise Vergès, cuyo capítulo es un verdadero eslabón entre la segunda y la tercera parte del libro, en tanto aborda la problemática del desplazamiento y la migración –con la carga histórica de la esclavitud y el colonialismo– en una geografía particular, la isla Reunión, su "tierra natal", y al mismo tiempo se detiene en una indagación (auto)biográfica y en un trabajo de escritura que es esencial a la voz y a la mirada con que relata la (su) historia. Adoptando la perspectiva poscolonial y mirando desde el presente, la autora analiza los factores que confluyeron en la experiencia del colonialismo francés en la isla, la concepción de "gente descartable" –tan vigente en la globalización–, la imposibilidad de asumir el oxímoron de la "república colonial", el papel de los afectos –"el orgullo, la debilidad, la ingenuidad y la confianza"– en la política, el proceso de "creolización" como un tipo peculiar de mestizaje que *olvida los orígenes* y que puede devenir en una fuerza cultural de resistencia. Desde un lugar descentrado y una lengua-otra, el inglés, Vergès desecha la "condena moral" de la esclavitud o el colonialismo y propone en su lugar una fuerte crítica política, más allá del odio o del resentimiento, que dé cuenta de la violencia estatal involucrada –y sus mecanismos "racionales"–, sus consecuencias, todavía vigentes, y sus supervivencias contemporáneas.

En la tercera parte del libro el foco se desplaza hacia los espacios de la interioridad, donde el lenguaje y la escritura adquieren un lugar preponderante. En mi artículo trazo una breve genealogía de la "intimidad", como espacio material y simbólico instituido en la distinción clásica entre público y privado, para analizar su configuración contemporánea, en la que tal distinción se torna indecidible. Así, a partir de la noción bajtiniana de *cronotopos* (conjunción entre espacio/ tiempo y afecto) me detengo en ciertos lugares emblemáticos: la casa –el hogar–, sus "cronotopías" –objetos, rincones, recuerdos, agendas, cartas, diarios íntimos– proponiendo luego considerar la "intimidad portátil", que se lleva consigo más allá del umbral, o aquella, pública, que entra al hogar a través de las pantallas y los medios de comunicación. Planteando la imposibilidad de separar ambas esferas, la condición *comunicativa* de la intimidad, focalizo en tres espacios significantes: los medios, las artes visuales y la escritura, en los cuales puede percibirse una fuerte acentuación biográfica, intimista, memorial, de "retorno al hogar". Considero luego el impacto de la crítica feminista en cuanto a la "subversión" de la intimidad –y su correlato "natural", el reino doméstico–, y finalmente analizo ciertas formas "nomádicas" de intimidad en la globalización, la tensión entre enraizamiento y desplazamiento que parece animar los tránsitos migratorios y quizá la configuración misma de las identidades.

William Rowe por su parte se interna en la poesía de Jorge Eduardo Eielson, para analizar "cómo el lenguaje genera el espacio, cómo los objetos generan el espacio, y los distintos modos en que se entrecruzan". "Escritura, pasión, espacio y superficie" forman entonces la textura simbólica del poema y de su lectura, que apunta justamente a dar cuenta de la potencia de la poesía como práctica de conocimiento, como modo de decir lo que no puede decirse de otro modo. La obra del poeta peruano permite a Rowe indagar en un aspecto poco atendido en los estudios contemporáneos: la dimensión cinética de la escritura, la relación con el movimiento del cuerpo en el espacio, el desplazamiento físico, interno o externo a la piel. Cuerpo, objetos y escritura se enlazan así en una iconicidad que dibuja espacios canonizados de la intimidad: el cuarto, la ausencia, la silla vacía, la desarticulación del cuerpo en la alucinación o el sueño. Espacios que, curiosamente, vienen, desde la poesía, a afianzar los dichos de la filosofía: una superficie no uniforme, una disgregación de los objetos que sólo el cuerpo humano en movimiento puede transformar en un *continuum*. El espacio migrante y el espacio físico, el cuerpo, como referente primero de la espacialidad, la pasión, como investidura del cuerpo y la palabra, se conjugan así de modo tal que la teoría de la poesía dialoga, en inesperada sintonía, con otras voces de este mismo libro.

¿De qué manera el lenguaje expresa sentimientos? Denise Riley, también ella poeta, filósofa y teórica feminista, se propone reformular esta pregunta a través del análisis de ciertas fórmulas establecidas, cuyo uso en las más banales circunstancias de la vida cotidiana puede entrañar una alta conflictividad. Así, en su capítulo, la autora analiza el funcionamiento de la excusa, en su más simple formulación, como generadora de turbación, incomodidad, vergüenza y culpa. La sensación de "estar mintiendo cuando se dice la verdad" no deriva sin embargo de una propensión neurótica o una debilidad de carácter sino de la peculiaridad del lenguaje, que acarrea su propia carga emocional. La excusa, como fórmula fija, apta para toda circunstancia, genera la sensación de estar diciendo una mentira ingenua, casi infantil, aun cuando sea *verdadera*. Es más, cuanto más "verdadera", más culpa será capaz de producir, al punto que cualquier excusa más elaborada –una historia inventada para la ocasión– sonará más convincente. Riley aborda con sutil ironía esta complejidad afectiva que preside los vínculos cotidianos, donde se pone en juego la mentira social –que también puede ser política– y la verdad en esa "pasión impersonal" que conlleva el lenguaje.

En su diversidad temática, teórica y retórica, y más allá de la relevancia de las cuestiones en juego, el conjunto de los capítulos habla también de las *formas* de leer y pensar este tiempo.

Buenos Aires, julio de 2005

Primera parte
Pensar la política

1. Populismo: ¿qué hay en el nombre?

Ernesto Laclau

Ernesto Laclau fue profesor en la State University of New York at Buffalo y en la Northwestern University , entre otras, de diversos países. Graduado en la Universidad de Buenos Aires en los años 60, hizo su doctorado en Oxford y en la Universidad de Essex, Inglaterra, y vivió en Londres por más de treinta años. Filósofo político de alta incidencia en el pensamiento contemporáneo, creó y dirigió durante varios años el Centre for Theoretical Studies in the Humanities and the Social Sciences, cuyo programa de doctorado convoca discípulos de todo el mundo en torno de una peculiar articulación entre teoría política, análisis del discurso, retórica y psicoanálisis. Esta perspectiva es justamente la que impera en su propio trabajo, de raigambre posmarxista y postestructuralista. Entre sus obras principales pueden citarse *Politics and Ideology in Marxist Theory* (Londres, Verso, 1977); con Chantal Mouffe *Hegemony and Socialist Strategy: Towards a Radical Democratic Politics* (Londres, Verso, 1985) *[Hegemonía y estrategia socialista: hacia una política democrática radical*, Buenos Aires, FCE, 1987]*, un libro que recientemente alcanzó los 50.000 ejemplares en lengua inglesa y que dejó profunda huella en el campo de la filosofía y las ciencias sociales; *Nuevas reflexiones sobre la revolución de nuestro tiempo* (Buenos Aires, Nueva Visión, 1993); *Emancipación y diferencia* (Buenos Aires, Ariel, 1996); *Misticismo, retórica y política* (Buenos Aires, FCE, 2002); con Judith Butler y Slavoj Žižek *Contingencia, hegemonía, universalidad. Diálogos contemporáneos en la izquierda* (Buenos Aires, FCE, 2003); y *La razón populista* (Buenos Aires, FCE, 2005). Acaba de aparecer también una compilación de ensayos críticos sobre su obra: Simon Critchley y Oliver Marchart (eds.), *Laclau. A Critical Reader* (Londres y Nueva York, Routledge, 2004). Ha sido profesor visitante de importantes universidades del mundo. Su obra, originalmente en inglés, ha sido traducida a varios idiomas además del español. Su inquietud teórica siempre fue acompañada por una preocupación política y en ese doble registro fue una voz destacada en el debate internacional y en nuestro propio escenario, en el que participó activamente en los últimos años. Nos dejó inesperadamente en abril de 2014 y en esta re-edición se hace aún más triste y notoria su ausencia..

Título original: "Populism: What's in a name?", publicado en F. Panizza (ed.). *Populism and the Mirror of Democracy,* Londres, Verso, 2005.

Toda definición presupone una grilla teórica que confiere sentido a lo que es definido. Este sentido –como lo afirma la propia noción de definición– sólo puede ser establecido sobre la base de la diferenciación del término definido respecto de alguna otra cosa que la definición excluye. Esto, a su vez, presupone un *terreno* dentro del cual esas diferencias como tales son pensables. Este terreno no es inmediatamente evidente cuando llamamos populista a un movimiento, (una ideología o una práctica política). En los dos primeros casos –movimientos o ideologías– llamarlos populistas implicaría diferenciar ese atributo de otras caracterizaciones en el mismo nivel de definición, tales como "fascista", "liberal", "comunista", etc. Lo cual nos conduce inmediatamente a una tarea complicada y, en última instancia, condenada al fracaso: encontrar ese último reducto en el cual hallaríamos populismo "puro", irreducible a esas otras caracterizaciones alternativas. Si tratamos de hacerlo, entramos en un juego en el cual toda atribución de un contenido social o ideológico al populismo es inmediatamente confrontada con una avalancha de excepciones. Estamos, por lo tanto, obligados a concluir que cuando usamos el término hay algún significado real presupuesto por nuestras prácticas lingüísticas, pero que ese significado no es, sin embargo, traducible en ningún sentido definido.

No podemos, además, señalar mediante ese significado ningún referente identificable (que agotaría ese significado).

¿Qué sucede si pasamos de los movimientos o ideologías como unidades de análisis a las prácticas políticas? Todo depende de cómo se conciba ese pasaje. Si está gobernado por la unidad de un sujeto constituido en el nivel de la ideología o del movimiento político, no hemos, obviamente, avanzado un solo paso en la determinación de aquello que es específicamente populista. Las dificultades para determinar el carácter populista de los sujetos de ciertas prácticas no pueden sino reproducirse en el análisis de las prácticas como tales, en la medida en que estas últimas simplemente *expresan* la naturaleza propia de esos sujetos. Hay, sin embargo, una segunda posibilidad: aquella que supone que las prácticas políticas no *expresan* la naturaleza de los agentes sociales sino que, en cambio, los *constituyen*. En ese caso, la práctica política tendría alguna clase de prioridad ontológica sobre el agente: este último sería simplemente la sedimentación histórica de aquélla. Para ponerlo en términos ligeramente diferentes, las prácticas serían unidades de análisis más primarias que el grupo, es decir, el grupo sería solamente el resultado de una articulación de prácticas sociales. Si este enfoque es correcto, podríamos decir que un movimiento no es populista porque en su política o en su ideología presente unos *contenidos* reales identificables como populistas, sino porque exhibe una particular *lógica de articulación* de esos contenidos, cualesquiera que sean.

Es necesario hacer una última aclaración antes de entrar en la sustancia de nuestro argumento. El uso de la categoría de "articulación" se ha extendido bastante en el lenguaje teórico durante los últimos treinta o cuarenta años, en especial dentro de la escuela althusseriana y en su área de influencia. Debemos decir, sin embargo, que la noción de articulación desarrollada por el althusserianismo estaba básicamente limitada a los contenidos *ónticos* que entran en el proceso de articulación (lo económico, lo político, lo ideológico). Hubo una teorización *ontológica* en lo que concierne a la articulación (las nociones de "determinación en última instancia" y de "autonomía relativa"), pero en la medida en que esas lógicas formales aparecían como necesariamente derivadas del contenido óntico de algunas categorías (por ejemplo, la determinación en última instancia *solamente* podía corresponder a la economía), la posibilidad de desarrollar una ontología de lo social estaba estrictamente limitada desde el comienzo. Dadas estas limitaciones, la lógica política del populismo era impensable.

En lo que sigue, presentaré tres proposiciones teóricas: 1) que pensar la especificidad del populismo requiere comenzar el análisis desde unidades más pequeñas que el grupo (ya sea en el nivel político o en el ideológico); 2) que la de populismo es una categoría ontológica y no óntica, es decir, que su significado no ha de encontrarse en ningún contenido político o ideológico procedente de la descripción de las prácticas de algún grupo particular, sino en un particular *modo de articulación* de cualesquiera contenidos sociales, políticos o ideológicos; 3) que esa forma de articulación, al margen de sus contenidos, produce efectos estructurantes que se manifiestan ante todo en el nivel de los modos de representación.

Demandas sociales y totalidad social

Como acabamos de afirmar, nuestro punto de partida debería ser el aislamiento de unidades más pequeñas que el grupo y la consideración de las lógicas sociales de su articulación. El populismo es una de esas lógicas. Digamos, para comenzar, que nuestro análisis postula una asimetría entre la comunidad como un todo ("sociedad") y cualquier actor social que opere en su interior. Es decir, no hay ningún agente social cuya voluntad coincida con el funcionamiento real de la sociedad concebida como una totalidad. Rousseau era perfectamente consciente de que la constitución de una voluntad general –que era para él la condición de la democracia– era cada vez más difícil en las condiciones de las sociedades modernas, cuyas meras dimensiones y su heterogeneidad vuelven imperativo recurrir a mecanismos de representación; Hegel intentó resolver la cuestión mediante la postulación de una división entre sociedad civil y sociedad política, en la cual la primera representaba el particularismo y la heterogeneidad (el "sistema de necesidades") y el segundo el momento de totalización y universalidad; y Marx reafirmó la utopía de una superposición exacta entre espacio comunitario y voluntad colectiva por medio del rol de una clase universal en una sociedad reconciliada. El punto de partida de nuestra discusión es que ningún intento de saldar la brecha entre voluntad política y espacio comunitario puede, en última instancia, tener éxito, pero que el intento de construir ese puente define la articulación específicamente política de las identidades sociales.

Deberíamos agregar, para evitar los malentendidos, que esta falta de coincidencia entre la comunidad como totalidad y las voluntades reales y parciales de los actores sociales no nos conduce a adoptar ninguna clase de enfoque metodológicamente individualista sobre la cuestión de la agencia. Este último presupone que los individuos son totalidades significativas y autodefinidas; de allí sólo hay un paso para concluir que la interacción social debería ser concebida en términos de negociaciones entre agentes cuyas identidades están constituidas alrededor de intereses claramente definidos. Nuestro enfoque es, por el contrario, enteramente holístico, con la única condición de que la promesa de plenitud contenida en la noción de un todo social completamente autodeterminado es inalcanzable. De modo que el intento de construir espacios comunitarios a partir de una pluralidad de voluntades colectivas no puede nunca adoptar la forma de un contrato, puesto que este último presupone las nociones de intereses y voluntades autodeterminadas que estamos poniendo en cuestión. La plenitud comunitaria que la totalidad social no puede proporcionar tampoco puede ser transferida a los individuos. Los individuos no son totalidades coherentes sino identidades meramente referenciales que deben ser separadas en una serie de posiciones de sujeto localizadas. Y la articulación entre esas posiciones es un asunto social y no individual (la propia noción de "individuo" no tiene sentido desde nuestra perspectiva).

¿Qué son, entonces, esas unidades más pequeñas de las cuales debe partir nuestro análisis? Nuestro hilo conductor será la categoría de "demanda", entendiéndola como la forma elemental en la construcción del lazo social. La palabra "demanda" es ambigua en inglés: tiene, por un lado, el sentido de *petición (request)* y, por el otro, el significado más activo de *imponer* una petición –un reclamo *(claim)*– a alguien (como en la expresión "demandar una explicación"). En otros idiomas, como el castellano, existen diferentes palabras para los dos significados: la palabra correspondiente a nuestro segundo significado sería *"reivindicación".*[1] Pese a que cuando, en nuestro análisis, utilizamos el término "demanda" ponemos claramente el acento en el segundo sentido, la propia ambigüedad entre ambos no carece de ventajas, pues la noción teórica de demanda que emplearemos implica una cierta indecidibilidad entre los dos significados –de hecho, como veremos,

[1] En español en el original.

ellos corresponden a dos formas diferentes de articulación política–. Permítasenos agregar también que hay un presupuesto común oculto detrás de ambos significados que es el siguiente: la demanda no es auto-satisfecha sino que tiene que ser dirigida hacia una instancia diferente de aquella desde la cual fuera originalmente formulada.

Presentemos el ejemplo de una demanda sencilla: un grupo de gente que vive en un determinado barrio quiere que se introduzca un recorrido de ómnibus que los transporte desde sus lugares de residencia hacia el área en que la mayoría de ellos trabaja. Tenemos aquí el siguiente conjunto de rasgos estructurales: 1) una necesidad social adopta la forma de una petición, es decir, no puede satisfacerse mediante autogestión sino por medio de la apelación a otra instancia que tiene el poder de decisión; 2) el hecho mismo de que una petición tiene lugar muestra que el poder decisorio de la instancia superior no es en modo alguno cuestionado –de manera que nos encontramos de lleno en el primer sentido del término demanda–; 3) la demanda es una demanda puntual, cerrada en sí misma; no es la punta de un iceberg o el símbolo de una amplia variedad de demandas sociales no formuladas. Si juntamos estos tres elementos podemos formular la siguiente importante conclusión: las peticiones de este tipo, en las cuales las demandas son puntuales o individualmente satisfechas, no construyen ningún abismo o frontera en el interior de lo social. Por el contrario, los actores sociales están aceptando, en un presupuesto no verbalizado de todo el proceso, la legitimidad de cada una de sus instancias: nadie pone en cuestión ni el derecho de presentar la petición ni el derecho de la instancia decisoria de tomar la decisión. Cada instancia es una parte (o un punto diferencial) de una inmanencia social altamente institucionalizada. A las lógicas sociales que operan de acuerdo con este modelo institucionalizado, diferencial, las denominaremos *lógicas de la diferencia*. Ellas presuponen que no hay ninguna división social y que toda demanda legítima puede ser satisfecha en una forma no antagónica, administrativa. Fácilmente se nos ocurren ejemplos de utopías sociales que abogan por la operación universal de lógicas diferenciales: la noción de Disraeli de "una nación", el Estado de Bienestar o el lema saint-simoniano: "del gobierno de los hombres a la administración de las cosas".

Regresemos ahora a nuestro ejemplo. Supongamos que la petición es rechazada. Sin duda, una situación de frustración social se derivará de esa decisión. Pero si es sólo *una* la demanda que no es satisfecha, ella no alterará sustancialmente la situación. Si, sin embargo, por alguna razón cualquiera la variedad de demandas que no hallan satisfacción es muy amplia, esa múltiple frustración dará lugar a lógicas sociales de una clase completamente diferente. Si, por ejemplo, el grupo de gente en esa área que ha quedado frustrada en su petición de mejoras en el transporte encuentra que sus vecinos están igualmente insatisfechos en sus reclamos de mayor seguridad, mejoras en la provisión de agua, vivienda, escuelas, etc., alguna clase de solidaridad emergerá entre todos ellos: todos compartirán el hecho de que sus demandas permanecen insatisfechas. Es decir, las demandas comparten una dimensión *negativa* más allá de su naturaleza positiva diferencial.

Una situación social en la cual las demandas tienden a reagruparse sobre la base negativa de que todas ellas han quedado insatisfechas es la primera precondición –aunque de ningún modo la única– de ese modo de articulación política al que denominamos populismo. Enumeremos algunos de sus rasgos estructurales que podemos detectar en este estadio de nuestro desarrollo:

1) Mientras que el arreglo institucional discutido previamente se afirmaba en la lógica de la diferencia, tenemos aquí una situación inversa, que puede ser descripta como una *lógica de la equivalencia*, es decir, una lógica en la cual todas las demandas, pese a su carácter diferencial, tienden a sumarse formando lo que llamaremos una *cadena equivalencial*. Lo cual significa que cada demanda individual está constitutivamente escindida: por un lado, es ella misma en su particularidad; por el otro, señala, mediante vínculos equivalenciales, hacia la totalidad de las otras demandas. Regresemos a nuestra imagen: cada demanda es, de hecho, la punta de un iceberg porque pese a que solamente se muestra a sí misma en su propia particularidad, presenta su propio reclamo manifiesto como solamente uno entre un conjunto más amplio de reclamos sociales.

2) El sujeto de la demanda es diferente en nuestros dos casos. En el primero, el sujeto de la demanda era tan puntual como la propia demanda. Al sujeto de una demanda concebido como particularidad diferencial lo denominaremos *sujeto democrático*. En el otro caso el sujeto será más amplio, puesto que su subjetividad resultará de la agregación equivalencial de una pluralidad de demandas democráticas. Llamaremos *sujeto popular* al sujeto constituido sobre la base de esta lógica. Esto muestra claramente las condiciones tanto para la emergencia como para la desaparición de una subjetividad popular: cuanto más tiendan las demandas sociales a ser diferencialmente absorbidas en el interior de un sistema institucional exitoso, más débiles serán los vínculos equivalenciales y menos probable será la constitución de una subjetividad popular; a la inversa, una situación en la cual coexisten una pluralidad de demandas insatisfechas y una creciente incapacidad del sistema institucional para absorberlas diferencialmente, crea las condiciones que conducen a una ruptura populista.

3) Un corolario del análisis precedente es que no hay surgimiento de una subjetividad popular sin la creación de una frontera interna. Las equivalencias solamente son tales en términos de una carencia que las atraviesa a todas ellas, lo cual requiere la identificación de una fuente de negatividad social. De este modo, los discursos populares equivalenciales dividen a lo social en dos campos: el poder y los desposeídos. Esto transforma la naturaleza de las demandas: ellas dejan de ser simples peticiones y se convierten en demandas belicosas *(reivindicaciones)* –en otras palabras, nos movemos hacia el segundo significado del término demanda–.

Equivalencias, subjetividad popular, construcción dicotómica de lo social alrededor de una frontera interna. Tenemos, aparentemente, todos los elementos estructurales para definir el populismo. No todos, sin embargo. Todavía nos está faltando una dimensión crucial, que consideraremos a continuación.

Significantes vacíos y flotantes

Nuestro planteo nos ha llevado hasta ahora a reconocer dos condiciones –que estructuralmente se requieren mutuamente– para la emergencia de una ruptura populista: la dicotomización del espacio social a través de la creación de una frontera interna y la construcción de una cadena equivalencial entre demandas insatisfechas. Éstas, estrictamente hablando, no son dos condiciones sino dos aspectos de la misma condición, pues la frontera interna sólo puede resultar de la operación de la cadena equivalencial. Lo que es importante, en todo caso, es señalar que la cadena equivalencial tiene un carácter *anti-institucional*: subvierte el carácter particularista, diferencial de las demandas. Hay, en determinado momento, un cortocircuito en la relación entre las demandas presentadas ante el "sistema" y la capacidad de este último para responder a ellas. Lo que debemos discutir ahora son los efectos de ese cortocircuito tanto sobre la naturaleza de las demandas como sobre el sistema concebido como una totalidad.

Las demandas equivalenciales nos confrontan de inmediato con el problema de la representación del momento específicamente equivalencial. Puesto que, obviamente, las demandas son siempre particulares, mientras que la dimensión más universal ligada a la equivalencia carece de todo modo de representación directo y evidente. Lo que aquí sostenemos es que la primera precondición para la representación del momento equivalencial es la totalización (por medio de la significación) del poder al que se opone el conjunto de esas demandas que constituyen la voluntad popular. Esto debería ser evidente: para que la cadena equivalencial cree una frontera en el interior de lo social es necesario representar de algún modo el otro lado de la frontera. No hay populismo sin la construcción discursiva de un enemigo: el Antiguo Régimen, la oligarquía, el establishment o lo que fuera. Regresaremos más tarde a este aspecto. Ahora nos concentraremos en la transición de las posiciones de sujeto democráticas a las populares sobre la base de los efectos de frontera que se derivan de las equivalencias.

Entonces, ¿cómo se *muestra* la equivalencia? Como hemos afirmado, el momento equivalencial no puede encontrarse en ningún rasgo positivo subyacente a todas las demandas, pues –desde el punto de vista de esos rasgos– ellas son completamente diferentes unas de otras. La equivalencia procede enteramente de la oposición al poder que se encuentra más allá de la frontera, el cual no satisface ninguna de las demandas equivalenciales. En ese caso, sin embargo, ¿cómo puede la cadena como tal ser representada? Tal como he argumentado en otra parte ("Why do empty signifiers matter to politics?", en *Emancipation(s)*, Londres, Verso, 1996),[2] la representación solamente es posible si una demanda particular, sin abandonar enteramente su propia particularidad, comienza también a funcionar como un significante que represente la cadena como una totalidad (del mismo modo en que el oro, sin dejar de ser un bien particular, transforma su propia materialidad en la representación universal del valor). Este proceso mediante el cual una demanda particular llega a representar una cadena equivalencial inconmensurable consigo misma es, evidentemente, lo que hemos denominado *hegemonía*. Las demandas de Solidarność, por ejemplo, comenzaron siendo las demandas de un grupo particular de la clase obrera de Gdańsk, pero como fueron formuladas en una sociedad oprimida, en la cual muchas demandas sociales eran frustradas, se convirtieron en los significantes del campo popular en un nuevo discurso dicotómico.

Ahora bien, hay un rasgo de este proceso de construcción de una significación popular universal que es particularmente importante para la comprensión del populismo. Y es el siguiente: cuanto más se extienda una cadena de equivalencia, más débil será su conexión con las demandas particularistas que asuman la función de representación universal. Lo cual nos lleva a una conclusión que es crucial para nuestro análisis: la construcción de una subjetividad popular sólo es posible sobre la base de la producción discursiva de significantes *tendencialmente* vacíos. La llamada "pobreza" de los símbolos populistas es la condición de su eficacia política: puesto que su función es reducir a la homogeneidad equivalencial una realidad altamente heterogénea, sólo pueden hacerlo limitando al mínimo su contenido particularista. En

---

[2] Versión en español: "¿Por qué los significantes vacíos son importantes para la política?", en *Emancipación y diferencia*, Buenos Aires, Ariel, 1996.

el límite, este proceso alcanza un punto en el cual la función homogeneizante es llevada a cabo por un simple nombre: el nombre del líder.

Hay otros dos aspectos importantes que, en este punto, deberíamos tomar en consideración. El primero es el que concierne a la particular clase de distorsión que introduce la lógica equivalencial en la construcción del "pueblo" y el "poder" como polos antagónicos. En el caso del "pueblo", como hemos visto, la lógica equivalencial se basa en un "vaciamiento" cuyas consecuencias son, al mismo tiempo, enriquecedoras y empobrecedoras. Enriquecedoras, porque los significantes que unifican una cadena equivalencial, puesto que deben cubrir todos los vínculos que integran a esta última, tienen una referencia más amplia que un contenido puramente diferencial que ligaría un significante a un solo significado. Empobrecedoras, porque precisamente debido a esta referencia más amplia (potencialmente universal), su conexión con contenidos particulares tiende a reducirse drásticamente. Utilizando una distinción lógica, podríamos decir que lo que gana en *extensión* lo pierde en *intensión (intension)*. Y lo mismo sucede en la construcción del polo del poder: ese polo no funciona simplemente mediante la materialidad de su contenido diferencial, pues ese contenido es el *portador* de la negación del polo popular (a través de la frustración de las demandas de este último). En consecuencia, hay una inestabilidad esencial que permea los varios momentos que hemos aislado en nuestro estudio. En lo que concierne a las demandas particulares nada permite anticipar, en sus contenidos aislados, la forma en que serán diferencialmente o equivalencialmente articuladas –lo cual dependerá del contexto histórico– y nada permite anticipar tampoco (en el caso de las equivalencias) cuál será la extensión y la composición de las cadenas en que participarán. Y en lo que se refiere a los dos polos de la dicotomía pueblo/poder, la identidad y estructura que adopten estarán igualmente abiertas a cuestionamientos y redefiniciones. Francia había experimentado saqueos de alimentos desde la Edad Media pero estos saqueos, por regla general, no identificaban a la monarquía como el enemigo. Fueron necesarias todas las complejas transformaciones del siglo XVIII para que se alcanzara un estadio en el cual las demandas de alimentos se convirtieron en parte de las cadenas equivalenciales revolucionarias que abarcaban la totalidad del sistema político. Y el populismo americano de los *farmers,* a fines del siglo XIX, fracasó porque el intento de crear cadenas de equivalencia popular que unificaran las demandas de los grupos desposeídos hallaron un obstáculo decisivo en un conjunto de límites estructurales diferenciales que demostraron ser más fuertes que las interpelaciones populistas: más concretamente, las dificultades para juntar a los granjeros negros y blancos, la desconfianza recíproca entre granjeros y trabajadores urbanos, la lealtad profundamente enraizada de los granjeros sureños hacia el Partido Demócrata, etc.

Lo cual nos conduce a nuestra segunda consideración. A lo largo de todo nuestro estudio precedente hemos estado trabajando bajo el presupuesto simplificador de la existencia *de facto* de una frontera que separa dos cadenas equivalenciales antagónicas. Este es el supuesto que ahora debemos cuestionar. Todo nuestro enfoque nos lleva, de hecho, a este cuestionamiento, puesto que si no hay ninguna razón a priori por la cual una demanda deba ingresar en una cadena equivalencial determinada y en ciertas articulaciones más que en otras, es de esperar que las estrategias políticas antagónicas se basen en diferentes maneras de crear fronteras políticas, y que éstas estén expuestas a desestabilizaciones y transformaciones.

Si esto es cierto, nuestros presupuestos deben ser, en cierta medida, modificados. Cada elemento discursivo estaría sometido a la presión estructural de intentos articulatorios contradictorios. En nuestra teorización acerca del rol de los significantes vacíos, su posibilidad misma dependía de la presencia de una cadena de equivalencias que involucra, como hemos visto, una frontera interna. Las formas clásicas de populismo –la mayor parte de los populismos latinoamericanos de los años 40 y 50, por ejemplo– corresponden a esta descripción. La dinámica política del populismo depende de que su frontera interna sea constantemente reproducida. Utilizando una analogía lingüística, podríamos decir que mientras que un discurso político institucionalista tiende a privilegiar el polo sintagmático del lenguaje –el número de posiciones diferenciales articuladas por relaciones de combinación–, el discurso populista tiende a privilegiar el polo paradigmático –es decir, las relaciones de sustitución entre elementos (demandas, en nuestro caso) agregadas alrededor de solamente dos posiciones sintagmáticas–.

La frontera interna en que se basa el discurso populista puede ser, sin embargo, subvertida. Esto puede suceder de dos modos diferentes. Uno es la ruptura de los lazos equivalenciales entre las diferentes demandas particulares, a través de la satisfacción individual de estas últimas. Este es el camino de la declinación de la forma populista de la política, de la difuminación de las fronteras internas y de la transición hacia un nivel más elevado de integración al sistema institucional –una operación transformista, como la denominara Gramsci–. Corresponde, en sentido amplio, al proyecto de Disraeli de "una nación" o a los intentos contemporáneos de los teóricos de la Tercera Vía y del "centro radical" de sustituir la política por la administración.

La segunda forma de subvertir la frontera interna es de naturaleza enteramente diferente. No consiste en *eliminar* las fronteras sino en *cambiar su signo político*. Como hemos visto, a medida que los significantes centrales de un discurso popular se vuelven parcialmente vacíos, debilitan sus anteriores vínculos con algunos contenidos particulares, de modo que esos contenidos se tornan perfectamente abiertos a una *variedad* de rearticulaciones equivalenciales. Ahora bien, alcanza con que los significantes populares vacíos mantengan su radicalismo –es decir, su capacidad para dividir a la sociedad en dos campos– mientras, sin embargo, la cadena de equivalencias que ellos unifican se convierte en otra diferente, para que el significado político de toda la operación populista adquiera un signo político opuesto. El siglo XX proporciona innumerables ejemplos de estas inversiones. En América, los significantes del radicalismo popular, que en tiempos del New Deal tenían una connotación básicamente de izquierda, son luego reapropiados por la derecha radical, desde George Wallace hasta la "mayoría moral". En Francia, la radical "función tribunicia" del Partido Comunista ha sido, hasta cierto punto, absorbida por el Frente Nacional. Y toda la expansión del fascismo durante el período de entreguerras sería ininteligible sin una referencia a la rearticulación de derecha de temas y demandas pertenecientes a la tradición revolucionaria.

Lo importante es aprehender el patrón de este proceso de rearticulación: depende de mantener parcialmente en funcionamiento los significantes centrales del radicalismo popular a la vez que se inscriben muchas de las demandas democráticas en una cadena de equivalencias diferente. Esta rearticulación hegemónica es posible porque ninguna demanda social tiene adscripta, como un "destino manifiesto", ninguna forma a priori de inscripción; todo depende de la competencia hegemónica. Una vez que una demanda es sometida a los intentos articulatorios de una pluralidad de proyectos antagónicos, pasa a ubicarse en una tierra de nadie en relación con estos últimos: adquiere una autonomía parcial y transitoria. Para referirme a esa ambigüedad de los significantes populares y de las demandas que ellos articulan, hablaré de *significantes flotantes*. La clase de relación estructural que los constituye es diferente de la que hemos encontrado en funcionamiento en los significantes vacíos: mientras que estos últimos dependen de una frontera interna completamente desarrollada resultante de una cadena equivalencial, los significantes flotantes son la expresión de la ambigüedad inherente a todas las fronteras y de la imposibilidad de estas últimas de adquirir ninguna estabilidad definitiva. La distinción es, no obstante, básicamente analítica, pues en la práctica los significantes vacíos y flotantes coinciden ampliamente: no hay ninguna situación histórica en la cual la sociedad esté tan consolidada que su frontera interna no esté sometida a ninguna subversión o desplazamiento, y ninguna crisis orgánica es tan profunda como para que ninguna forma de estabilidad ponga límites a la operatividad de las tendencias subversivas.

Populismo, política y representación

Juntemos las diversas hebras de nuestra argumentación de modo de formular un concepto coherente del populismo. Semejante coherencia sólo puede lograrse si las diferentes dimensiones que entran en la elaboración del concepto no son simplemente rasgos discretos reunidos por simple enumeración, sino parte de un todo teóricamente articulado. Para comenzar, sólo tenemos populismo en presencia de una serie de prácticas político-discursivas que construyen un sujeto popular, y la precondición para la emergencia de ese sujeto es, como hemos visto, la construcción de una frontera interna que divida el espacio social en dos campos. Pero la lógica de esa división es dictada, como sabemos, por la creación de una cadena equivalencial entre una serie de demandas sociales en la cual el momento equivalencial prevalece por sobre la naturaleza diferencial de las demandas. Finalmente, la cadena equivalencial no puede ser el resultado de una coincidencia meramente fortuita, sino que debe ser consolidada por medio de la emergencia de un elemento que otorgue coherencia a la cadena significándola como una totalidad. Este elemento es lo que hemos denominado "significante vacío".

Ésos son todos los rasgos estructuralmente definitorios que entran, desde mi perspectiva, en la categoría de populismo. Como hemos visto, el concepto de populismo que estoy proponiendo es estrictamente *formal,* puesto que todas sus características definitorias están exclusivamente relacionadas con un modo específico de articulación —la prevalencia de la lógica equivalencial por sobre la diferencial— independientemente de los *contenidos* reales que sean articulados. Esta es la razón por la cual, al comienzo de este ensayo, he afirmado que la de "populismo" es una categoría ontológica y no óntica. La mayor parte de las tentativas de definir el populismo han tratado de hallar aquello que le es específico en un contenido óntico particular y, en consecuencia, han terminado en un ejercicio condenado al fracaso cuyos predecibles resultados alternativos han sido o bien la elección de un contenido empírico que es inmediatamente desbordado por una avalancha de excepciones, o bien la apelación a una "intuición" que no puede traducirse en ningún contenido conceptual.

Este desplazamiento de la conceptualización, de los contenidos a la forma, tiene varias ventajas (además de la más obvia de evitar el sociologismo ingenuo que reduce las formas políticas a la unidad preconstituida del grupo). En primer lugar, tenemos un modo de resolver el problema recurrente de cómo analizar la ubicuidad del populismo, el hecho de que puede emerger de diferentes puntos de la estructura socio-económica. Si sus rasgos definitorios se hallan en la prevalencia de la lógica de la equivalencia, la producción de significantes vacíos y la construcción de fronteras políticas a través de la interpelación de los desfavorecidos, comprendemos inmediatamente que los discursos basados en esta lógica articulatoria pueden comenzar en *cualquier* lugar de la estructura socio-institucional: organizaciones políticas clientelísticas, partidos políticos establecidos, sindicatos, el ejército, movimientos revolucionarios, etc. El término "populismo" no define entonces la política real de estas organizaciones sino el modo de articular sus tópicos, cualesquiera sean.

En segundo lugar, de esta manera podemos captar mejor algo que es esencial para la comprensión de la escena política contemporánea: la circulación de los significantes de protesta radical entre movimientos de signos políticos enteramente opuestos. Ya hemos hecho referencia a esta cuestión con anterioridad. Para dar sólo un ejemplo: la circulación de los significantes del Mazzinismo y el Garibaldismo en Italia durante la guerra de liberación (1943-1945). Estos habían sido los significantes de la protesta radical en Italia desde el Risorgimento. Tanto fascistas como comunistas intentaron articularlos en sus discursos y, en consecuencia, ellos se tornaron parcialmente autónomos en relación con esas variadas formas de articulación política. Retuvieron la dimensión de radicalismo, pero el hecho de que ese radicalismo se moviera en dirección de la derecha o de la izquierda permaneció inicialmente indecidido: eran significantes flotantes, en el sentido en que ya lo hemos discutido. Es, evidentemente, un ejercicio ocioso el de preguntarse qué grupo social se expresa mediante esos símbolos populistas: las cadenas de equivalencia que ellos han formado cortan transversalmente a muchos sectores sociales, y el radicalismo que significan podía ser articulado por movimientos de signos políticos completamente opuestos. Es posible describir esta migración de significantes si el populismo es concebido como un principio formal de articulación y no si ese principio queda oculto detrás de los contenidos particulares que lo encarnan en diferentes coyunturas políticas.

Finalmente, un acercamiento formal a la cuestión del populismo permite tratar otra cuestión que de otro modo sería inabordable. Preguntarse si un movimiento *es* o *no* populista es, de hecho, comenzar con la pregunta equivocada. La pregunta que deberíamos hacernos es, en cambio, la siguiente: *¿en qué medida* un movimiento es populista? Como sabemos, esta pregunta es idéntica a esta otra: ¿en qué medida la lógica de la equivalencia domina su discurso? Hemos presentado a las prácticas políticas como operando en diversos puntos de un continuo cuyos dos extremos *reductio ad absurdum* serían un discurso institucionalista dominado por una pura lógica de la diferencia y uno populista, en el cual la lógica de la equivalencia opera sin trabas. Estos dos extremos son de hecho inalcanzables: la pura diferencia supondría una sociedad tan dominada por la administración y por la individualización de las demandas sociales que ninguna lucha en torno de fronteras internas —es decir, ninguna clase de política— sería posible; y la pura equivalencia implicaría una disolución tal de los lazos sociales que la noción misma de "demanda social" perdería todo significado —ésta es la imagen de la "multitud" tal como es representada por los teóricos de la "psicología de masas" del siglo XIX (Taine, Le Bon, Sighele, etc.).

Es importante señalar que la imposibilidad de los dos extremos de la pura diferencia o la pura equivalencia no es empírica sino lógica. La subversión de la diferencia por una lógica equivalencial no toma la forma de la eliminación total de la primera por parte de la segunda. Una relación de equivalencia no es una relación en la cual todas las diferencias se funden en identidad sino una relación en la cual las diferencias están aún muy activas. La equivalencia elimina la *separación* entre las demandas, pero no las demandas mismas. Si una serie de demandas —transporte, vivienda, empleo, etc., para regresar a nuestro ejemplo inicial— quedan insatisfechas, la equivalencia existente entre ellas —y la identidad popular resultante de esa equivalencia— requieren fuertemente de la persistencia de las demandas. De modo que la equivalencia es todavía, definidamente, una forma particular de articular diferencias. Así, entre equivalencia y diferencia hay una dialéctica compleja, un compromiso inestable. Tendremos una variedad de situaciones históricas que presupongan la *presencia* de ambas pero, al mismo tiempo, su *tensión*. Mencionemos algunas de ellas:

1. un sistema institucional se torna cada vez menos capaz de absorber diferencialmente las demandas sociales, y esto conduce a una brecha interna en la sociedad y a la construcción de dos cadenas de equivalencia antagónicas. Esta es la clásica experiencia de una ruptura populista o revolucionaria, que generalmente resulta del tipo de crisis de representación que Gramsci denominó "crisis orgánica";

2. el régimen resultante de una ruptura populista se institucionaliza progresivamente, de modo que la lógica diferencial comienza a prevalecer nuevamente y la identidad popular equivalencial se vuelve cada vez más una inoperante *langue de bois* que rige cada vez menos el funcionamiento real de la política. El peronismo, en la Argentina, intentó moverse desde una política inicial de confrontación –cuyo sujeto popular era el "descamisado" (el equivalente del *sans-culotte*)– hacia un discurso crecientemente institucionalizado basado en la denominada *"comunidad organizada"*. Encontramos otra variante de esta asimetría creciente entre demandas reales y discurso equivalencial en aquellos casos en los cuales este último se convierte en la *langue de bois* del Estado. Hallamos en estos casos que la creciente distancia entre las demandas sociales reales y el discurso equivalencial dominante conduce con frecuencia a la represión del primero y a la imposición violenta del segundo. Muchos regímenes africanos, luego del proceso de descolonización, siguieron este patrón;

3. los intentos de algunos grupos dominantes para recrear constantemente las fronteras internas por medio de un discurso crecientemente anti-institucional. Estos intentos generalmente fracasan. Sólo pensemos en el proceso que, en Francia, condujo del Jacobinismo al Directorio y, en China, a los varios estadios del ciclo de la "revolución cultural".

Un movimiento o una ideología –o, para colocar a ambos bajo su género común, un discurso– será más o menos populista dependiendo del grado en que sus contenidos estén articulados por lógicas equivalenciales. Esto significa que ningún movimiento político estará enteramente exento de populismo, porque ninguno dejará de interpelar en alguna medida al "pueblo" contra un enemigo, por medio de la construcción de una frontera política. Es por eso que sus credenciales populistas se exhibirán de un modo particular en momentos de transición política, cuando el futuro de la comunidad esté en la balanza. El grado de "populismo", en ese sentido, dependerá de la profundidad de la brecha que separe a las alternativas políticas. Esto plantea, sin embargo, un problema. Si el populismo consiste en la postulación de una alternativa radical en el interior del espacio comunitario, en una elección en la encrucijada en la cual el futuro de una sociedad dada vacila, ¿no es acaso el populismo sinónimo de política? La respuesta sólo puede ser afirmativa. El populismo supone la puesta en cuestión de un orden institucional por medio de la construcción de un desvalido como agente histórico −es decir, un agente que es un *otro* en relación con la forma en que las cosas son−. Pero esto es lo mismo que la política. Sólo tenemos política a través del gesto que abarca al actual estado de cosas como un sistema y presenta una alternativa a él (o, a la inversa, cuando defendemos al sistema contra las potenciales alternativas existentes). Ésa es la razón por la cual el fin del populismo coincide con el fin de la política. Tenemos el fin de la política cuando la comunidad concebida como una totalidad y la voluntad que representa a esa totalidad se vuelven indistinguibles la una de la otra. En ese caso, como hemos argumentado a lo largo de este ensayo, la política es reemplazada por la administración y las trazas de la división social desaparecen. El Leviatán de Hobbes en tanto voluntad indivisa de un gobernante absoluto, o el sujeto universal de Marx en una sociedad sin clases representan formas paralelas −aunque, por supuesto, de signos opuestos− del fin de la política. Un Estado total, incuestionado e incuestionable, o la disolución del Estado son ambos maneras de eliminar las trazas de la división social. Pero es fácil, en ese sentido, ver que las condiciones de posibilidad de lo político y las condiciones de posibilidad del populismo son las mismas: ambas presuponen la división social; en ambas encontramos un *demos* ambiguo que es, por un lado, una sección dentro de la comunidad (la de los desfavorecidos) y, por el otro, un agente que se presenta a sí mismo, de modo antagónico, como *la totalidad* de la comunidad.

Esta conclusión nos conduce a una última consideración. En la medida en que tengamos política (y también, si nuestro argumento es correcto, su derivado que es el populismo), tendremos división social. Un corolario de esta división social es que una sección dentro de la comunidad se presentará a sí misma como la expresión y representación de la comunidad como un todo. Este abismo es imposible de erradicar en la medida en que tengamos una comunidad *política*. Lo cual significa que el "pueblo" sólo puede ser constituido en el terreno de las relaciones de representación. Ya hemos explicado la matriz representativa de la cual emerge el "pueblo": una determinada particularidad que asume la función de representación universal; la distorsión de la identidad de esta particularidad a través de la constitución de cadenas equivalenciales; el campo popular resultante de estas sustituciones presentándose a sí mismo como representación de la sociedad como un todo. Estas consideraciones tienen algunas consecuencias importantes. La primera es que el "pueblo", tal como opera en los discursos populistas, nunca es un dato primario sino un constructo: el discurso populista no se limita a *expresar* alguna clase de identidad popular originaria, sino que de hecho *constituye* a esta última. La segunda es que, en consecuencia, las relaciones de representación no son un nivel secundario que refleja una realidad social primaria que se constituye en otra parte; es, por el contrario, el terreno primario en el cual se constituye lo social. Toda transformación política tendrá lugar, en consecuencia, como un desplazamiento interno de los elementos que participan en el proceso de representación. La tercera consecuencia es que la representación no es un *second best*, como lo quería Rousseau, resultante de la brecha creciente entre el espacio comunitario universal y el particularismo de las voluntades colectivas realmente existentes. La asimetría entre la comunidad como un todo y las voluntades particulares es, por el contrario, la fuente de ese estimulante juego al que llamamos política, en el cual encontramos nuestros límites pero también nuestras posibilidades. Muchas cosas importantes resultan de la imposibilidad de una universalidad última —entre otras, el surgimiento mismo del "pueblo"–.

2. Capitalismo y metafísica

Scott Lash

Scott **Lash** es profesor de Sociología y director del Centre for Cultural Studies del Goldsmiths College, Universidad de Londres, ciudad donde vive desde 1998. Graduado en las Universidades de Michigan y Northwestern (USA), hizo su doctorado en la London School of Economics (1980) y enseñó en varias universidades inglesas. El proyecto de investigación en curso bajo su dirección es "Broadband: Interactive Media in a Cross-Platform Environment", 2003-2006. Interesado en una perspectiva que articula enfoques filosóficos, sociológicos y culturales, ha abordado diversos temas que tienen que ver con problemáticas de la modernidad, las sociedades de la información, las identidades, los cambios en el capitalismo avanzado y la globalización, las nuevas tecnologías y su incidencia en las formas de la vida cotidiana, las industrias culturales y las relaciones con Oriente, en sus aspectos filosóficos, económicos, de desarrollo tecnológico y de maneras del pensar. En esta última línea de su reflexión actual se inscribe el presente capítulo. Entre sus obras principales, traducidas a varios idiomas, pueden destacarse *Sociology of Postmodernism* (Londres, Routledge, 1990) [*Sociología del posmodernismo*, Buenos Aires, Amorrortu, 1997]; *Post-Structuralist and Postmodernist Sociology* (Sussex, Edward Elgar, 1991); *Modernity and Identity* (Oxford, Blackwell, 1992; coeditado con Jonathan Friedman); *Economies of Signs and Space* (Londres, TCS/Sage 1994, en coautoría con J. Urry) [*Economías de signos y espacio*, Buenos Aires, Amorrortu, 1998]; *Reflexive Modernization* (Cambridge, Polity Press, 1994; coautores Ulrich Beck y Anthony Giddens); *Spaces of Culture: City, Nation, World* (Londres, Sage 1999; coeditado con M. Featherstone); *Critique of Information* (Londres, Sage, 2002) [*Crítica de la información*, Buenos Aires, Amorrortu, 2005]; *Another Modernity. A Different Rationality* (Oxford, Blackwell, 1999); *Recognition and Difference: Politics, Identity, Multiculture* (Londres, Sage, 2002; coeditado con M. Featherstone) y *Global Culture Industry: The Mediation of Things* (Cambridge, Polity, 2005, en coautoría con C. Lury) Este artículo fue escrito por el autor para este libro.

Capitalismo físico

En un nivel superficial, el capitalismo puede verse como algo
íntegramente *físico,* completamente material. De hecho, el marxismo
—que analiza el capitalismo y en la práctica se propone superarlo— se
denomina también *materialismo* dialéctico *o materialismo* histórico.
Las mercancías son materiales. La lógica de la mercancía, de la causa
y el efecto de la estructura económica en la superestructura, sigue el
modelo de la *física* newtoniana y es coherente con ella. Los mecanismos
del capitalismo, la oferta y la demanda, la ubicuidad del intercambio,
ya eran comprendidos en el Renacimiento y en la física moderna temprana de Galileo. La mercancía capitalista es abstracta y homogénea:
puede intercambiarse por una cantidad de bienes concretos distintos,
de nuevo a la manera del modelo del átomo en la física. El Karl Marx
de *El capital* concibió las leyes del capitalismo como leyes similares a
las de las ciencias físicas y naturales; no es casual que en *El capital* se
elogie *El origen de las especies* de Darwin (vol. 1, págs. 342, 372). De
hecho, el capitalismo que se describe en *El capital* es como una enorme
maquinaria en la que lo que está en juego es la reproducción del capital
social como un todo. En esa maquinaria, la "fisicalidad" de los medios
de producción se combina con la fisicalidad del trabajo para producir
un producto físico. En este sentido, el capital, en tanto valor de uso,
tiene un notable carácter tangible que es de orden físico. El capital
en sí es, de hecho, una "relación social", una relación que funciona
gracias a la abstracción de la mercancía y del valor de cambio y, por
supuesto, a la abstracción y homogeneización del poder del trabajo
y el capital constante. No obstante, la mercancía y el intercambio se
constituyen en el campo de lo físico. En la mecánica newtoniana, lo
físico es abstracto, homogéneo y cuantitativo. Hay por lo tanto en la

física de Newton y también en el cálculo newtoniano[1] una fisicalidad abstracta que se filtra en la naturaleza misma del capitalismo. En realidad, es quizá en este sentido que debemos entender la tecnología como una "segunda naturaleza".

Ahora bien, si el capitalismo y la economía son físicos, ¿dónde queda entonces ese residuo de lo físico o, mejor dicho, eso que trasciende lo físico, a saber, lo metafísico? ¿Cuál es la relación entre capitalismo y metafísica? Para Gramsci, por ejemplo, la superestructura es metafísica. Gramsci opone la infraestructura económica, que funciona como un mecanismo físico, como un cuerpo mecánico, al *Geist,* la mente, el espíritu de las superestructuras. La "hegemonía", de hecho, que pertenece a la superestructura, es en esencia metafísica. Sin embargo, con la determinación de la economía y la subordinación de las superestructuras a la reproducción económica, el carácter metafísico de la superestructura queda relegado a una mera función o funcionalidad en la que los requisitos funcionales son intercambiables. Aunque no pueden reducirse a la causalidad de la mecánica newtoniana, estas relaciones todavía destacan el carácter físico del capitalismo.[2] De un modo similar, el fundador de los estudios culturales y de los estudios de medios de comunicación, Raymond Williams, se refirió a las relaciones entre "cultura y sociedad", o sociedad y cultura. En su análisis, la "sociedad" es una sociedad de clases, producto de relaciones económicas de producción; es decir, la clase social se define en el terreno de lo físico. La cultura –y Williams era un analista de la cultura, y de hecho enseñaba en el campo de las humanidades– pertenece, sin duda, al ámbito de lo metafísico. Pero lo que contaba era la clase social y lo social. Esta es la *differentia specifica* en la concepción de Williams. En

---

[1] En contraposición, el cálculo diferencial de Leibniz es metafísico.

[2] En la selección natural, de hecho, el ambiente físico en proceso de cambio selecciona una especie que muta. Si la especie tiene éxito en reproducirse, o sea en preservar sus células germinales y sus líneas de células germinales, surge una nueva especie. Pero muchas otras posibles especies podrían haber cumplido con los requisitos funcionales para la selección. El supuesto aquí es que, hasta cierto punto, las especies son intercambiables. Además, la especie no es el individuo. Si el individuo es la mónada, la especie es el átomo. En algún sentido, la especie es extensional y física. La "especiación", o surgimiento u origen de las especies, es distinta de la "individuación". Si la especie es física, el individuo –tal como mostraremos en este artículo– es metafísico.

el fondo, lo físico permite explicar lo metafísico: se trata de la segunda naturaleza de la economía y las relaciones de clase de una sociedad.

Este planteo es similar al de la sociología clásica, en la que la fisicalidad es más darwinista que newtoniana. De eso se trata el positivismo en sociología: un modelo basado en lo físico que se opone a las *Geisteswissenschaften,* las ciencias del espíritu, que destacan el carácter metafísico de las artes y las humanidades. Por un lado, la sociología clásica, funcionalista, distingue las normas sociales de los valores culturales. Aquí nos encontramos con la fisicalidad de las normas, que son reglas determinadas que gobiernan la acción subsumiendo los particulares en categorías universales. Por otro lado, están los valores culturales, vinculados con el lenguaje y la literatura (dentro de un canon) y, sobre todo, con la religión,[3] que constituyen en sí mismos prerrequisitos funcionales para la reproducción de la sociedad y las normas sociales. Los valores culturales –y esto es sumamente interesante– no se relacionan con lo "somático" del cuerpo social sino con el equivalente de células germinales, que se transmiten de generación en generación. Mientras que las normas son abstractas, generales y públicas, las células germinales, que son valores, se transmiten en el ámbito privado, no a través de lo abstracto y lo general, sino mediante lo concreto y particular de las relaciones familiares y privadas. De todos modos, una vez más prima lo social o lo físico.

En los estudios culturales y de los medios de comunicación *per se,* encontramos una ventana abierta al estudio de lo metafísico en la obra de Marshall McLuhan. En más de un sentido, es pertinente hablar de dos tendencias en los estudios culturales y de los medios de comunicación, y tal vez en una futura sociología de la cultura o de los medios: los williamsianos y los mcluhanianos.[4] Mientras que los

---

[3] En este aspecto, puede establecerse un paralelismo entre la sociología clásica y Weber, cuando identifica lo metafísico con las religiones del mundo, y el pensamiento de Walter Benjamin. Benjamin no concuerda con Nietzsche en que lo metafísico se ubica en lo estético, tal como se afirma en *El nacimiento de la tragedia.* Para Benjamin, en cambio, lo metafísico está presente en lo religioso. Agradezco a Sam Whimster por las discusiones sobre el lugar que ocupa lo metafísico en el contexto de *La ética protestante y el espíritu del capitalismo.*

[4] Agradezco a Sarah Kember esta apreciación.

primeros hablan de cultura (o medios) y sociedad, para los segundos, lo social está, de por sí, mediatizado. Para los primeros, el mensaje cultural o mediático es social; para los segundos, el medio es el mensaje. McLuhan es un metafísico, que privilegia al comunicador (metafísico-mediático) por sobre el ciudadano (físico-social), la luz que emana de la televisión, la computadora y los vitrales de una catedral por sobre la luz que proyecta el cine, la novela, el protestantismo y la ciencia. Como metafísico, McLuhan es un seguidor evidente de Aristóteles y Santo Tomás. Su supuesto determinismo tecnológico, su tecnología fisicalista caen dentro de la esfera de la comunicación. Más aun, en el concepto de luz que emana, el espíritu brilla a través de la tecnología. Así, para McLuhan, la tecnología misma es metafísica. El para-sí de la tecnología bien puede ser físico y determinista, pero el en-sí sería metafísico.[5] Me temo que en este ensayo adoptamos el supuesto de que el que está en lo cierto es McLuhan, y no Williams. Para ser más exactos, el supuesto es que Williams estuvo en lo cierto hasta 1989, es decir, más o menos hasta el momento en que puede fecharse el surgimiento de la globalización, los nuevos medios y el dominio de las finanzas, la biotecnología y las comunicaciones en la economía mundial. Desde entonces, hay que ser mcluhaniano. A partir de 1989, el capitalismo se vuelve *metafísico*.

¿En qué sentido es metafísico el capitalismo contemporáneo? En realidad, ¿qué se quiere decir con "metafísico"? En Max Weber hay, al menos implícitas, tres épocas socio-históricas fundamentales –y yo diría cuatro–. La primera es el inmanentismo del tipo de las sociedades totémicas, animistas o del don: sociedades de intercambio simbólico en las que el espíritu es inmanente a la naturaleza. La segunda es la

---

[5] Esto puede compararse con el *Frage nach der Technik* [*La pregunta por la técnica*] de Heidegger. Para McLuhan, la estructura ontológica de la tecnología, su Ser, su condición de luz-que-ilumina, es metafísica. Heidegger, en cambio, afirma que debe haber un *"Überwindung der Metaphysik"* [superación de la metafísica]. Acordamos con Heidegger en la búsqueda del Ser de la tecnología. Sin embargo, lo que Heidegger denomina "metafísica" tiene más elementos en común con lo que en este artículo entendemos como "físico". Aquí tomamos la noción de metafísica en primer lugar de Leibniz, y luego de los desarrollos de la metafísica del lenguaje de Walter Benjamin y del análisis sociológico de las religiones de Max Weber. Eminente estudioso de Weber, Wolfgang Schluchter también entiende las religiones del mundo como metafísicas.

era de la metafísica: en las religiones del mundo (judaísmo, taoísmo, islam, cristianismo y budismo), el espíritu pasa a tener una relación trascendente con la naturaleza. La naturaleza se vuelve más o menos mecánica, mientras que el espíritu pasa a ocupar una esfera trascendente. Sólo entonces hay metafísica. Nuestra metafísica proviene de las formas sustanciales de Aristóteles y la teología tomista (y también aristotélica), pero se la puede encontrar también, como propondremos más adelante, en las religiones de "Oriente". Las religiones metafísicas del mundo, que comienzan miles de años antes de Cristo y llegan hasta el Renacimiento, señalan el predominio de lo metafísico. El Renacimiento —y aquí incluyo a Galileo, Descartes y Hobbes, junto con el concepto de perspectiva en arte y en arquitectura— marca el surgimiento de lo físico, en una alianza solapada con la Reforma, por supuesto. Lo que está en juego entonces son los conceptos de atomismo, choque, causa externa e intercambio, presentes ya en la obra de Galileo. El atomismo implica que las cosas son de alguna manera equivalentes, homogéneas. Hay muchos tipos distintos de átomos, pero cada uno contiene partículas que son equivalentes entre sí. Hay aquí un mundo físico que es un mundo de colisiones e intercambio, de causa y efecto, de átomos. (La idea de mercancía presupone que hay un solo tipo de átomo. Los átomos son como especies: cada átomo tiene un conjunto de propiedades y una extensión determinadas.) Es sabido que las ideas de Galileo influyeron en la teoría política de Hobbes, tal como afirma Leo Strauss. Así, el Estado hobbesiano funciona en un mundo de colisiones atómicas, donde los átomos son los sujetos de ese Estado. Para los propósitos de Hobbes, los sujetos son idénticos. Como son idénticos entre sí, caen bajo el principio de identidad. En química se habla de cien tipos diferentes de átomos, cada uno con sus propiedades y su extensión. En la filosofía política de Hobbes, hay un único tipo de átomo. El ser político de Hobbes se convertirá en el ciudadano de Rousseau y el proletario de Marx, ya que ambos heredan el presupuesto de identidad. Todos son átomos, una masa homogénea regida por el principio de identidad. Así, pueden agruparse en clases, la burguesía o el proletariado: eran átomos dentro de una clase. Esta misma lógica es la de la clasificación en géneros y especies. La clase y la clasificación –y no puede haber clases sin clasificaciones– participan de la lógica del atomismo, es decir, de la lógica de lo físico.

Así, el capitalismo físico temprano se rige por la lógica política del átomo, una lógica de la *equivalencia* en virtud de la cual un átomo, ciudadano, proletario, es, en tanto átomo, ciudadano o proletario, idéntico a todos los demás. El capitalismo *metafísico,* que es el capitalismo actual, evita la lógica de la identidad política, rompe con ella en pro de una política de la *diferencia.* Eso es, claro está, lo que Hardt y Negri describen en *Imperio* como la política de las "multitudes". Pero también se trata de la política de la diferencia, que ha ocupado un lugar central en las últimas dos décadas, y de la cual se han ocupado autores como Stuart Hall. Esto es parte de lo que se pone en juego cuando el capitalismo se vuelve metafísico. Más adelante, explicaremos qué es lo que hay en la base de la noción de diferencia en términos metafísicos, pero antes me detendré en otro punto: la noción de *intercambio,* quizá más importante aún. Ya Galileo y la física moderna se referían a la naturaleza, a esa naturaleza mecanicista, eminentemente física y sin espíritu, como un espacio no de colisiones sino de *"intercambios".* En la concepción de lo físico propia del Renacimiento y la Ilustración (cartesiana-galileana y kantiana-newtoniana), además de causas y efectos hay *choques.* Cuando el caos de las colisiones empieza a encontrar regularidades y a regirse por leyes, ingresa en una lógica de causa-efecto. Pero hay otro tipo de orden para los choques y los intercambios: la regulación normativa por medio del derecho y el Estado (Hobbes). Así, hay dos formas de regular y poner bajo control el caos, y también una tercera, que tiene que ver con los intercambios, cuyas leyes atañen a las formas de la economía. La economía capitalista. No importa de qué se trate, si de choques o intercambios, política, economía o ciencia (y la ciencia es aquí principio rector), o incluso arte o arquitectura, lo que entra en colisión, se intercambia o se describe por medio de leyes científicas o del derecho positivo del Estado, son elementos equivalentes o átomos. El tercer tipo de caos o de intercambio se regula por medio de la mano invisible del mercado, que confiere un orden a intercambios azarosos en los que A toma el lugar de B y B toma el lugar de A. La física empieza con intercambios azarosos de átomos; la economía sigue con intercambio de bienes y servicios.

En el capitalismo físico, ya sea en política, en economía, en ciencia, en derecho o en el marco social institucional, se regulan elementos equivalentes o átomos. Eso es el capitalismo físico en esencia: el en-sí de un modo de ser cuyo en-sí consiste en no tener un *an-sich*. El capitalismo físico atañe siempre, sin excepciones, a leyes y equivalencias. La dominación y la resistencia en el capitalismo físico conciernen a la ley y la equivalencia. Cuando el capitalismo se vuelve metafísico, ya no hay leyes y equivalentes, universales y particulares, en el lugar de la equivalencia hallamos desigualdad y diferencia, en el ámbito de la ley tenemos singularidad. Y, por cierto, la singularidad, la diferencia y la falta de equivalencia son un principio de resistencia, pero también de *dominación,* en la era del capitalismo metafísico.

La forma sustancial: la metafísica de la auto-organización

La clave de toda metafísica, oriental u occidental, antigua o moderna, es la idea de forma sustancial, una idea aristotélica y tomista (aunque también está presente en el budismo y el hinduismo). Leibniz la retoma en su filosofía de la diferencia, que también es una filosofía de la individuación: la filosofía de la mónada. La idea no es nueva: es el concepto de alma, la mónada del Leibniz tardío, y el "nombre propio" de la metafísica del lenguaje de Walter Benjamin. Cabe recordar que, mientras que la física surge como dominante cultural en el Renacimiento, destellos de metafísica aparecen en Leibniz y, tal como advierte Deleuze, en el barroco y la Contrarreforma. La concepción mecanicista cartesiana del átomo y la lógica de la perspectiva renacentista implicarían, en la visión de McLuhan, una concepción del medio como luz que ilumina, ya sea la luz del *cogito* separado del cuerpo, el "yo" que hace foco en el átomo concebido de manera mecanicista, o el ojo desnudo como foco de la perspectiva renacentista. En el retorno de Leibniz a la forma sustancial, hay una luz que emana o algo similar al alma, a la mente, en toda la materia orgánica y, por extensión, también en la materia inorgánica. Esa alma es la sustancia de la forma sustancial. La luz de los medios de McLuhan es la sustancia de la forma sustancial, en la que la forma es el medio. Así, la Contrarreforma de los paisajes urbanos de El Greco, con su extrañeza, la impresión de que parecieran estar vivos y la iluminación desde adentro, encuentra eco en los vitrales de las catedrales y los medios de comunicación contemporáneos, según el análisis de McLuhan, en un claro contraste con los paisajes y la perspectiva renacentista, que ilumina desde afuera.

Cuando las formas, ya sea de los átomos, del arte, de la arquitectura, de los medios o incluso de los bienes económicos, son iluminadas desde afuera, son formas sin sustancia. En ese caso, las formas se iluminan con una sustancia exterior (que proviene del "yo", del ojo o del *homo oeconomicus*). Entre esas formas vacías se incluye la forma del valor de Marx, es decir, la mercancía. Las formas sustanciales, en cambio, se iluminan desde adentro: la sustancia metafísica habita –y anima– la sustancia física, le da vida. En el *cogito* cartesiano (como también en la física de Galileo), el *cogito,* en tanto sustancia, es externo y echa luz sobre la forma material, mecánica y vacía. En la mónada de Leibniz, su noción de sustancia individual coloca el *cogito* en el interior de la forma, que vuelve así a tener vida y adopta una biografía propia. Entonces, la forma ya no aparece determinada desde el exterior, sino que la determinación le viene de su propia sustancia; adopta una lógica propia.[6] En este sentido, el capitalismo contemporáneo, con sus nuevos medios de comunicación, sus marcas, el predominio de las finanzas y la biotecnología, su lógica del diseño y la innovación constante como consecuencia de la investigación, es metafísico, ya que sus formas se vuelven sustanciales. Cuando la investigación y la idea están dentro de la economía y no afuera, el capitalismo se vuelve metafísico y sus formas, sustanciales. Yann Moulier Boutang se refiere al capitalismo

---

[6] El capitalismo físico, entonces, se caracteriza por una determinación desde el exterior. Esa determinación adopta dos modalidades. Puede tratarse (1) de la determinación del particular (de su movimiento, su figura y su ubicación en el espacio) por una causa material guiada por las leyes de la causación, que son externas. Por ejemplo, en f=ma, una fuerza exterior determina la aceleración de un cuerpo en proporción inversa respecto de su masa. La determinación también puede ser externa (2) por inclusión del particular dentro de un universal; el género determina la especie, el universal determina el particular porque lo incluye. En los dos casos hay una ley que gobierna el fenómeno.

contemporáneo como un capitalismo cognitivo. Una vez que el "yo" abandona la objetividad de la tercera persona, deja de ser sustancia metafísica incorpórea e ingresa dentro de los mecanismos del capitalismo en sí, puede entenderse al capitalismo contemporáneo como "*cogito*-capitalismo".[7]

De acuerdo con Aristóteles, existen cuatro tipos de causa: la causa eficiente, la causa material, la causa formal y la causa final o teleológica. La causa material es la forma en que un objeto está determinado por aquello de lo que está hecho (por ejemplo, por la carne y los huesos, la madera o la arcilla); en el *Génesis*, por ejemplo, el hombre está hecho de barro. La causa eficiente es la determinación de un ser por otro que actúa sobre él; un buen ejemplo tomado de la física sería el de un cuerpo que, al chocar con otro, le imprime movimiento. Ésta es la causa de la física newtoniana y galileana a la que nos referimos más arriba. La causa final o teleológica es más interesante, ya que no se trata solamente de la determinación de un individuo según su capacidad de ser continuación de la gloria de Dios o de estar en armonía con Su voluntad, sino que está también presente en la teoría darwiniana, en la que la especie ya no aparece determinada por la lógica clasificatoria del género. La especie, en cambio, se origina en virtud de la causa final o teleológica de la naturaleza. La naturaleza selecciona. Esta idea tiene interés para los sociólogos y para las ciencias sociales en general, ya que, gracias a Spencer y otros teóricos, el primer positivismo en sociología tiene más que ver con la causa teleológica de Darwin, digamos, que con la causa eficiente de Newton. La diferencia entre la causa final de la naturaleza y la causa final de Dios es que, mientras que Dios determina el individuo, la naturaleza determina la especie. La especie es una clase que contiene "átomos" idénticos con propiedades similares; el individuo, en cambio, es distinto de todos los demás individuos. El individuo se define por intensión, mientras que la especie se define por extensión. A los ojos de Dios, cada individuo es único; para la naturaleza, todos los individuos son parte de una misma especie. Por tanto, la individuación en

[7] Este trabajo no habría sido posible sin las conversaciones con Maurizio Lazzarato, que se iniciaron en 2002. Lazzarato fue quien me introdujo en la monadología. Remito al lector a su *Les revolutions du capitalisme* (París, 2004).

metafísica es distinta de la especiación en la evolución. Una especie no puede reducirse a un átomo en el sentido newtoniano. Las especies sólo se generan mediante una reproducción biológica exitosa. El origen de un tipo particular de átomo, en cambio, se relaciona más con la lógica del descubrimiento que con la evolución. Más aún, en la individuación metafísica, el individuo, que es metafísico, es eterno; nace con la Creación y sólo llega a su fin con la Aniquilación. En Darwin, el origen está asociado con la causa teleológica y no con la creación original. Las especies van y vienen, pero lo que determina su origen es una causa teleológica. Así, la teleología se combina con la fisicalidad. Además, hay todo un metarrelato para la causa final metafísica que va más allá de Darwin: las especies van y vienen; el alma está destinada a volverse cada vez mejor, cada vez más cercana a Dios, cada vez más racional. Por último, las especies existen desde luego gracias a la reproducción física, en la mayoría de los casos sexual, de varias generaciones. Lo que cuenta es una entidad germinal que, ya como germen, es sustancia. Por el contrario, el individuo metafísico no tiene que reproducirse para perpetuarse. Para Darwin, la especie no evoluciona; se origina, surge, pero no evoluciona. La evolución se da cuando surgen especies más complejas, especies que no necesariamente serán seleccionadas por la naturaleza. En el terreno metafísico, en cambio, el que evoluciona es el individuo mismo.

Para nuestro análisis, sin embargo, el tipo de causa aristotélica más importante es la causa formal, es decir, la causa o tipo de determinación que reside en la forma misma. Se deriva de la sustancia de la forma, y lo que está en juego es la auto-organización. Ahora bien: aunque la causa formal es metafísica, la auto-organización es también física y aparece no en la metafísica de la Antigüedad o de la Modernidad temprana, sino en el capitalismo contemporáneo, donde convergen lo físico y lo metafísico, es decir, el capitalismo y la metafísica. Si hoy en día hablamos de auto-organización, "auto-formación" puede ser el término clave en metafísica.[8] La causa formal da la medida en que los

---

[8] Véase *Schopenhauer and Nietzsche*, de Georg Simmel. [Hay traducción al español: *Schopenhauer y Nietzsche: un ciclo de conferencias*, Valencina de la Concepción, Ediciones Espuela de Plata, 2004.]

individuos se autoforman. Las causas eficiente, material y teleológica tienen que ver con los modos en que las formas adoptan un contorno desde el exterior, por su materia, una fuerza externa o un criterio externo de selección. La causa formal, en cambio, es la manera en que nuestra sustancia singular nos da forma; siempre viene del interior, como la luz de los medios de comunicación contemporáneos.

La idea fundamental de este artículo es que el capitalismo contemporáneo remite a la causa sustancial o formal: la naturaleza metafísica del capitalismo contemporáneo va más allá de su carácter inmaterial, aunque por supuesto lo abarca. Si el fundamento del capitalismo físico es, en gran medida, una política y una economía de los equivalentes –es decir, del atomismo y la identidad–, el capitalismo metafísico se estructura en torno a una política y una economía –y, de paso, también una cultura– de la mónada y la falta de equivalencias. La causa eficiente del capitalismo físico queda desplazada por la causa formal del capitalismo metafísico. En la causa formal, es la sustancia la que está en la forma. Se trata de la sustancia, como si la virtualidad de la forma fuera la principal fuente de causación. Y, para decirlo una vez más, en el capitalismo metafísico no es sólo un principio de resistencia, sino también un principio de dominación.

El capitalismo: del fenómeno al nóumeno

Desde Platón en adelante, la metafísica siempre se ha ocupado de la esencia, lo que es "en sí". La física, por el contrario, se ocupa de lo que es "para sí", o lo que es para nosotros. La metafísica se ocupa del nóumeno; la física, del fenómeno. Para Descartes, existen el *cogito* metafísico y los mecanismos físicos del cuerpo, y los segundos representan el triunfo de "la física" en filosofía. Leibniz, como ya hemos explicado, nos ofrece una metafísica moderna en su monadología. Lo físico se sigue siempre de lo metafísico. Toda sustancia, toda mónada tiene un cuerpo. Con la llegada del idealismo, esto se modifica. La crítica kantiana es la crítica de la metafísica: aparece luego de la ruptura postnewtoniana de Kant con Leibniz. Así, en su filosofía crítica, lo metafísico no desaparece, pero queda reducido a condición de posibilidad de lo físico. Las ideas de la razón (o sea, la metafísica) son la condición de posibilidad de las categorías del entendimiento. Para Kant, las cosas no son físicas sino metafísicas. En el plano físico, son para sí o para nosotros y las conocemos a través de las categorías del entendimiento. En el plano metafísico, son nouménicos, cosas-en-sí.[9] No puede comprendérselos mediante las categorías del entendimiento. La cosa para-sí es una especie, un átomo; está en una relación de equivalencia con otras cosas. La razón –en la forma de las categorías del entendimiento– tiene acceso a ella desde el exterior como una suerte de luz que la ilumina, como el universal ilumina al particular o el género a la especie. La razón está *en* la forma. Literalmente, de las Ideas de la razón se pasa a la cosa misma, que no es la especie sino el individuo, la singularidad vista desde *adentro*. La razón infunde la cosa. Así, el conocimiento, como indica Deleuze en *Diferencia y repetición*, consiste en un caso en explicar y en otro en implicar. La idea surge de dentro de la cosa misma, es como la parte mental de la cosa, su causa formal, su estructura ontológica, como señala Lévinas en su fenomenología. Y, esa estructura de la cosa en tanto individuo es, por supuesto, el mundo de ese objeto, entendido este mundo como conjunto y serie de relaciones. El en-sí es, por tanto –tal como afirmaba Leibniz y como sabía Kant–, la condición suficiente de la cosa.

Lo que intento señalar es que la cosa, el objeto, el bien, el servicio en el capitalismo metafísico son en-sí. Los bienes y servicios del capitalismo se vuelven metafísicos. Es la causa formal de las determinaciones del objeto. Es el principio de la cosa –sean comunidades políticas comunitarias o productos financieros–, la auto-organización y el desequilibrio de la cosa cuando el capitalismo se vuelve metafísico. En el capitalismo clásico, el intercambio de equivalentes lleva al equilibrio (y la reproducción); en el capitalismo de hoy, el intercambio de

[9] Desde luego, la doble naturaleza de los objetos para Kant se repite en la doble naturaleza de la mercancía en Marx, aunque este último no es del todo coherente. Cuando presenta la noción de valor de uso, la trata en algunos aspectos como nouménica. Por ejemplo, cuando afirma que cada valor de uso es distinto de todos los demás. En otros momentos, presenta el concepto como si se tratara de unidades de utilidad, en una especie de anticipación de la economía marginalista. Aquí nos quedaremos con el Marx que considera al valor de uso como nouménico. Los bienes son entidades singulares; el punto es que en el capitalismo contemporáneo son una singularidad *abstracta*.

66

objetos no equivalentes lleva al desequilibrio y la "producción". Si, en una clasificación de tipo género/especie, el entendimiento, o *Verstand,* determina desde afuera, el *Vernunft* o razón determina la cosa desde adentro, como las iluminaciones de los paisajes urbanos de El Greco. Y esto no lo dice sólo Deleuze. También aparece en Benjamin, en Leibniz y en Niklas Luhmann.

El idealismo kantiano es idealismo en el sentido de que lo metafísico está en la base de lo físico, es su condición de posibilidad. Sin embargo, Kant es un filósofo de la Ilustración, y sus primeras críticas limitan notablemente el territorio de la metafísica. Por su parte, Hegel insiste en que lo metafísico se realiza, tiene lugar y encuentra su fundamento en lo físico. Así, en *La filosofía del derecho,* la moral o el imperativo moral deben transcurrir en la *Sittlichkeit* (convención). Siguiendo el mismo argumento, el Estado debe encontrar su fundamento en la sociedad civil. Lo mismo se aplica a la *Lógica* y *La filosofía de la naturaleza,* donde lo físico, que es el fundamento de lo metafísico, se erige en oposición a éste, como el predicado respecto del sujeto o la materia respecto de la sustancia. Ésa es la famosa antítesis que lleva a una nueva metafísica. En Marx, por supuesto, lo físico es la fuerza motriz, el para-sí, el fenómeno que genera el nóumeno metafísico, ya sea el Estado o las ideas mismas (es decir, la ideología). En realidad, si el valor de uso es singular y, por tanto, nouménico o metafísico, es un efecto del valor de cambio, que, aunque abstracto, es físico. Normalmente, lo físico es homogéneo, abstracto, atómico. Así, en Marx, las ideas nouménicas de la superestructura o el nóumeno del Estado son producto del para-sí de la sociedad civil. La dialéctica de Marx es una dialéctica de la materia, no de la sustancia. Y en toda dialéctica o teoría crítica (la de Marx, la de Hegel o la de Kant), existe una diferencia ontológica entre el nóumeno y los fenómenos, una diferencia mucho más marcada que en la ontología de la diferencia de Leibniz, en la que la materia pareciera adherirse a la sustancia desde el exterior. El punto es que en Marx, lo físico abstracto –la economía de la mercancía o las relaciones de producción en la economía–, el poder del trabajo, los medios de producción y los productos, adoptan la forma de la mercancía y son unidades cuantitativas de utilidad que se intercambian como equivalentes. Este físico abstracto genera otro, en este caso, político: la clase social. Hay una contradicción que nos lleva a nuevas relaciones de producción en la economía.

En el capitalismo metafísico, en cambio, hay una economía de la diferencia. Hay diferencia en los productos, la idea de diferencia es interior a ellos, infunde la producción y ya no se encuentra por fuera, en la academia. Cuando la investigación se convierte en investigación y desarrollo, la idea ya no explica, sino que implica, porque está *implícita* en la producción y en el producto, es parte de la marca.[10] Las relaciones que generan las fuerzas productivas son relaciones de diferencias. Los intercambios, que antes eran de equivalentes, son ahora de entidades no equivalentes. ¿Cuál es la mejor forma de entender esto? ¿El mercado? ¿No es mejor algún tipo de co-evolución? ¿O podría concebirse al mercado como co-evolución? ¿Han cambiado los mercados? La co-evolución no es un sistema y un entorno como podría ser una explicación sociológica funcional de los mercados, sino una relación entre sistemas, en virtud de la cual se intercambian heterogeneidades. Así era en los intercambios simbólicos originales, pero la co-evolución contemporánea es bien distinta de esos intercambios. En el nuevo capitalismo, que con seguridad es menos extensivo que intensivo, no se trata, mal que le pese a Baudrillard, de un mero juego de superficies y del colapso absoluto del nóumeno (y de la idea) en favor del objeto. En cambio, se trata de la reaparición del nóumeno en la superficie misma del objeto. Ahora, lo intensivo también puede ser material. Se cancela la diferencia entre sustancia y materia. El nóumeno está en todas partes. El nóumeno más profundo de Deleuze, la diferencia-en-sí como la relación de intensidad cuantitativa diferencial, se convierte en una entidad-para-sí en las superficies del capitalismo intensivo. El nóumeno, la forma sustancial, pasa a ser el sistema que se autoorganiza. Ya no está oculto en el interior. La diferencia ontológica entre el nóumeno y el fenómeno, entre la base fenoménica y la superestructura nouménica desaparece. La idea se introduce en la base y ocupa el centro mismo de la mercancía, que explota y se convierte en otra cosa. Esa otra cosa es, por supuesto, una singularidad que se

[10] Aquí, la marca es virtual, una sustancia que genera todo un conjunto de formas.

autoorganiza, pero que realiza o, mejor aun, actualiza el valor y la plus-valía. En su propia metamorfosis, esa singularidad cobra vida propia y se vuelve una entidad virtual. Así es como llegamos, literalmente, a una economía de entidades virtuales en la sociedad virtual de hoy.

El capitalismo se vuelve metafísico: nace el dinero

La novela *Cosmópolis*, de Don DeLillo, retrata a Eric Packer, un agente bursátil de 28 años, en el momento del colapso de las empresas.com, en abril del año 2000. Eric trabaja en el sector financiero, es decir, con dinero; y su vida transcurre en ese idioma. A lo largo de las 24 horas en que tiene lugar la acción narrada en la novela, se lo pasa especulando sobre qué va a ocurrir con el yen. Eric, que una vez leyó un poema en el que "las ratas se convierten en unidades monetarias", vive dentro del mundo de su perfecta limusina, herméticamente cerrada, en un mundo de finanzas, de derivados, en el que el dinero es una base de datos que respira, vive y de hecho está en permanente ebullición. Eric vive en un mundo de abstracción pura: dinero abstracto, sexo abstracto, equivalentes abstractos.

> Comprendió cuánto significaba para él ver los datos en una pantalla. Analizó los diagramas de figuras que conformaban dibujos orgánicos, pájaros alados y conchas escalonadas. Era típico de una mente superficial afirmar que los números y las tablas eran producto de una fría compresión de energías humanas rebeldes, la reducción de todos los deseos y los gustos de medianoche a lúcidas unidades del mercado financiero. En realidad, los datos tenían alma y brillo propios, y eran un aspecto dinámico más del ciclo vital. Los alfabetos y los sistemas numéricos, que realizaban su potencial último en el formato electrónico, en el lenguaje binario que dominaba al mundo, hablaban por sí solos, un imperativo digital que definía hasta los últimos suspiros de los millones y millones de habitantes del planeta. Ellos constituían la biosfera. Contenían nuestros cuerpos y nuestros océanos, formando un todo cognoscible.[11]

[11] Traducción al español: Don DeLillo, *Cosmópolis*, Barcelona, Seix Barral, 2003.

¿Qué podría ser más abstracto y físico al mismo tiempo que el dinero? El propio valor de cambio es el valor de cambio de una mercancía, ya sea un bien de consumo, trabajo o capital constante. Lo que media entre distintos valores de cambio es el dinero. Si a todo valor de uso corresponde un valor de cambio, entonces el dinero es el valor de cambio del valor de cambio; es el instrumento de la razón instrumental, y de ahí que no sea desacertado hablar hoy en día de "instrumentos financieros". El capital productivo recorre el circuito M-D-M', donde el *dinero (D)* se cambia por fuerza de trabajo y capital constante, y M' tiene más valor que M. El dinero o capital financiero circula recorriendo D-D', sin mediación de *M*, que es la *mercancía*. La mercancía tiene dos caras, decía Marx, una naturaleza doble; es concreta y particular de un lado, el de su valor de uso, y abstracta y general del otro, el del valor de cambio. El dinero es el equivalente universal; tiene una sola cara, y nunca es concreto y particular. Para Marx, todas las mercancías son equivalentes particulares del dinero, en tanto todas las mercancías son valores de uso también. En tanto el valor de uso del dinero es su valor de cambio, o cómo funciona en los intercambios. Sin dinero, no hay intercambios de equivalentes en los mercados, ya que lo que ocurre en los mercados no es que se intercambian mercancías sino que se intercambia dinero por valores de cambio de equivalentes particulares. El dinero se intercambia por equivalentes particulares. La mercancía A no cambia de lugar con la mercancía B sino que el dinero y la mercancía A cambian de lugar. Y, de hecho, la mercancía A es un equivalente gracias al dinero: sin dinero, es un particular sin equivalencia con nada, o sea, no es una mercancía en absoluto. El dinero transforma los valores de uso (concretos y particulares) en valores de cambio: las mónadas se transforman en átomos, las singularidades se vuelven mercancías. Y las mercancías son al mismo tiempo mónadas y átomos; se definen simultáneamente por su intensión y por su extensión. Leibniz afirma que toda mónada tiene cuerpo. Todas menos el dinero, habría que agregar. Cuando el dinero no puede intercambiarse, se parece al periódico de ayer: no tiene valor de uso. Es una mercancía que nunca es una singularidad. Quizá pueda decirse que es la única cosa cuyo en-sí es un para-sí. Parecería ser el único caso en que la intensión coincide con la extensión. Los tres medios clásicos de comunicación son el lenguaje, el dinero y los medios de comunicación propiamente dichos. El en-sí del lenguaje, apuntó Benjamin, es el lenguaje religioso, el lenguaje adánico del Paraíso, es decir, el en-sí del lenguaje es el símbolo; el para-sí es el signo. En el caso del dinero, como acabamos de explicar, el en-sí es el para-sí. Su metafísica ya es física. En cuanto a los medios de comunicación, la televisión o la pantalla de la computadora, el para-sí es el en-sí de la luz que emana. Como el capitalismo contemporáneo, la pantalla ya es metafísica.

Sin embargo, en el capitalismo metafísico, en el capitalismo inmaterial de hoy en día, el dinero ya no es sólo un medio; también es un producto. Los bancos tienen ingresos, ganancias y capitalización de mercado. El bancario es el mayor sector "industrial" entre las 500 empresas más importantes a nivel mundial listadas por el *Financial Times*. De las 500 corporaciones más grandes del mundo 66 son bancos. El Citigroup es la quinta empresa más grande del mundo por su capitalización de mercado (259 mil millones de dólares).[12] El Bank of America ocupa el puesto 10; HSBC, el 11, y Morgan Stanley, el 16. Lo que era un medio devino una cosa, un bien, un producto: un instrumento en el caso del dinero; y esto también es cierto para los medios de comunicación. Ahora tenemos productos financieros y las empresas contratan siempre más matemáticos para ampliar y diversificar la gama de esos productos. En eso consisten la investigación y el desarrollo del sector bancario: hay especialización flexible, un modelo post-fordista donde el trabajo del diseño, la investigación y el desarrollo de los productos financieros se corresponde con el trabajo de la producción. El mejor ejemplo de esto son los derivados, ya que en la actualidad se habla de "instrumentos financieros tradicionales" y "derivados". Tal como advierten Lee y LiPuma, los derivados se construyen con el lenguaje del riesgo. Si la cotización de las acciones está relacionada con las apuestas sobre la rentabilidad a futuro de una empresa, los derivados son una apuesta acerca de la gente que hace esas apuestas, dice Linda Davies en *Into the Fire*. Así, el valor de

---

[12] La más grande de todas es General Electric, con 299 mil millones de dólares.

cambio de una empresa ya no es solamente el valor de cambio de sus activos, del capital constante circulante y fijo, de por sí abstracto, y el capital variable de su fuerza de trabajo. Es más abstracto que ese valor de cambio. En la actualidad, el valor de cambio de una empresa es la suma de las apuestas sobre su rentabilidad futura, de modo que está menos relacionado con los mercados de productos que con los mercados de capital. Al mismo tiempo, el dinero está convirtiéndose en un producto. Los derivados –los futuros o las opciones– son incluso más abstractos, porque constituyen apuestas sobre la suma de las apuestas de otras personas o coberturas de riesgo: apuestas que se hacen para minimizar los riesgos de que las personas pierdan por sus propias apuestas. Cada vez es más cierto que el circuito D-D' de los mercados de riesgo financiero dirige el circuito D-M-D de la producción. Es cierto que la inversión productiva es riesgosa, pero el circuito D-D' es puro riesgo. Los derivados, entonces, constituyen intentos de cubrirse del riesgo de poseer entidades sujetas a fluctuaciones de precios.[13] Invertir en derivados es, por tanto, una forma de gestión de riesgos. Sin embargo, son notablemente vulnerables a la corrupción o al colapso financiero, tal como ejemplifican el derrumbe de la Gestión de Capital a Largo Plazo de 1998 y los escándalos de Enron y de Barings. La consecuencia imprevista de la gestión de riesgos es la creación de riesgo, lo cual se condice con la teoría de Ulrich Beck. Más aun, los intentos de lograr un equilibrio hacen avanzar el desequilibrio crónico del capitalismo intensivo.

Sin embargo, esta hiper-abstracción de la capitalización de mercado y los derivados, que constituyen respectivamente apuestas a futuro y apuestas sobre –o en contra de– otras apuestas a futuro, esas entidades físicas que son todavía más abstractas que lo físico, esa hiper-extensión del dinero están al mismo tiempo invadidas por la intensidad, la vida y lo metafísico.

[13] Los derivados son de dos tipos: futuros y opciones. Los mercados de futuros modernos surgieron en el Consejo de Comercio de Chicago a mediados del siglo XIX, que comerciaba futuros de cobre, trigo y cerdo. A partir de la década de 1970, los futuros de divisas han tenido un papel preponderante en las finanzas. Poseer un futuro es tener un contrato de entrega futura a un precio estipulado de antemano.

Para Eric, el personaje de la novela de DeLillo, el dinero, en la doble abstracción en tanto datos y digitalización en una computadora, pone en juego la vida y la intensidad de "patrones orgánicos, pájaros alados y conchas escalonadas". Contemplado como datos en una pantalla, el dinero está mediatizado dos veces, o mejor dicho, tres, si se agrega el lenguaje de intercambio de los comerciantes (véase Knorr-Cetina). Sin embargo, "los números y las tablas" no son producto de la alienación, de la "fría compresión" de "deseos" y "energías humanas" en "mercados financieros impecables y muertos". En realidad, visto como números en una pantalla –y aquí tendríamos la cuarta modalidad de mediación y abstracción: la de los símbolos matemáticos–, el dinero es en sí mismo metafísico. Tiene "alma [como las mónadas][14] y brillo propios [por la luz que emana]", aunque al mismo tiempo, esta entidad digital, cognitiva y abstracta es nouménica como un "imperativo" "que definía hasta los últimos suspiros de los millones y millones de habitantes del planeta", como "la biosfera". Así como en el filme *Videodrome,* de David Cronenberg, la pantalla mediática es un ser biológico, vivo y palpitante, en *Cosmópolis,* de Don DeLillo, el dinero cobra vida propia.

Así entendido, el capitalismo, cuanto más abstracto es –mucho más abstracto, de hecho, que la mercancía–, cuanto más físico, extensivamente abstracto, es al mismo tiempo más intensivo y metafísico. Un proceso de control de riesgos doblemente abstracto, D-D', que alguna vez fue derivado del proceso concreto de producción M-D-M', figura ahora en el centro de la escena en tanto gobierna el proceso productivo.[15] En el listado del *Financial Times,* en la hegemonía de la capitalización de mercado. En el fenómeno Reino Unido, donde el sector financiero de la *city* de Londres es el punto neurálgico de toda la economía británica y el mercado laboral (Londres) más próspero del mundo. El nuevo capitalismo encuentra su punto de apoyo no en el sector de bienes, ni siquiera en el de servicios, sino en el de los *medios:* pantallas, dinero, lenguaje (educación, afectos), código genético en biotecnología. Ahora bien, esos medios han devenido productos,

[14] Según Leibniz, hasta las mónadas animales tienen alma.

[15] Debo a Roy Boyne y a Jakob Arnoldi los conceptos que he desarrollado aquí sobre los derivados.

se han convertido en cosas en una era en la que el capitalismo se ha
vuelto metafísico.

Primera conclusión

La idea central del presente trabajo es que ha habido un desliza-
miento desde el capitalismo físico, basado en la identidad y la determinación externa, hacia un capitalismo metafísico cuyos principios son
la autoorganización y la diferencia. En un ensayo tardío y, de hecho,
bastante materialista y "físico", *Über das mimetische Vermögen* ["Sobre
la facultad mimética"], Walter Benjamin escribe sobre una facultad
mimética original cuya filogenia deriva de principios inmanentes
de la magia, en la que la danza y los fenómenos de culto parecerían
imitar, en una similaridad no sensual, los movimientos del sol y las
estrellas. Luego, habría un momento en el que "se cree que el recién
nacido posee plenamente este don (la mímesis) y está perfectamente
modelado sobre la base de la estructura del ser cósmico". Esa mágica
transformación [*transmogrification*] del macrocosmos en microcosmos
es el nacimiento de la metafísica, cuando la luz, la energía, la vida,
lo que incluso después será la razón de ser del sol, se impregnan en
el microcosmos del alma, ya no sensual, donde cada alma es distinta
de las demás. La metafísica nos dio el Dios del monoteísmo, que es
al mismo tiempo luz, vida, energía y razón. Georges Bataille escribió
acerca del "año solar", en el que lo más bajo, tan bajo como para permitir una extrusión excesiva, está permeado por la luz, la energía, la
vida y la razón del dios-sol. De ahí que Benjamin, amigo de Bataille,
hable de la iluminación profana que proviene del inconsciente, de
las mercancías abandonadas por el capitalismo. Lo que Bataille y el
Benjamin de los últimos años invocan es el devenir-físico de la metafísica, la espiritualización de la base en el capitalismo metafísico. En
el capitalismo metafísico actual, la luz, la vida, la energía y la razón
están en el centro de los medios y de la economía, y también de la
economía mediática a la que nos referimos anteriormente. En él, la
luz, la vida, la energía y la razón atraviesan la intensa maquinaria con
su brillo y conducen la producción de la diferencia económica, de

toda la red auto-transgresora de intercambio de lo no equivalente que caracteriza al nuevo orden global.

Segunda conclusión

La obra de Max Weber está obsesionada por lo metafísico. Weber realizó largos estudios sobre las religiones del mundo y escribió una detallada *Religionsoziologie* [Sociología de la religión] en *Wirtschaft und Gesselschaft* [*Economía y sociedad*]. A diferencia de Durkheim, Weber prácticamente no escribió sobre las sociedades tribales, el intercambio simbólico y la magia, el don, el animismo y el totemismo. Mientras que Durkheim se preguntaba cómo podía ser cohesiva una sociedad capitalista (o moderna), a Weber le preocupaba la cuestión genética de los orígenes de la modernidad capitalista. En consecuencia, Durkheim analizó el lazo social en las sociedades tribales y trató de encontrar un equivalente en el capitalismo moderno. Weber, que con razón se ocupaba de los datos "fácticos", trató de hallar el principio de la emergencia de ese individuo histórico que fue el capitalismo. Exploró todas las religiones del mundo, en el registro de las cosmologías metafísicas, y se preguntó cuál de esas variedades de lo metafísico podía dar origen a lo físico,[16] o, dicho de otro modo, cuál de esas variedades de metafísica contenía en sí el germen de lo físico. Su respuesta fue: el protestantismo. Dentro de la metafísica cristiana, el ideal ascético de los profetas protestantes dio como resultado el repliegue de lo sagrado y la expansión del ámbito de lo físico. En ese proceso, surgieron las "verdades en tercera persona" de los inversores y los científicos objetivos a las que se refiere Robert Merton en su trabajo sobre el protestantismo y el surgimiento de la ciencia moderna. La Reforma fue un pilar temprano de la Ilustración. El otro fue el Renacimiento, claro está: Galileo y Descartes no eran protestantes. Así, hay una cierta ética renacentista en *La perspectiva como forma simbólica* de Panofsky, donde también puede verse el nacimiento de lo físico a partir de lo metafísico y de las verdades en tercera persona.

[16] Véase Sam Whimster, *Max Weber and the Culture of Anarchy*, Londres, Macmillan, 2004.

La ética protestante es un texto sobre el surgimiento del capitalismo físico, es decir, el capitalismo occidental. La objetividad de Occidente fue propicia para su surgimiento. Sin embargo, cuando la ciencia, o más específicamente la ciencia social, se vuelve metafísica, el observador deja de ser objetivo. El o ellas pasan a estar dentro del sistema. Aparecen entonces efectos de paralaje y lo que Francisco Varela denomina "verdades en primera persona". Las verdades en primera persona –y no las verdades en tercera persona– han sido desde tiempos inmemoriales el paradigma de las religiones orientales y del sudeste asiático, de la India y de la China y todavía lo siguen siendo. En los sistemas lineales del capitalismo físico, en los cuales la causa es externa y la reproducción paradigmática, las verdades en tercera persona de Occidente fueron fundamentales para la acumulación de capital. Pero hoy, en el capitalismo del siglo XXI, los sistemas tienden a autoorganizarse, los sistemas no lineales y los observadores internos, tienden a dominar en la ciencia, en la ciencia social y en las artes. ¿Es posible que se haya equivocado Francis Fukuyama? ¿Acaso nos acercamos a un mundo dominado no ya por el equilibrio y las equivalencias del mercado neo-liberal sino uno en el cual el intercambio de no-equivalencia y desequilibrio será seleccionado por un entorno cada vez más globalizado? En una era tal –donde la economía deviene metafísica– el capital se acumulará, sin duda, en Oriente.

3. Política y pasiones: las apuestas de la democracia

Chantal Mouffe

Chantal Mouffe es profesora de Teoría Política en el Centre for the Study of Democracy de la Universidad de Westminster, en Londres. Ha dictado clases y efectuado investigaciones en muchas universidades de Europa, América del Norte y América del Sur. Es miembro del College International de Philosophie de París. Fue compiladora de los libros *Gramsci and Marxist Theory* (Londres, Routledge y Kegan Paul, 1979), *Dimensions of Radical Democracy, Pluralism, Citizenship, Community* (Londres, Verso, 1992); *Deconstruction and Pragmatism* (Londres, Routledge, 1996) [*Deconstrucción y Pragmatismo*, Buenos Aires, Paidós, 1998] y *The Challenge of Carl Schmitt* (Londres, Verso, 1999). Es coautora, con Ernesto Laclau, de *Hegemony and Socialist Strategy: Towards a Radical Democratic Politics* (Londres, Verso, 1985) [*Hegemonía y estrategia socialista: hacia una política democrática radical,* Buenos Aires, FCE, 1987] y autora de *The Return of the Political* (Londres, Verso, 1993) [*El retorno de lo político,* Barcelona, Paidós, 1999], *The Democratic Paradox* (Londres, Verso, 2000) [*La paradoja democrática,* Barcelona, Gedisa, 2003] y *On the Political* (Londres, Routledge, 2005).

La autora, cuya obra ha sido ampliamente traducida al español, es una referencia obligada de la teoría política contemporánea, por su postura crítica respecto de la democracia en sus formas actuales, en relación con las cuales considera como ineludibles la cuestión del pluralismo, la equidad, la multiplicación identitaria en el ámbito de la globalización y la afirmación de las diferencias desde una perspectiva no esencialista. Entre sus temas actuales de investigación se destaca una indagación sobre el rol preponderante de las pasiones en la política, en cuyo marco se inscribe el presente artículo. En 2014 se publicó entre nosotros su último libro, *Agonistica. Pensar el mundo políticamente* (Buenos Aires, FCE).

Desde hace tiempo estoy preocupada por la incapacidad cada vez mayor en la que nos encontramos para concebir los problemas que enfrentan nuestras sociedades en términos políticos, es decir, como problemas que requieren decisiones no meramente técnicas sino propiamente políticas, decisiones tomadas entre alternativas reales que suponen la disponibilidad de proyectos en conflicto pero igualmente legítimos concernientes a la forma de organizar nuestra vida en común. Parecería que, en vez del fin de la historia, lo que estamos presenciando fuera en realidad el fin de la política. ¿No es ése, acaso, el mensaje que, aún de modos diferentes, están transmitiendo las tendencias más recientes en teoría y sociología política, por no mencionar las prácticas dominantes de los partidos políticos establecidos? Ellos sostienen que el modelo adversarial de la política se ha vuelto obsoleto y que hemos ingresado en una nueva etapa de modernidad reflexiva en la que puede construirse un consenso inclusivo en torno de un "centro radical". Todos los que están en desacuerdo con este consenso son desestimados como arcaicos o condenados como malvados. En los últimos tiempos la moralidad ha sido promovida al puesto de narrativa maestra y está reemplazando a los discursos políticos y sociales, desacreditados a la hora de proveer lineamientos para la acción colectiva. A tal punto se está convirtiendo rápidamente en el único vocabulario legítimo, que en lugar de pensar en términos de derecha o izquierda somos ahora instados a pensar en términos de lo bueno y lo malo.

Las consecuencias de este desplazamiento de la política por la moralidad es que la esfera pública democrática ha resultado seriamente debilitada por la falta de un debate propiamente "agonístico" en torno a posibles alternativas al orden hegemónico existente. De ahí la creciente desafección hacia las instituciones democráticas liberales, que se manifiesta a través de la declinación de la participación electoral o de la atracción que ejercen los partidos populistas de derecha que desafían al establishment político.

Hay muchas razones para la desaparición de una perspectiva propiamente política: algunas tienen que ver con el predominio de un régimen de globalización neoliberal, otras con el tipo de cultura consumista e individualista que impregna las sociedades industriales más avanzadas. Desde una perspectiva más estrictamente política, está claro que el colapso del comunismo y la desaparición de las fronteras políticas que habían estructurado el imaginario político durante la mayor parte del siglo XX han conducido al desmoronamiento de los referentes políticos de la sociedad. La difuminación de las fronteras entre derecha e izquierda que hemos presenciado reiteradamente y que tantos celebran como un progreso, constituye desde mi punto de vista una de las principales razones para la irrelevancia cada vez mayor de la esfera pública política democrática y tiene consecuencias muy negativas para la política democrática. Volveré sobre este punto más adelante, pues quisiera examinar en primer lugar la responsabilidad de la teoría política en relación con la incapacidad en que nos hallamos actualmente para pensar en términos políticos.

Las limitaciones de la teoría democrática liberal

Como teórica de la política, estoy particularmente interesada en el rol que ha jugado la teoría política en la desaparición de una visión propiamente política. En los últimos años la comprensión tradicional de la democracia como agregación de intereses –el modelo "agregativo"– ha venido siendo desplazado por un nuevo paradigma que, bajo el nombre de "democracia deliberativa", rápidamente está imponiendo los términos de la discusión. Uno de sus principios centrales es que las cuestiones políticas son de naturaleza moral y, por consiguiente, susceptibles de tratamiento racional. El objetivo de una sociedad democrática es, desde esa perspectiva, la creación de un consenso racional alcanzado por medio de procedimientos deliberativos apropiados cuya finalidad es la de generar decisiones que representen un punto de vista imparcial, en interés de todos por igual. Todos los que ponen en cuestión la mera posibilidad de semejante consenso racional y que afirman que la política es un dominio en el cual siempre es razonable esperar discordia, son acusados de socavar la posibilidad misma de la democracia. Tal como lo expresa, por ejemplo, Habermas: "Si las cuestiones de justicia no pueden trascender la autocomprensión ética de formas de vida en competencia, y si las oposiciones y conflictos de valores existencialmente relevantes deben penetrar todas las cuestiones controvertidas, entonces en última instancia terminaremos en algo parecido a la concepción que Carl Schmitt tiene de la política".[1]

Esta tendencia teórica a asimilar la política a la moralidad, entendida en términos racionalistas y universalistas, borra la dimensión de antagonismo que es imposible de erradicar de la política. Esto ha contribuido al actual desplazamiento de lo político por lo jurídico y lo moral, que son percibidos como terrenos particularmente adecuados para alcanzar decisiones imparciales. Hay, por consiguiente, un fuerte vínculo entre esta clase de teoría política y el retroceso de lo político. Y ésa es la razón por la que me preocupa el hecho de que el modelo deliberativo de democracia sea habitualmente presentado como el más apropiado para la etapa actual de la democracia. Sin duda, este tipo de teoría se combina bien con la política de la Tercera Vía y su pretensión de situarse "más allá de la izquierda y la derecha", pero –como argumentaré a continuación– es precisamente esta perspectiva postpolítica la que nos vuelve incapaces de pensar de un modo político, de formular preguntas políticas y de proponer respuestas políticas.

Este desplazamiento de lo político a lo jurídico es muy claro, por ejemplo, en la obra de John Rawls, quien menciona a la Corte Suprema como el mejor ejemplo de lo que él denomina el "libre ejercicio de la razón pública", que es desde su perspectiva el modelo mismo de la deliberación democrática. Otro ejemplo puede hallarse en la obra de Ronald Dworkin, quien en muchos de sus ensayos otorga primacía al poder judicial independiente, considerado como el intérprete de la moralidad política de una comunidad. Según él, todas las cuestiones

---

[1] Jürgen Habermas: "Reply to Symposium Participants", *Cardozo Law Review*, vol. 17, marzo de 1996, n° 4-5, pág. 1493.

fundamentales que enfrenta una comunidad política en el terreno del empleo, la educación, la censura, la libertad de asociación, etc., son mejor resueltas por los jueces, en la medida en que interpreten la Constitución con referencia al principio de la igualdad política. Es muy poco lo que queda para la discusión en la arena política.

Incluso pragmatistas como Richard Rorty, pese a que llevan a cabo una crítica importante y de largo alcance del enfoque racionalista, fallan a la hora de proporcionar una alternativa adecuada. De hecho, el problema de Rorty es que, aunque de un modo diferente, también termina privilegiando el consenso y perdiendo la dimensión de lo político. Si bien el consenso por el que aboga ha de ser alcanzado mediante la persuasión y la "educación sentimental", no a través de la argumentación racional, cree sin embargo en la posibilidad de un consenso inclusivo y, por lo tanto, en la eliminación del antagonismo.

De hecho, la situación actual puede ser vista como la realización de una tendencia que, como lo ha argumentado Carl Schmitt, se inscribe en el corazón mismo del liberalismo, cuya incapacidad constitutiva para pensar en términos verdaderamente políticos explica que tenga siempre que recurrir a otros tipos de discurso: económico, moral o jurídico. Sé que puede parecer paradójico, o incluso perverso, remitir a Schmitt –adversario declarado de la democracia liberal– en un intento por remediar las deficiencias de los teóricos democrático-liberales, pero estoy convencida de que a menudo podemos aprender más de los críticos intransigentes que de los apologistas blandos.

La fuerza de la crítica de Schmitt radica en el hecho de que pone en primer plano lo que constituye la principal debilidad del pensamiento liberal: su incapacidad para aprehender la especificidad de lo político. En *El concepto de lo político* escribe:

> El pensamiento liberal elude o ignora al Estado y a la política de un modo genuinamente sistemático, y en su lugar se mueve en el seno de una polaridad típica y recurrente entre dos esferas heterogéneas, las de la ética y la economía, espíritu y negocio, educación y propiedad. La desconfianza crítica frente al Estado y a la política se explica a partir de

los principios de un sistema para el cual el individuo es y debe seguir siendo tanto *terminus a quo* como *terminus ad quem*.[2]

En otras palabras, el pensamiento liberal es necesariamente ciego a lo político en virtud de su individualismo, que lo vuelve incapaz de comprender la formación de identidades colectivas. No obstante, lo político versa desde el comienzo acerca de las formas colectivas de identificación, puesto que en este campo tratamos permanentemente con la formación de un "nosotros" opuesto a un "ellos". Lo político se relaciona con el conflicto y el antagonismo, su *differentia specifica,* como lo expresa Schmitt, es la distinción entre el amigo y el enemigo. No resulta sorprendente, pues, que el racionalismo liberal no pueda captar su naturaleza, dado que el racionalismo requiere la negación misma del carácter inerradicable del antagonismo. El liberalismo necesita negar el antagonismo desde el momento en que, al poner en primer plano el momento ineludible de la decisión –en el sentido estricto de tener que decidir en un terreno indecidible–, lo que el antagonismo revela es el límite mismo de todo consenso racional.

Desde mi punto de vista, es esta negación del antagonismo lo que impide a la teoría liberal pensar la política democrática de un modo adecuado. Lo político en su dimensión antagónica no puede ser borrado por el simple hecho de su negación, del deseo de su desaparición, que es el típico gesto liberal; semejante negación sólo conduce a la impotencia, impotencia que caracteriza al pensamiento liberal cuando es confrontado con la emergencia de antagonismos que, según la teoría, deberían pertenecer a una época ya superada en la cual la razón todavía no habría logrado controlar ciertas pasiones supuestamente arcaicas. Tal como lo mostraré enseguida, esto es lo que se encuentra en la raíz de la incapacidad actual para captar la naturaleza y las causas del nuevo fenómeno del populismo de derecha que está incursionando en Europa. Es por eso que considero de la mayor importancia prestar atención a Schmitt cuando afirma que "el fenómeno de lo político sólo se deja aprehender por referencia a la posibilidad real de la agrupación según amigos y enemigos, con independencia de las consecuencias

---

[2] Carl Schmitt: *El concepto de lo político*, Madrid, Alianza Editorial, 1991, pág. 99.

que puedan derivarse de ello para la valoración religiosa, moral, estética o económica de lo político".[3] Esta es una percepción crucial y considero que Schmitt está en lo cierto cuando llama nuestra atención sobre el hecho de que lo político está ligado a la existencia de una dimensión de hostilidad en las sociedades humanas, hostilidad que puede adoptar muchas formas y manifestarse en muy diversos tipos de relaciones sociales. Desde mi punto de vista, este reconocimiento debería constituir el punto de partida para una reflexión adecuada acerca de los objetivos de la política democrática.

Ciertamente, Schmitt nunca desarrolló estas intuiciones de un modo teórico, y ésa es la razón por la cual en el curso de mi trabajo he tratado de formularlas con más rigurosidad a través de la crítica del esencialismo desarrollado por varias corrientes del pensamiento contemporáneo. Esta crítica revela que uno de los principales problemas del liberalismo es que despliega una lógica de lo social basada en una concepción del ser como presencia y que concibe la objetividad como inherente a las cosas mismas. Ésta es la razón por la cual no puede aprehender el proceso de construcción de las identidades políticas. Es incapaz de reconocer que solamente puede haber una identidad cuando ella se construye como "diferencia" y que toda objetividad social se constituye por medio de actos de poder. Lo que se niega a admitir es que toda forma de objetividad social es en última instancia política y que debe llevar las marcas de los actos de exclusión que rigen su constitución.

Emplearé la noción de "exterior constitutivo" para explicitar mi argumento. Este término ha sido propuesto por Henry Staten para referirse a una serie de temas desarrollados por Jacques Derrida en nociones tales como las de "suplemento", "marca" y *"différance"*. Su objetivo es el de subrayar el hecho de que la creación de una identidad supone el establecimiento de una diferencia, diferencia que es a menudo construida sobre la base de una jerarquía: por ejemplo, entre forma y materia, negro y blanco, hombre y mujer, etc. Una vez que hemos comprendido que toda identidad es relacional y que la afirmación de una diferencia –es decir, la percepción de un "otro" que constituye

[3] Ibíd., pág. 65.

su "exterior"– es una precondición para la existencia de cualquier identidad, podemos formular mejor la idea de Schmitt acerca de la posibilidad siempre presente de la relación amigo/enemigo; o, para decirlo de otro modo, podemos comenzar a percibir de qué modo una relación social puede convertirse en el terreno de producción de un antagonismo.

De hecho, como ya lo he indicado, cuando nos referimos a las identidades políticas –que son siempre identidades colectivas– estamos tratando con la creación de un "nosotros" que solamente puede existir a partir de la demarcación de un "ellos". Esto no significa, por supuesto, que esa relación sea necesariamente antagónica. Pero sí significa que siempre existe la posibilidad de que esa relación nosotros/ellos se convierta en una relación entre amigo y enemigo. Ello sucede cuando los otros, que hasta entonces eran considerados simplemente diferentes, comienzan a ser percibidos como cuestionadores de nuestra identidad y amenazadores de nuestra existencia. Desde ese momento, cualquier forma de relación nosotros/ellos, sea religiosa, étnica o económica, se convierte en sede de un antagonismo.

Lo que es importante en este punto es el reconocimiento de que la condición misma de posibilidad de formación de las identidades políticas es al mismo tiempo la condición de imposibilidad de una sociedad de la cual pudiera eliminarse el antagonismo. El antagonismo es, por consiguiente, una posibilidad siempre presente, como lo subrayara repetidamente Schmitt. Esta dimensión antagónica es lo que he propuesto denominar "lo político" para distinguirlo de "la política", que refiere al conjunto de prácticas e instituciones cuya finalidad es crear un orden, organizar la coexistencia humana en condiciones que son siempre conflictivas porque están atravesadas por "lo político". Para utilizar la terminología heideggeriana, podríamos decir que "lo político" está situado en el nivel de lo ontológico, mientras que la política pertenece al de lo óntico.

El pluralismo agonístico

Estas consideraciones acerca de las limitaciones de la teoría democrática liberal deberían ayudar al lector a rastrear el origen de mi convicción de que, para comprender la naturaleza de la política democrática y el desafío al que se enfrenta, necesitamos una alternativa para las dos principales perspectivas en circulación en la teoría política democrática. Uno de esos enfoques, el modelo agregativo, concibe a los actores políticos como movidos por la prosecución de sus intereses; el otro modelo, el deliberativo, subraya el rol de la razón y las consideraciones morales. Lo que ambos modelos dejan de lado es el rol central de lo que yo llamo las "pasiones" en la creación de las identidades políticas o colectivas. Desde mi punto de vista, no es posible comprender la política democrática sin reconocer a las pasiones como una fuerza propulsora en el campo de la política. Es por eso que estoy trabajando en la elaboración de un nuevo modelo que denomino "pluralismo agonístico", que pretende abordar todas las cuestiones que no pueden ser apropiadamente tratadas por los otros dos modelos debido a su perspectiva individualista y racionalista.

En pocas palabras, mi argumento es el siguiente. Una vez que reconocemos la dimensión de "lo político" comenzamos a darnos cuenta de que uno de los principales desafíos para la política democrática consiste en la domesticación de la hostilidad y en la tentativa de desactivar el antagonismo potencial existente en las relaciones humanas. De hecho, la cuestión fundamental para la política democrática no es cómo arribar a un consenso racional —es decir, a un consenso alcanzado sin exclusión–, lo cual requeriría la construcción de un "nosotros" que no tuviera el correlato de un "ellos". Esto es imposible porque, como hemos visto, la demarcación de un "ellos" es la condición misma para la constitución de un "nosotros". La cuestión crucial para la política democrática es, entonces, cómo establecer esta distinción nosotros/ ellos —que es constitutiva de la política– de un modo tal que sea compatible con el reconocimiento del pluralismo. El conflicto en las sociedades democráticas no puede y no debería ser erradicado, puesto que la especificidad de la democracia moderna reside, precisamente, en el reconocimiento y la legitimación del conflicto. Lo que la política democrática requiere es que los otros no sean vistos como enemigos a ser destruidos sino como adversarios cuyas ideas serán combatidas, incluso de modo virulento, pero cuyo derecho a defenderlas nunca será puesto en cuestión. Para decirlo de otro modo, lo importante es que el conflicto no adopte la forma de un "antagonismo" (enfrentamiento entre enemigos) sino la forma de un "agonismo" (enfrentamiento entre adversarios). Podríamos afirmar que el objetivo de la política democrática consiste en transformar el antagonismo potencial en agonismo.

Es por eso que sostengo que la categoría central de la política democrática es la categoría de "adversario", el oponente con quien compartimos una lealtad común hacia los principios democráticos de "libertad e igualdad para todos" al tiempo que disentimos acerca de su interpretación. Los adversarios luchan unos contra otros porque quieren que su interpretación devenga hegemónica, pero no ponen en cuestión la legitimidad de sus oponentes para luchar por la victoria de su posición. Esta confrontación entre adversarios es el modo en que concibo la "lucha agonística", que considero que es la condición misma para una democracia fuerte.[4] Para el modelo agonístico, la tarea primera de la política democrática no es eliminar las pasiones o relegarlas a la esfera privada para establecer un consenso racional en la esfera pública, sino, por así decirlo, "domesticar" esas pasiones movilizándolas hacia propósitos democráticos, mediante la creación de formas colectivas de identificación alrededor de objetivos democráticos.

Para evitar todo malentendido, permítaseme subrayar que esta noción de adversario debe ser netamente distinguida de la forma en que ese término es utilizado en el discurso liberal. De acuerdo con mi comprensión del concepto de "adversario", y en oposición a la visión liberal, la presencia del antagonismo no es eliminada sino "sublimada". De hecho, lo que los liberales llaman "adversario" es un mero "competidor". Ellos conciben el campo de la política como un terreno neutral en el cual diferentes grupos compiten para ocupar las posiciones de poder y cuyo objetivo sólo es desalojar a otros para ocupar su

---

[4] Para un desarrollo de este argumento, véase Chantal Mouffe, *La paradoja democrática*, Barcelona, Gedisa, 2003.

lugar, sin poner en cuestión la hegemonía dominante ni transformar profundamente las relaciones de poder. No es sino una competencia entre elites. En mi caso, por el contrario, la dimensión antagónica está siempre presente, puesto que lo que está en juego es la lucha entre proyectos hegemónicos opuestos que nunca pueden ser reconciliados racionalmente, de modo tal que uno de ellos debe ser derrotado. Se trata de una confrontación real, pero una confrontación que se desarrolla bajo condiciones reguladas por un conjunto de procedimientos democráticos aceptados por los adversarios.

Los teóricos liberales son incapaces de reconocer no solamente la realidad elemental de la discordia en la vida social y la imposibilidad de hallar soluciones racionales e imparciales para las cuestiones políticas sino tampoco el rol integrativo que juega el conflicto en la democracia moderna. Para funcionar adecuadamente, la democracia requiere la confrontacion entre posiciones políticas democráticas. Si ella está ausente, existe siempre el peligro de que la confrontación democrática sea reemplazada por una confrontación entre valores morales no negociables o formas de identificación esencialistas. El exceso de énfasis en el consenso, junto con la aversión hacia la confrontación, conduce a la apatía y a la desafección hacia la participación política. Es por eso que una sociedad democrática necesita del debate acerca de posibles alternativas. Debe proporcionar formas políticas de identificación alrededor de posiciones democráticas claramente diferenciadas, o –para decirlo en los términos de Niklas Luhman– debe haber una clara "división en la cima", una opción real entre las políticas propuestas por el gobierno y las de la oposición. Si bien el consenso es indudablemente necesario, debe ser acompañado del disenso. El consenso es necesario en las instituciones que son constitutivas de la democracia y en los valores ético-políticos que deberían constituir la asociación política, pero siempre habrá desacuerdo en relación con el significado de esos valores y el modo en que ellos deberían ser implementados. En una democracia pluralista, tales desacuerdos no sólo son legítimos sino que son también necesarios. Ellos habilitan diferentes formas de identificación de la ciudadanía y son la materia de la política democrática. Cuando la dinámica agonística del pluralismo es obstaculizada debido a la carencia de formas democráticas de identificación, las pasiones no cuentan con una salida democrática y el terreno queda preparado para la emergencia de variadas formas de política articuladas alrededor de identidades esencialistas de tipo nacionalista, religioso o étnico, y para la multiplicación de las confrontaciones en torno a valores morales innegociables.

Más allá de la izquierda y la derecha

Es por eso que debemos ser suspicaces frente a la tendencia actual a celebrar el desdibujamiento de las fronteras entre izquierda y derecha y a abogar por una política situada "más allá de la izquierda y la derecha". Una democracia que funcione adecuadamente reclama la confrontación vital entre posiciones políticas democráticas. Los antagonismos pueden adoptar muchas formas y es ilusoria la creencia de que podrían ser erradicados. Para que sea posible transformarlos en relaciones agonísticas es necesario proporcionar una salida política para la expresión del conflicto en el marco de un sistema democrático pluralista que ofrezca posibilidades de identificación en torno a alternativas políticas democráticas.

Es en este contexto que quisiera traer a colación las consecuencias perniciosas de la tesis tan de moda que ha sido presentada por Ulrich Beck y Anthony Giddens, quienes sostienen que el modelo adversarial de política se ha vuelto obsoleto. Desde su perspectiva, el modelo de política basado en la oposición amigo/enemigo es característico de la modernidad industrial clásica, la "primera modernidad", pero ellos sostienen que ahora vivimos en una "segunda" modernidad, diferente de la anterior, una modernidad "reflexiva" en la cual el énfasis debería ponerse en la "sub-política", en las cuestiones de "vida y muerte".

Como en el caso de la democracia deliberativa que he criticado al comienzo, aunque de modo diferente, lo que se encuentra en la base de esta concepción de la modernidad reflexiva es la posibilidad de la eliminación de lo político en su dimensión antagónica y la creencia de que las relaciones amigo/enemigo han sido erradicadas. Lo que se afirma es que en las sociedades post-tradicionales no hallamos ya identidades colectivas construidas en términos de nosotros/ ellos, lo cual significa que las fronteras políticas se han evaporado y que la política debe, por consiguiente, ser "reinventada" –para usar la expresión de Beck–. De hecho, Beck sostiene que el escepticismo generalizado y la centralidad de la duda actualmente dominantes impiden el surgimiento de relaciones antagónicas. Hemos ingresado en una era de ambivalencia en la cual nadie ya puede creer que está en posesión de la verdad –creencia que era, precisamente, el punto de donde surgían los antagonismos–, de modo tal que no hay ya razones para su emergencia. Todo intento de organizar identidades colectivas en términos de izquierda y derecha y de definir un adversario es de ese modo desacreditado como "arcaico" o como propio del "Viejo Laborismo", para hablar como lo hace Tony Blair.

La política en su dimensión de conflicto es considerada cosa del pasado y el tipo de democracia recomendada es consensual y completamente despolitizada. Hoy en día los términos clave del discurso político son "buena gobernanza" (*governance*) y "democracia libre de divisiones partidarias". Desde mi punto de vista, es la incapacidad de los partidos tradicionales para proporcionar formas distintivas de identificación en torno a posibles alternativas lo que ha preparado el terreno para el actual florecimiento del populismo de derecha. De hecho, los partidos populistas de derecha son a menudo los únicos que intentan movilizar pasiones y crear formas colectivas de identificación. Contra todos los que creen que la política puede ser reducida a las motivaciones individuales, ellos son bien conscientes de que la política consiste siempre en la creación de un "nosotros" contra un "ellos" y que ella supone la constitución de identidades colectivas. De ahí la poderosa atracción de su discurso, puesto que proporciona formas colectivas de identificación en torno al "pueblo".

Si a ese hecho le agregamos el hecho de que bajo las banderas de la "modernización" los partidos socialdemócratas de muchos países se han identificado más o menos exclusivamente con las clases medias y han dejado de ocuparse de las cuestiones que preocupan a los sectores populares –cuyas demandas son consideradas como "arcaicas" o "retrógradas"–, no debería sorprendernos la alienación creciente de todos aquellos grupos que se sienten excluidos del ejercicio efectivo de la ciudadanía por parte de quienes perciben como "elites del *establishment*". En un contexto en que el discurso dominante proclama que no hay alternativa a la forma actual de globalización neoliberal y que tenemos que aceptar sus dictados, no resulta sorprendente que cada vez más gente esté dispuesta a escuchar a quienes anuncian que sí existen tales alternativas y que van a devolver a la gente el poder de decidir. Cuando la política democrática ha perdido su capacidad para dar forma a la discusión acerca de cómo deberíamos organizar nuestra vida en común y cuando ella se limita a asegurar las condiciones necesarias para el buen funcionamiento del mercado, se crean las condiciones para que demagogos talentosos articulen la frustración popular. Deberíamos darnos cuenta de que en gran medida el éxito de los partidos populistas de derecha se debe al hecho de que proporcionan a la gente alguna forma de esperanza, la creencia de que las cosas podrían ser diferentes. Desde ya que se trata de una esperanza ilusoria, fundada en falsas premisas y en mecanismos inaceptables de exclusión en los cuales la xenofobia juega habitualmente un papel central. Pero dado que son los únicos que ofrecen una salida para las pasiones políticas, su pretensión de ofrecer una alternativa resulta seductora y es probable que su atracción aumente. Para elaborar una respuesta adecuada, es urgente comprender las condiciones económicas, sociales y políticas que explican el surgimiento de esos partidos, lo que supone un enfoque teórico que no niegue la dimensión antagónica de lo político.

La política en el registro moral

Pienso que también es crucial comprender que no es mediante la condena moral que el ascenso del populismo de derecha puede ser detenido, y es por eso que la respuesta dominante ha sido hasta ahora completamente inadecuada. Por supuesto que la reacción moralista, como era de esperarse, se combina con la perspectiva post-política dominante. Vale la pena hacer un examen minucioso de esa reacción, dado que ella nos ayudara a entender la forma en que se manifiestan hoy en día los antagonismos políticos.

Como ya he mencionado, el discurso dominante afirma el fin del modelo adversarial de la política y el advenimiento de una sociedad consensual situada más allá de la izquierda y la derecha. Sin embargo, también he sostenido que la política conlleva siempre una distinción nosotros/ellos. Es por eso que el consenso por el que abogan los defensores de una democracia libre de divisiones partidarias no puede existir sin trazar una frontera política y sin definir un exterior, un "ellos" que asegure la identidad del consenso y la coherencia del "nosotros". Este "ellos" es hoy a menudo convenientemente designado como "extrema derecha", término que se refiere a una amalgama de grupos y partidos que abarca un amplio espectro, desde grupos marginales de extremistas y neonazis hasta la derecha autoritaria y la variedad de nuevos partidos populistas de derecha. Desde ya que tan heterogénea construcción resulta inútil para captar la naturaleza y las causas de este nuevo populismo de derecha. Pero es muy útil para asegurar la identidad de los "buenos demócratas". De hecho, puesto que la política supuestamente se ha vuelto no adversarial, el "ellos" necesario para asegurar el "nosotros" de los buenos demócratas no puede ser concebido como un adversario político. De modo que la extrema derecha resulta muy práctica porque permite trazar la frontera en el nivel moral, entre los "buenos demócratas" y la "mala extrema derecha", que puede ser condenada moralmente en vez de ser combatida políticamente. Es por eso que la condena moral y el establecimiento de un "cordón sanitario" se han vuelto las respuestas dominantes de frente al ascenso de los movimientos populistas de derecha.

Lo que en realidad está sucediendo es algo muy diferente de lo que los partidarios del enfoque post-político pretenden hacernos creer. No es que la política –con sus antagonismos supuestamente pasados de moda– haya sido superada por preocupaciones morales acerca de "cuestiones relacionadas con la vida" y con los "derechos humanos". La política en su dimensión antagónica está todavía bien viva, sólo que ahora se juega en el registro de la moralidad. Ciertamente, lejos de desaparecer se establecen constantemente fronteras entre nosotros y ellos. Pero puesto que el "ellos" ya no puede ser definido en términos políticos, esas fronteras son trazadas a partir de categorías morales, entre "nosotros los buenos" y "ellos los malos".

La preocupación que quiero compartir con ustedes es que este tipo de política que se juega en el registro moral no conduce a la creación de una "esfera pública agonística" que –según he argumentado– es necesaria para una vida democrática vigorosa. Cuando el oponente no es definido en términos políticos sino en términos morales, no puede ser percibido como un adversario sino solamente como un enemigo. Con los que son moralmente malos no es posible debate agonístico alguno, *ellos* tienen que ser erradicados.

Debería, por consiguiente, quedar claro que el enfoque que sostiene que el modelo amigo/enemigo de la política ha sido superado termina en realidad reforzando el modelo antagónico de la política que ha declarado obsoleto, pues construye al "ellos" como un enemigo moral, es decir, "absoluto", y que por consiguiente no puede ser transformado en adversario. En vez de ayudar a crear una esfera pública agonística activa gracias a la cual la democracia podría ser mantenida viva y profundizada, todos los que proclaman el fin del antagonismo y el advenimiento de una sociedad consensual están de hecho poniendo en peligro la democracia al crear las condiciones para la emergencia de antagonismos que no pueden ser canalizados por las instituciones democráticas.

Sin una transformación profunda del modo en que es concebida la política democrática y sin un intento serio de pensar la ausencia de formas de identificación que podrían permitir una movilización democrática de las pasiones, el desafío que presentan los partidos populistas de derecha permanecerá en pie, pese a sus recientes retrocesos en Austria y en Holanda. En la política europea están siendo trazadas nuevas fronteras políticas que acarrean el peligro de que la antigua distinción entre derecha e izquierda sea pronto reemplazada por otra mucho menos conducente al debate democrático pluralista. De ahí que sea urgente renunciar a las ilusiones del modelo consensual de la política y crear las bases de una esfera pública agonística.

Al limitarse a los llamados en pos de la razón, la moderación y el consenso, los partidos democráticos están mostrando su falta de comprensión del funcionamiento de la lógica política. No comprenden la necesidad de contrarrestar el populismo de derecha mediante la movilización de los afectos y pasiones en una dirección democrática. Lo que no entienden es que la política democrática necesita tener un anclaje real en los deseos y fantasías de la gente y que, en vez de oponer los intereses a los sentimientos y la razón a las pasiones, debería ofrecer formas de identificación que representen un desafío real a las que promueve la derecha. Eso no significa que la razón y la argumentación racional deban desaparecer de la política, sino que su lugar necesita ser repensado. Estoy convencida de que lo que está en juego en esta empresa es nada menos que el futuro mismo de la democracia.

Hacia un orden mundial multipolar

Para terminar, permítaseme presentar algunas reflexiones concernientes a la situación internacional y plantear algunas preguntas acerca de los posibles escenarios para el futuro de la democracia a nivel mundial. En términos generales, podemos concebir dos grandes posibilidades. Están quienes abogan por el establecimiento de una "democracia cosmopolita" y de una "ciudadanía cosmopolita" resultantes de la universalización de la interpretación occidental de los valores democráticos y de la implementación de la versión occidental de los derechos humanos. Según ese enfoque, un orden global democrático debería surgir de ese modo. Hay diferentes variantes de esta perspectiva, pero todas ellas comparten una premisa común: que la forma de vida occidental es la mejor y que el progreso moral requiere de la extensión de su implementación a todo el mundo. Se trata del universalismo liberal, que apunta a imponer sus instituciones al resto del mundo con el argumento de que son las únicas racionales y legítimas. Creo que, aun cuando está muy lejos de las intenciones de quienes abogan por el modelo cosmopolita, esta perspectiva se adapta a la justificación de la hegemonía de Occidente y a la imposición de sus valores específicos.

Quienes preconizan el advenimiento de una "República mundial" con un cuerpo homogéneo de ciudadanos cosmopolitas dotados de los mismos derechos y obligaciones, una ciudadanía que coincidiría con la "humanidad", no hacen sino negar la dimensión de lo político que es inherente a las sociedades humanas. Pasan por alto el hecho de que las relaciones de poder son constitutivas de lo social y que los conflictos y antagonismos no pueden ser erradicados. Es por eso que, si semejante República mundial pudiera ser alguna vez establecida, ella simplemente encarnaría la hegemonía mundial de un poder dominante que habría sido capaz de borrar todas las diferencias y de imponer su propia concepción del mundo sobre el planeta entero. Esto tendría consecuencias muy negativas, y ya estamos presenciando el modo en que los intentos actuales de homogeneizar el mundo están suscitando violentas reacciones adversas en aquellas sociedades cuyos valores y culturas específicos pasan a ser considerados ilegítimos a partir de la universalización impuesta por el modelo Occidental.

Es por eso que frente a los modelos altamente problemáticos de la "ciudadanía cosmopolita" es necesario oponer una concepción diferente del orden mundial, una concepción que reconozca el pluralismo de valores en su sentido fuerte weberiano y nietzscheano, con todas sus implicaciones para la política. Contra las falsas promesas de los universalistas, necesitamos escuchar a quienes nos advierten acerca de los peligros implicados en las ilusiones de un discurso globalista-universalista que concibe al progreso humano como el establecimiento de una unidad mundial basada en la aceptación del modelo occidental y en el sueño de lograr la unificación del mundo trascendiendo lo político, el conflicto y la negatividad. En el momento en que los Estados Unidos están –so pretexto de un "verdadero universalismo"– tratando de forzar al resto del mundo a adoptar su sistema, la necesidad de un orden mundial multipolar es más urgente que nunca. Estoy convencida de que debemos apuntar al establecimiento de un orden mundial pluralista en el cual coexistan una serie de grandes unidades regionales y donde haya una pluralidad de formas de democracia que sean consideradas como legítimas.

A esta altura del proceso de globalización, no voy a negar la necesidad de un conjunto de instituciones que regulen las relaciones internacionales. Pero esas instituciones deberían permitir un significativo grado de pluralismo y no deberían suponer la existencia de una única estructura de poder unificada. Semejante estructura acarrearía necesariamente la presencia de un centro que sería el único locus de la soberanía. Es vano imaginar la posibilidad de un sistema mundial gobernado por la Razón y en el cual las relaciones de poder hubieran sido neutralizadas. Este supuesto "Imperio de la Razón" sólo podría ser la pantalla que ocultaría el imperio de un poder dominante que, identificando sus intereses con los de la humanidad, trataría todo desacuerdo como un desafío ilegítimo a su liderazgo "racional".

Ésa es, en mi opinión, una receta para el desastre. Es, por consiguiente, crucial advertir el modo en que el enfoque universalista contribuye al choque de civilizaciones cuya responsabilidad atribuye a sus adversarios. Al intentar imponer la concepción occidental de la democracia, considerada como la única legítima, sobre sociedades que la rechazan, él termina necesariamente presentando a quienes no aceptan esta concepción como "enemigos de la civilización", con lo que niega sus derechos a mantener sus culturas y se crean las condiciones para una confrontación antagónica entre diferentes civilizaciones. Es sólo reconociendo la legitimidad de una pluralidad de formas justas de sociedad, y el hecho de que la democracia liberal es tan sólo una forma de democracia entre otras, que pueden crearse las condiciones para una coexistencia "agonística" entre diferentes polos regionales con sus instituciones específicas. Este orden multipolar no eliminaría, ciertamente el conflicto, pero es menos probable que este conflicto tome formas antagónicas que en un mundo que no deja ningún espacio al pluralismo. La alternativa, desgraciadamente, es la "guerra civil internacional" respecto a la cual Schmitt nos previniera.

SEGUNDA PARTE
ESPACIOS Y CULTURAS MIGRANTES

4. La filosofía y la política de la espacialidad: algunas consideraciones

Doreen Massey

Doreen Massey vive en Londres, es Profesora de Geografía en la Facultad de Ciencias Sociales de la Open University del Reino Unido. Graduada en Oxford y Filadelfia, es co-fundadora de la revista *Soundings: a Journal of Politics and Culture*.

Sus primeros trabajos abordaron la teoría de la locación industrial y el desarrollo regional desparejo, entre ellos: *The Anatomy of Job Loss* (con Richard Meegan, 1982) y *Spatial Divisions of Labour* (1984 y 1995). Su interés en estos problemas incluye nuevos estudios sobre ciudades y sobre las geografías del poder. Otros escritos más teóricos sobre estos temas son *Capital and Land: Landownership by Capital in Great Britain* (con Alejandrina Catalano, 1978), *High-tech Fantasies* (con David Wield y Paul Quintas, 1992) y *Rethinking the Region* (con John Allen y Allan Cochrane, 1998). Su investigación se amplía luego a preguntas acerca de cómo deberíamos conceptualizar el espacio y el poder. Estos interrogantes son tratados a la vez como problemas filosóficos y políticos, dando lugar a análisis que van desde la globalización, la sexualidad y el género, hasta aspectos de política cultural. Tres libros reúnen lo fundamental de este trayecto: *Space, Place and Gender* (1994), *Power-geometries and the Politics of Space-time* (1999, Universidad de Heidelberg), al cual pertenece el presente artículo, y el más reciente, *For Space* (2000, Sage).

Massey ha obtenido los siguientes premios: Medalla Victoria y Medalla del Centenario de la Royal Geographical Society (1994), Premio Vautrin Lud (equivalente al Nobel de Geografía, 1988) y Medalla de Oro Anders Retzius de la Sociedad Sueca de Antropólogos y Geógrafos (2003). Fue elegida miembro del consejo de la Royal Society of Arts (2000), es académica fundadora de la Academy of Learned Societies in the Social Sciences (1999), miembro honorario de St. Hughs's College, Oxford (2001) y miembro de la Academia Británica (2002).

El compromiso político radical siempre ha sido un componente central en la obra y la vida de la autora, cuyas actividades incluyen su participación en el Greater London Council de la izquierda a principios de la década de 1980, el trabajo realizado en Nicaragua en 1985-6 y su intervención en foros sociales londinenses y europeos. Lamentablemente, el 11 de marzo, poco antes de que esta segunda edición vaya a imprenta, murió Doreen Massey. Quizá este texto pueda ser leído como un homenaje a una cálida persona y a una intelectual profundamente comprometida con su tiempo.

Título original: "Philosophy and politics of spatiality: some considerations", publicado en *Power-geometries and the Politics of Space-time*, Hettner-Lecture 1998, Department of Geography, University of Heidelberg, 1999.

En este artículo me dedicaré particularmente a tratar la cuestión de cómo podríamos pensar el espacio/ la espacialidad[1] en los tiempos que corren, en el contexto de los debates que sostenemos y de los desafíos con que nos enfrentamos. El "espacio" es una de las cosas más obvias que se movilizan como término en una infinidad de contextos distintos, pero cuyos significados potenciales son raramente tematizados o explicitados. En tal sentido, Grossberg afirma que "con frecuencia, los rasgos más 'obvios' de nuestra experiencia, por ejemplo, la distinción entre espacio y tiempo, son las menos analizadas en términos filosóficos".[2]

En el contexto de esta semana de conferencias en Heidelberg, mi interés particular es analizar los vínculos entre esta cuestión de cómo conceptualizar el espacio, por un lado, cómo se lo teoriza en las ciencias sociales,[3] por el otro, y además explorar cómo estas dos cuestiones se relacionan con lo que parece ser un cambio más general que está ocurriendo en la actualidad en el campo de la filosofía política y el pensamiento político. El vínculo con la teorización en ciencias sociales —el desafío de espacializar la teoría social— ha sido abordado en "Imagining globalisation: power-geometries of space-time"[4] [Imaginar la globalización: geometrías de poder del espacio-tiempo]. La

---

[1] En este artículo usaré indistintamente los dos términos.

[2] Lawrence Grossberg (1996): "The space of culture, the power of space", en Iain Chambers y Lidia Curti (eds.), *The Post-Colonial Question: Common Skies, Divided Horizons*, Londres, Routledge, págs. 169-188, la cita es de la pág. 171.

[3] También existen vínculos con las ciencias naturales, pero aquí haré solo una breve mención al respecto (hay un análisis detallado, aunque preliminar, en Doreen Massey: "Physical geography/ Human geography: thinking about space-time", sin publicar).

[4] Doreen Massey (1999): "Imagining globalization: power-geometries of space-time", en Avtar Brah, Mary Hickman y Máirtín Mac an Ghaill (eds.), *Future Worlds: Migration, Environment and Globalization*, Basingstoke, Macmillan. Reimpreso en *Power-geometries and the Politics of Space-time*, Hettner-Lecture 1998, Heidelberg, Department of Geography, University of Heidelberg, 1999, págs. 9-23.

relación con los cambios en el abordaje político es el tema principal de este trabajo.

A modo de introducción, presentaré las tres proposiciones acerca de cómo podría conceptualizarse el espacio.[5]

1. el espacio es producto de interrelaciones. Se constituye a través de interacciones, desde lo inmenso de lo global hasta lo ínfimo de la intimidad. Ésta es una proposición que no sorprenderá a quienes hayan leído la bibliografía reciente escrita en inglés.[6]

2. el espacio es la esfera de la posibilidad de la existencia de la multiplicidad; es la esfera en la que coexisten distintas trayectorias, la que hace posible la existencia de más de una voz. Sin espacio, no hay multiplicidad; sin multiplicidad, no hay espacio. Si el espacio es en efecto producto de interrelaciones, entonces debe ser una cualidad de la existencia de la pluralidad. La multiplicidad y el espacio son co-constitutivos.

3. por último, y precisamente *porque* el espacio es producto de las "relaciones", relaciones que están necesariamente implícitas en las prácticas materiales que *deben realizarse,* siempre está en proceso de formación, en devenir, nunca acabado, nunca cerrado.

Este último punto es quizá de particular importancia porque significa que siempre hay –en cualquier momento del "tiempo"– vínculos que deben concretarse, yuxtaposiciones que van a traer aparejadas interacciones (o no, pues no todos los vínculos potenciales han de establecerse), relaciones que pueden existir o no. Si se imaginan así

[5] La primera parte de este artículo toma conceptos de "Spaces of politics", en Doreen Massey, John Allen y Philip Sarre (1999): *Human Geography Today,* Oxford, Polity Press.

[6] Cabría advertir que no especifico que esas "interrelaciones" sean "sociales" en particular. De hecho, lo que me ocupa principalmente en este contexto es el "espacio social". Sin embargo, no sería adecuado limitar el concepto a nuestra definición habitual de lo social en el sentido de "relacionado con lo humano" (punto que se vincula con la nota 3). Si se desea leer sobre los posibles significados más amplios de "social" en los que a veces el término abarca interrelaciones más generales, véase Barbara Adam (1990): *Time and Social Theory,* Oxford, Polity Press, y especialmente los comentarios de Mead y de Luhmann.

las cosas, entonces el espacio es en efecto producto de relaciones (primera proposición) y para ello debe haber multiplicidad (segunda proposición). No obstante, de ningún modo son éstas relaciones de un sistema cerrado y coherente en el que, como se dice, "todo (ya) está relacionado con todo". Desde esta óptica, el espacio nunca puede ser esa simultaneidad completa en la que todas las interconexiones ya se han establecido y en la cual todos los lugares ya están vinculados entre sí.

Ahora bien, este modo de abordar la conceptualización del espacio/la espacialidad está en sintonía con los giros que ha habido recientemente en ciertos ámbitos en cuanto a la forma en que puede imaginarse la política "progresista". Aunque sería incorrecto, excesivamente rígido y limitante proponer relaciones unívocas, de equivalencia, las tres proposiciones presentadas más arriba elucidan un aspecto ligeramente diferente de esta conexión. Entonces,

1. imaginar el espacio como producto de interrelaciones (primera proposición) está en sintonía con el surgimiento reciente de una política que intenta operar a través de un compromiso con el antiesencialismo. Esto es, en lugar de una clase de política de identidad que toma las identidades como ya constituidas e inmutables ("mujer", "homosexual") y defiende los derechos o reclama la igualdad para esas identidades ya constituidas, esta política antiesencialista toma la constitución de las identidades en sí como una de las cuestiones centrales que están en juego en la política. En lugar de aceptar y trabajar con las identidades ya constituidas, esta política antiesencialista pone el acento en la *constructividad* de las identidades y los objetos (incluso eso que se denomina subjetividad política y electorado político). Por lo tanto, toma con precaución los reclamos de autenticidad basada en nociones de identidades inmutables. En su lugar, propone una concepción *relacional* del mundo.

Así, esta política de interrelaciones refleja la primera proposición consignada en el presente trabajo, en tanto el espacio también es producto de interrelaciones. Desde una perspectiva más general, podría afirmar[7] que las identidades/ entidades, las relaciones "entre" ellas, y la espacialidad que es parte de ellas son todas co-constitutivas. Chantal Mouffe tiene escritos muy reveladores sobre cómo podríamos conceptualizar la construcción relacional de las subjetividades políticas.[8] Según la autora, la identidad y la interrelación se constituyen juntas. Mi propuesta es que el espacio es necesariamente parte integral de ese proceso de constitución y también un producto del proceso. Por lo tanto, no sólo existe un paralelo entre la manera de conceptualizar el espacio y la de conceptualizar entidades/ identidades (como los sujetos políticos), sino que también el espacio es, desde un principio, parte integral de la constitución de esas subjetividades políticas;

2. además, imaginar el espacio como la esfera de la posibilidad de existencia de la multiplicidad (segunda proposición) coincide con el acento más marcado que durante los últimos años ha puesto el discurso político de izquierda en la "diferencia" y la multiplicidad. Así, en lo que quizá haya sido la forma más evidente que ha tomado este aspecto, se ha enfatizado cada vez más que la historia del mundo puede relatarse (y lo mismo vale para la elaboración de su geografía) desde una perspectiva distinta de la adoptada por "Occidente" (como ha ocurrido durante tanto tiempo) y desde una concepción distinta de la clásica figura (en sí, una figura irónicamente esencializada) del hombre blanco heterosexual, por ejemplo. Este enfoque reconoce que esas concepciones (la de Occidente y la del hombre heterosexual) son puntos de vista bastante locales y específicos, y no ya las nociones universales que durante tanto tiempo se

---

[7] Véase Doreen Massey (1995): "Thinking radical democracy spatially", en *Environment and Planning D: Society and Space,* vol. 13, n° 3, págs. 283-288.

[8] Véase Chantal Mouffe (1993): *The Return of the Political,* Londres, Verso [ed. cast.: *El retorno de lo político,* Barcelona, Paidós, 1999]; y de la misma autora (1995): "Post-Marxism: democracy and identity", en *Environment and Planning D: Society and Space,* vol. 13, n° 3, págs. 259-265.

creyó que eran. Es un enfoque elaborado y defendido sobre todo por feministas y por quienes trabajan dentro del marco de los estudios poscoloniales.

La relación entre este aspecto de una política (y de una forma de construir la teoría social) cambiante y la segunda proposición sobre el espacio es de naturaleza algo diferente a la de la primera proposición. En este caso, el argumento es que la posibilidad misma de todo reconocimiento serio de la multiplicidad y la diferencia depende del reconocimiento de la espacialidad. Con frecuencia, este reconocimiento es implícito (a veces sin efectos dañinos, y otras veces con consecuencias desfavorables); en otras oportunidades, particularmente cuando la espacialidad en sí es una de las dimensiones de la construcción de la diferencia, será –deberá ser– explícito. Volveré a este argumento más adelante, pero la esencia de la cuestión es que para que haya multiplicidad (y, por lo tanto, para que haya diferencia) debe haber espacio;

3. por último, imaginar el espacio como un proceso en devenir, nunca como un sistema cerrado (tercera proposición), evoca la creciente insistencia del discurso político en la apertura genuina del futuro, insistencia fundada en un intento por escapar de esa inexorabilidad que caracteriza frecuentemente los grandes relatos de la Modernidad. Los marcos de "Progreso", "Desarrollo" y "Modernización", y la sucesión de modos de producción elaborados dentro del marxismo, todos proponen escenarios en los cuales las direcciones generales de la historia, incluido el futuro, son conocidos. Sin embargo, por más que sea necesario mucho esfuerzo para ponerlos en práctica y mucha lucha para llevarlos a buen término, siempre se ha contado con el respaldo de una convicción acerca de la dirección en que se movía la historia. En la actualidad, muchos teóricos rechazan ese tipo de formulaciones y en cambio sostienen que existe una apertura radical del futuro, ya sea a través de argumentos relacionados con la democracia radical,[9] con

[9] Véase Ernesto Laclau (1990): *New Reflections on the Revolution of our Time,* Londres,

nociones de nomadismo,[10] con determinadas concepciones de la teoría *queer*.[11] De hecho, y como aseguraría Laclau en particular, sólo si concebimos el futuro como genuinamente abierto podemos aceptar o adherir a una noción genuina de política.

Aquí, como en el caso de la primera proposición, hay un paralelismo con mi propuesta acerca de la conceptualización de la espacialidad. Tanto el espacio como la historia son "abiertos"; de hecho, a medida que avancemos en la argumentación, intentaré mostrar con claridad que las dos aperturas son, en realidad, dos caras de la misma moneda y que cada una es imprescindible para la otra.[12] Dicho de otro modo, la conceptualización del espacio como "abierto, incompleto y en constante devenir" es un pre-requisito esencial para que la historia sea abierta, y por ende, tomando en cuenta los argumentos de Laclau, es un pre-requisito para la existencia de la política.

En una primera lectura, podría ocurrir que las proposiciones sobre el espacio/la espacialidad parecieran inobjetables y razonables y que, por lo tanto, fuesen aceptadas sin más.

Por extraño que parezca —aunque, claro está, mi deseo es que el lector concuerde conmigo a medida que avance en la lectura—, esa rápida aceptación me desilusionaría. Es que también deseo proponer que esos elementos de una imaginación revisada del espacio son nuevos, que en algunos casos son contradictorios y en otros desafían

---

Verso. [Hay traducción al español: *Nuevas reflexiones sobre la revolución de nuestro tiempo*, Buenos Aires, Nueva Visión, 1993.]

[10] Gilles Dcicuze y Félix Guattari (1984): *A Thousand Plateaus: Capitalism and Schizophrenia*, (traducción al inglés) Londres, The Athlone Press. [Hay traducción al español: *Mil mesetas: capitalismo y esquizofrenia*, Valencia, Pre-textos, 2004.]

[11] Véase William Haver (1997): "Queer research: or, how to practise invention to the brink of intelligibility", en Sue Goulding (ed.): *The Eight Technologies of Otherness*, Londres, Routledge, págs. 277-292.

[12] Aquí hay una relación con la primera proposición. Para muchos antiesencialistas, la verdadera importancia de su postura (es decir, la oposición a la naturaleza esencial de las identidades —en el sentido de su carácter inmutable—) es que, precisamente, está abierta a la posibilidad de cambio. Como ya he sugerido, y como se verá más explícitamente más adelante, la construcción relacional garantiza la posibilidad de cambio sólo cuando la noción de "relaciones" no se limita a un sistema cerrado.

seriamente la forma en que estamos acostumbrados a pensarlo. Un aspecto relacionado con esta cuestión es que, como ya he mencionado, muchas veces *no* pensamos el espacio: utilizamos el término, tanto en el discurso cotidiano como en el académico, sin tener plena conciencia del sentido en que lo usamos.[13] Otra dificultad que hace de la propuesta de revisar nuestra imaginación del espacio un desafío interesante, es que hay diversas conceptualizaciones, muy diferentes entre sí.

En esta sección, entonces, y para subrayar las diferencias entre las tres proposiciones presentadas anteriormente, analizaré algunas de las formas en que han pensado el espacio ciertos teóricos y escuelas teóricas de gran importancia, formas que difieren por completo de lo que aquí propongo. Este abordaje de posturas distintas permitirá profundizar mis propios argumentos.

En primer lugar, hay una larga e influyente línea de pensamiento dentro de la "filosofía continental", cuyo interés principal radica, en este tema, en la conceptualización del tiempo, pero que tiene como correlato una idea bastante particular del espacio. (Ese vínculo entre conceptualizaciones del tiempo y conceptualizaciones del espacio no se limita a esa corriente filosófica. Como veremos, es parte integral de muchas de las posturas que analizaremos aquí. Y también es parte de mi propia argumentación: ambas están –coherente o incoherentemente– relacionadas. En este caso, como ya he indicado, el argumento es que toda conceptualización del tiempo que sea radicalmente abierta requiere, paralelamente, una conceptualización abierta del espacio.) Dentro de esta primera línea de pensamiento, quizá la figura emblemática sea la de Henri Bergson,[14] y su influencia aún tiene vigencia, quizá más particularmente en la obra de Deleuze y Guattari. De modo que no se trata "nuevamente" de una cuestión histórica.

La segunda proposición de este artículo es que el espacio es la esfera de la posibilidad de existencia de la multiplicidad. Por extensión, el espacio como dimensión es necesario para que exista la diferencia.

[13] El hecho de que el concepto de espacio se emplee aquí y allí sin ser analizado es algo que Henri Lefebvre señala en los primeros argumentos que presenta en *The Production of Space* (traducción al inglés), Oxford, Blackwell, 1991.

[14] Véanse en particular sus trabajos *Time and Free Will* [tesis doctoral de 1889] *y Matter and Memory.*

Esto se opone diametralmente a la propuesta de Bergson, para quien el tiempo es la dimensión esencial de la diferencia. La razón es que, para Bergson y otros, entre los que se cuentan muchos teóricos actuales, la "diferencia" en sí es imaginada no como aspecto potencial de la multiplicidad, tal como se propone en el presente trabajo, sino como cambio a través del tiempo. No se justifica detenernos aquí para exponer las razones de la postura de Bergson, aunque mi intuición me lleva a creer que derivan de la batalla que libró esa línea filosófica contra la ciencia newtoniana y einsteniana.[15] En lo que a conceptualizaciones del espacio se refiere, esa lógica fue devastadora. Si se define la diferencia como cambio (de una sola cosa en el tiempo, en lugar de la existencia simultánea de una multiplicidad de cosas), luego el tiempo es la dimensión crucial de la diferencia y esa dimensión, el único vehículo de la creatividad. Así, el espacio queda excluido de todo proceso de creatividad (en otras palabras, el carácter abierto del futuro: proposición número tres). De hecho, para Bergson, el espacio era la dimensión de la representación, de la fijación, del confinamiento. Era el lenguaje de los científicos, que él oponía a la vida del mundo. Es por ello que pudo escribir: "Debemos romper la espacialización impuesta por la mente con el objeto de recuperar el contacto con el núcleo de lo que verdaderamente está vivo, lo que subsiste sólo en la dimensión temporal".

Así, el espacio es el reino de la *stasis*. Quizás el enunciado más provocador de Bergson en este aspecto es "¿Cuál es la función del tiempo? [...] El tiempo evita que todo ocurra en el mismo momento [...] ¿no es acaso el vehículo de la creatividad y la elección? ¿No es la existencia del tiempo la prueba del indeterminismo en la naturaleza?".

Hay aquí una cantidad de puntos que reclaman atención. Por empezar, debería señalarse que el "indeterminismo" que aparece en la cita se refiere precisamente a la creatividad y a la posibilidad de la política –el genuino carácter abierto del futuro ¡proposición número tres!– que se defienden en este trabajo. Para Bergson, el cambio implica realmente una novedad, la producción de lo nuevo, de cosas que no están totalmente determinadas por la disposición actual de fuerzas.

[15] Véase Massey, "Physical geography/ Human geography", ob. cit.

Entonces, "para [Bergson], el futuro está *llegando a ser* de tal modo que nunca puede ser una mera redisposición de lo que ha sido.[16]

Lo primero que debe notarse es que hay aquí algunas coincidencias de deseos. Tanto el proyecto de Bergson como los argumentos presentados en este artículo bregan por abrir nuestras conceptualizaciones de la temporalidad y del futuro.

La segunda cuestión, en cambio, destaca las divergencias, y esto afecta lo que entendemos acerca de qué es lo que requiere del espacio y del tiempo. En la cita anterior, Bergson expresa que el tiempo es el vehículo del cambio. Hasta ahí estamos de acuerdo, pero ser el vehículo no es lo mismo que ser la causa. A menos que se adopte una postura completamente esencialista, el tiempo no puede empezar a existir sin cierta ayuda externa. Es decir, en tanto no se recurra a alguna noción de desarrollo inmanente de una entidad indiferenciada, sólo la interacción puede producir cambios (creatividad) y, por consiguiente, tiempo. *No obstante,* la posibilidad de interacción depende de la existencia previa de la multiplicidad (debe haber más de una entidad para que la interacción sea posible: la forma pura de la argumentación consiste, por supuesto, en que la interacción en sí es parte integral de la producción de las entidades). De modo que

- para que haya tiempo debe haber interacción
- para que haya interacción debe haber multiplicidad
- para que haya multiplicidad debe haber espacio.

En otras palabras, y modificando la cita de Bergson, el tiempo, por cierto, puede "evitar que todo exista en el mismo momento" (aunque es una manera curiosa de decirlo), pero *para* que haya tiempo tiene que haber en un mismo momento más de una cosa. Para que haya tiempo, debe haber espacio.

En segundo lugar, la escuela estructuralista francesa también se ocupó de una conceptualización del espacio que difiere en mucho de lo que se propone aquí, y es posible detectar su gran influencia en la obra de los teóricos que derivan del estructuralismo, como Ernesto

16 Barbara Adam, Time and Social Theory, ob. cit., pág. 24.

Laclau, por ejemplo, y Michel de Certeau, entre otros, incluido Michel Foucault. De nuevo, como en el caso de Bergson, los estímulos iniciales para el abordaje estructuralista fueron aquellos con los cuales nos identificaríamos en este trabajo, y en los que se vislumbra un interés real, central, por el tiempo. En la antropología en particular, una corriente de conceptualización "estructuralista" del mundo deriva de una especial atención a las implicancias de las nociones por entonces hegemónicas sobre narración temporal. Demasiado a menudo, sostenían, ese modo narrativo (temporal) de conceptualizar el mundo condujo a clasificaciones de niveles de desarrollo que relegaban a las sociedades que estaban estudiando a la condición de "primitivas", como si sólo fueran precursoras de nuestra propia condición de "desarrollados". El estructuralismo defiende la coherencia de esas sociedades *por mérito propio*. En lugar del predominio de la narración temporal, los estructuralistas afirman la importancia de la coherencia interna de las estructuras autosuficientes. Hasta aquí, estamos de acuerdo.

Los problemas surgen cuando el debate se traduce –y *mal*, se podría decir– en conceptualizaciones de –y dicotomías entre– el espacio y el tiempo. Los estructuralistas argumentan contra el predominio de la temporalidad (en realidad, de una visión particular de la temporalidad). En su afán por avanzar en esa línea, y usando una lógica que es comprensible pero que no tiene ningún fundamento filosófico, los estructuralistas igualan sus estructuras a-temporales con la espacialidad. El supuesto en el que se basan es que el tiempo y el espacio son antónimos, ya que el espacio se define como la ausencia de temporalidad. Como en el caso de Bergson, los estructuralistas contraponen tiempo y espacio (para Bergson, lo primordial es el tiempo, y para los estructuralistas, el espacio), y en Bergson, lo espacial se entiende como el campo de la *stasis* y la fijación.

No hay necesidad, ni siquiera en el proyecto estructuralista, de que esto sea así, porque las estructuras propuestas, si bien carecen de temporalidad, no son espaciales en ningún sentido del término. Simplemente, son a-temporales.[17] Se las ha denominado espaciales

[17] Véase también Peter Osborne (1995): *The Politics of Time: Modernity and Avant-garde*, Londres, Verso.

en virtud del supuesto simplista de que, al no haber tiempo, lo único que queda es el espacio.

Esa concepción de la espacialidad como *stasis*, se ve reforzada además por la conceptualización de las estructuras mismas, que se piensan como sistemas de relaciones fuertemente entrelazados. Así, el "espacio" se comprende no sólo como una sincronía sino como una sincronía *cerrada* y opuesta a una diacronía. Por cierto, esa noción de espacialidad se corresponde con la primera proposición presentada en este artículo: el espacio es producto de interrelaciones. Pero se contradice por completo con la tercera proposición: la de que el espacio está en proceso de formación y nunca constituye un sistema cerrado. Fue esta *stasis* de sus estructuras/espacio lo que llevó a sus conocidas dificultades para pensar la movilidad de esas estructuras y la insalvable oposición entre pares tales como "lengua" y "habla". De Certeau comenta: "[...] la espacialización del discurso científico [...] la escritura científica incesantemente reduce el tiempo, ese elemento fugitivo, a la normalidad de un sistema observable y legible".[18]

Así, no es de extrañar que Foucault haya dado vueltas retrospectivamente sobre el tema de cómo el espacio solía pensarse como lo muerto, lo fijo, lo inamovible.

En tercer lugar, hay una maniobra más familiar, que se aprecia en las ciencias sociales (incluida la geografía) y en una gran variedad de discursos populares. Se trata de la estrategia que en la conferencia anterior se denominó "organización del espacio en términos temporales".

Cuando utilizamos términos como "avanzado", "atrasado", "en desarrollo", "moderno" para referirnos a distintas regiones del planeta, lo que ocurre es que imaginamos las diferencias espaciales en términos temporales. Las diferencias geográficas se reorganizan en una secuencia histórica: es una maniobra que presenta relaciones interesantes con las otras dos posiciones mencionadas. En un sentido, retoma la posición bergsoniana respecto de que la diferencia es temporal en esencia. Por otra parte, es la clase de lectura de la espacialidad que, según se puede imaginar, los estructuralistas habrían objetado.

---

[18] Michel de Certeau (1984): *The Practice of Everyday Life*, Berkeley, The University of California Press, pág. 89.

Esta organización del espacio en términos temporales es una manera de concebir la diferencia que es típica de muchas de las concepciones modernistas del mundo. Las historias sobre el progreso (desde la tradición hasta la modernidad), el desarrollo, la modernización, el relato marxista de la evolución por medio de modos de producción (feudal, capitalista, socialista, comunista) y muchos de los relatos actuales sobre la "globalización",[19] entre otros, comparten una imaginación geográfica que reorganiza las diferencias espaciales en una secuencia temporal. Así, los lugares no tienen diferencias genuinas sino que se ubican más adelante o más atrás en el mismo relato: la única "diferencia" es su ubicación en la secuencia histórica.

Este argumento no es en sí mismo original de este artículo. Foucault lo ha reconocido en algunos de sus aspectos, y en la antropología está instalado el debate en relación con este tema.[20] Pero lo que nunca se ha hecho notar es que esta práctica reprime el verdadero significado de la espacialidad. Oblitera, o al menos reduce, la verdadera importancia y la dimensión de las diferencias en cuestión. En este trabajo, la propuesta es que un reconocimiento político real de la diferencia haría que se la entendiera más como lugar que como secuencia, que una comprensión más acabada de la diferencia tendría en cuenta la contemporaneidad de la diferencia y también tendría en cuenta que los "otros", de existencia real, no están simplemente *detrás* de nosotros sino que tienen sus propias historias que contar. Le otorgaría al otro, al diferente, al menos un cierto grado de autonomía en ese sentido. Daría la posibilidad de que existieran trayectorias de relativa independencia, es decir, aceptaría la posibilidad de la coexistencia de una multiplicidad de historias.

Sin embargo –y para dar otra vuelta de tuerca a la argumentación– para que coexistan múltiples historias debe haber espacio. En otras palabras: una comprensión acabada de la espacialidad implica reconocer que hay más de una historia desarrollándose en el mundo y que esas historias tienen al menos una relativa autonomía.

[19] Véase Massey, *Imagining Globalisation*, ob. cit.

[20] Véase Johannes Fabian (1983): *Time and the Other: How Anthropology Makes its Object*, Nueva York, Columbia University Press.

En cuarto lugar, hay una última forma de abordar la noción de espacio de la que es necesario alejarse. En efecto, parte fundamental de la concepción "modernista" del espacio como algo temporal supuso una manera particular de entender la relación entre "espacio" y "sociedad". Sobre todo, en el sentido de que el espacio geográfico se imagina como dividido, separado en localidades, lugares, regiones... Al respecto, Gupta y Ferguson afirman: "Las representaciones del espacio en las ciencias sociales son en gran medida dependientes de imágenes de quiebre, ruptura y disyunción".[21]

Además, ese espacio dividido se imagina en relación con una forma particular de organización de la sociedad en Estados-nación, comunidades locales, las tribus locales de los antropólogos, las culturas regionales de los sociólogos y los geógrafos. En otras palabras, se parte del supuesto de un isomorfismo entre cultura y sociedad por un lado y *lugar* por el otro. Las culturas tienen sus propios espacios.

Sin embargo, puede avanzarse un poco más en este sentido. Se supone que las diferencias entre esas culturas con base espacial y la identidad de esas culturas se generan internamente y se constituyen de antemano. Se piensa que las culturas (las culturas regionales, las naciones, etc.) primero se forman y luego comienzan a interactuar. Se supone que, de alguna manera, las características de un lugar y su "cultura local" brotan de la tierra. Esa visión de los lugares y las regiones, así como de la constitución de identidades y diferencias es la concepción newtoniana clásica, la de las bolas de billar. Es, fundamentalmente, esencialista e individualista. Y, por cierto, es un modo de entender las cosas que puede convertirse en sí mismo en materia de análisis. Según Walker,

> Las teorías de las relaciones internacionales son más interesantes en tanto aspectos de la política mundial contemporánea que necesitan ser explicados que como explicaciones de la política mundial contemporánea. [...] pueden interpretarse como un discurso que

---

[21] Akhil Gupta y James Ferguson (1992): "Beyond 'culture': space, identity, and the politics of difference", *Cultural Anthropology,* vol. 7, págs. 6-23, cita en pág. 6.

caracteriza al estado moderno y al mismo tiempo como una práctica que lo constituye.[22]

En este trabajo, y en contraposición con esa noción compartimentada del espacio, nos imaginamos el espacio y los lugares, y la identidad de los lugares, regiones, naciones..., en parte, precisamente como *un producto* de la interacción. Además, argumentamos en favor de esta postura no sólo como principio (como una forma útil de conceptualizar el espacio) sino como materia de comprensión histórica. Es decir, es tanto una propuesta teórica sobre cómo podríamos imaginar mejor lugares y regiones[23] como un argumento que permite postular que las cosas fueron siempre así.

Por ejemplo, no es correcto decir que los lugares y las naciones existían en un estado de autoencierro hasta que la etapa actual de la globalización derribó las fronteras que antes eran soberanas. En *Europa y la gente sin historia*,[24] Eric Wolf es muy persuasivo cuando asegura que antes de 1492 las sociedades no estaban "aisladas culturalmente". Hasta los íconos más sagrados de la quintaesencia de los lugares tienen "rutas" geográficas mucho más ampias y dispersas que el área geográfica a la cual, supuestamente, representan: la icónica aguja de las iglesias inglesas proviene de una religión nacida en Cisjordania; la "tan inglesa" taza de té dependía para su institución de un colonialismo que se extendía desde la esclavitud de la caña de azúcar en el Caribe, a través de la Compañía de las Indias Orientales, hasta las guerras del opio en China. Si se adopta esta perspectiva, se nos presenta una pregunta: ¿cómo tendríamos que caracterizar la identidad de la nueva "Europa"? ¿Podemos imaginarla de modo tal de reconocer cuánto de la "europeidad" se debe a siglos de relaciones con un mundo que va mucho más allá de sus fronteras?

---

[22] R.B.J. Walker (1993): *Inside/ Outside International Relations as Political Theory*, Cambridge, Cambridge University Press, cita en pág. 6.

[23] Véase John Allen, Doreen Massey y Allan Cochrane (1998): *Rethinking the Region*, Londres, Routledge.

[24] Eric Wolf (1982): *Europe and the People without History*, Londres, University of California Press. [Hay traducción al español: *Europa y la gente sin historia*, México, FCE, 1987.]

Quizá aquí convenga hacer una breve recapitulación. Resulta crucial para la conceptualización del espacio/espacialidad el reconocimiento de su relación esencial con las diferencias coexistentes, es decir con la multiplicidad, de su capacidad para posibilitar e incorporar la coexistencia de trayectorias relativamente independientes. La propuesta es que debería reconocerse el espacio como esfera del encuentro —o desencuentro— de esas trayectorias, un lugar donde coexistan, se influyan mutuamente y entren en conflicto. El espacio, así, es el producto de las intrincaciones y complejidades, los entrecruzamientos y las desconexiones, de las relaciones, desde lo cósmico, inimaginable, hasta lo más íntimo y diminuto. El espacio, para decirlo una vez más, es el producto de interrelaciones.

Asimismo, y como consecuencia de ello, y tal como ya hemos sugerido, el espacio siempre está en proceso de realización, nunca se halla concluido. En el espacio siempre quedan cabos sueltos.

Ahora bien, todo esto nos lleva a otra conclusión. Este carácter relacional y abierto del espacio, hace que siempre tenga algo de inesperado, de impredecible. Como los cabos sueltos, el espacio siempre tiene algo de "caótico" (aquello no prescripto aún por el sistema). Es un "caos" que surge de esas yuxtaposiciones circunstanciales, de las separaciones accidentales, del carácter tantas veces paradójico de las configuraciones geográficas en las que, precisamente, una cantidad de trayectorias distintas se entrelazan y a veces interactúan. En otras palabras, el espacio es por naturaleza una zona de "disrupciones".[25] Quizá la conclusión más sorprendente de todas, dadas las conceptualizaciones hegemónicas, es que el *espacio no es una superficie*.

La razón para haber incluido aquí esta recapitulación es que me permite presentar dos cuestiones más.

La primera consiste en remarcar que esta disrupción del espacio es importante, por cuanto hace posible una distinción entre la postura presentada aquí sobre la interrelacionalidad y la que caracteriza la actitud de lo que podría denominarse "holismo *New Age*", una forma de ver el mundo construida por medio de interrelaciones pero en la

---

[25] Véase Doreen Massey, "Spatial disruptions", en Sue Goulding (ed.), *The Eight Technologies of Otherness*, ob. cit., págs. 218-225.

que, en algún sentido, todas las interrelaciones están establecidas de antemano: donde todo ya está vinculado con todo lo demás. En esa formulación hay un peligro, el de llegar a la clausura en un encierro totalizador, la claustrofobia del sistema cerrado, la coherencia cerrada donde no hay lugar para la entrada de lo nuevo. Pasar de la visión "individualista" del espacio criticada anteriormente (el espacio como contenedor de "cosas") a este carácter relacional significa pasar del mundo esencialista newtoniano de las bolas de billar a un holismo cerrado que no da lugar a una política activa.

De modo que no estoy a favor de ese pasaje. En cambio, en este trabajo, postulo la existencia de un "sistema" abierto (aunque el término puede no ser apropiado) que contiene relaciones existentes y futuras siempre cambiantes. Se trata de una formación de *potencial*. Contiene, como aspecto integral, lo que ha sido denominado "la productividad de la incoherencia".[26]

Aún más, esa productividad de la incoherencia es fundamental para pasar al segundo aspecto, un aspecto que puede ser lo suficientemente significativo para considerarlo como la "cuarta proposición". Esto es, precisamente porque *es* la esfera de la yuxtaposición potencial de los distintos relatos, del forjamiento de relaciones nuevas, la espacialidad es también una fuente para la producción de *nuevas* trayectorias, *nuevas* historias. Es una fuente de producción de espacios nuevos, identidades nuevas, relaciones y diferencias nuevas. (Es interesante y significativo que el argumento se vea limitado porque no existe un lenguaje adecuado para expresarlo.) Volviendo a las consideraciones anteriores sobre Bergson (y disintiendo con él una vez más), la consecuencia es que el tiempo necesita del espacio para avanzar. El tiempo y el espacio nacen al mismo tiempo; así, es absolutamente necesario que conceptualicemos el mundo en términos de espacio-tiempo.

En las últimas décadas, muchos geógrafos han argumentado a favor de volver a dar prioridad a lo espacial. Pero probablemente sea más

---

[26] Y. Levin: "Dismantling the spectacle: the cinema of Guy Debord", en Elizabeth Sussmann (ed.) (1989), *On the Passage of a Few People Through a Rather Brief Momnent in Time: the Situationist International 1957-1972*, Cambridge, Mass., MIT Press, págs. 72-123.

importante poner fin a esa separación radical entre tiempo y espacio, separación que no hemos cuestionado en las ciencias sociales desde los pronunciamientos de Kant.

Sin embargo, hay un aspecto fundamental que merece ser tratado. Incluso si se aceptara sin más todo lo expuesto anteriormente, todavía quedaría pendiente el tema de *por qué* deberíamos imaginar así el espacio. Hay una respuesta posible, que hoy está muy en boga, con la que soy cauta, por no decir que no me convence. Es la respuesta que reza: "eso es lo que dice la física". Uno de los aspectos más divertidos y engañosos de gran parte de lo que se escribe actualmente con tinte posmoderno es que, por un lado, se sospecha profundamente de toda aseveración que pretenda ser una verdad universal y, por otro lado, se recurre con liberalidad (y muchas veces con pereza, diría yo) a referencias a las ciencias naturales. Se echa mano de la mecánica cuántica, la teoría del caos y los fractales (muchas veces con bastante vaguedad) para argumentos que están en sí ligados al ámbito de las humanidades. Hasta que no hayamos debatido con más seriedad acerca de la condición de ese uso, debería tratárselo –al menos– con más cuidado. Los físicos discuten entre ellos tanto como nosotros. No queda claro por qué los que trabajan en el campo de las ciencias "sociales" deberían considerar las ciencias denominadas "duras" como fuentes de verdad irrefutable.[27] De modo que, a pesar de mis referencias a Newton, no es al campo de la física al que deseo hacer referencia para justificar las proposiciones de este trabajo.

Esa invocación a la "física", claro está, evidencia una necesidad de recurrir a una noción de verdad eterna y objetiva. No es el tipo de estrategia que emplearé aquí. En cambio, prefiero argumentar a favor de este enfoque de la conceptualización del espacio sobre una base totalmente distinta: que los saberes particulares (del espacio, por ejemplo) se vuelven adecuados en momentos específicos del espacio-tiempo y según perspectivas (políticas) particulares. Antiguas formas de pensar pueden *caer,* convertirse en obstáculos para el pensamiento y la acción, e incluso pueden movilizarse activamente en tanto "obstáculos" para

[27] Massey, "Physical geography/ Human geography", ob. cit.

el cambio. En este sentido, la razón por la que propongo esta forma particular de conceptualizar el espacio no se debe a ninguna afirmación acerca de su verdad o corrección eterna u objetiva. Se trata, en cambio, de rechazar la trampa reaccionaria de formulaciones hegemónicas anteriores y abrir el camino para formular nuevos interrogantes que, según creo, deben ser formulados –en un sentido político–. Así, la última sección de este trabajo toma cuatro caminos en lo referente a esta cuestión: cómo el mundo al que nos enfrentarnos a la luz del nuevo milenio nos exige una nueva imaginación geográfica.

El primero es muy general, y haré de él una presentación breve. Este abordaje abre el espacio/ espacialidad a la política de una manera renovada. De hecho, le permite ser *parte integral* de lo político. El espacio deja de ser el reino de lo muerto (postura de Bergson y de los estructuralistas), no es sencillamente un corte transversal del tiempo, no es una dimensión cuya especificidad se ocluye con persistencia porque se interpreta en términos de temporalidad (como en muchas versiones actuales de la "globalización"). En su lugar, se presenta el espacio como parte (parte necesaria) para la generación, la producción, de lo nuevo. Es decir, no se trata aquí de enfatizar la producción *del* espacio sino del espacio en sí como parte integral de la producción de la sociedad. Por cierto, la cuestión es que si queremos que el tiempo (el futuro) sea abierto (según propuso Bergson y tantos lo hacen en la actualidad), entonces es imprescindible conceptualizar el espacio de la misma manera, es decir, como completamente abierto y activo.

La segunda razón para argumentar a favor de pensar el espacio de esta forma es más específica y atañe a la conceptualización del espacio en términos de relaciones. Pienso que hay muchas formas de justificar la importancia de este modo de abordar el tema, y muchas de ellas han sido avaladas en los últimos años por los estudios *queer,* feministas y poscoloniales. No voy a repetir aquí sus argumentos, sino que tomaré un tema más específico de la geografía, como es el de la identidad, en particular el de la identidad de lugar.[28] En este contexto, "lugar" puede referirse a localidad, región, Estado-nación, una formación nueva

[28] Esta discusión ha sido desarrollada con más detalle en Doreen Massey (1998): "'Identity': some parallels between feminist debate and the identity of place", en *Berichte*

como lo es la "Unión Europea", o cualquier otra entidad geográfica. Esos "objetos" siempre han sido centrales en el pensamiento geográfico, y han existido vastas discusiones sobre cómo debe definírselos. (Aunque, debo decir, gran parte de esas discusiones tenían que ver más con definiciones técnicas que con conceptualizaciones: muchas veces se suponía que la tarea era trazar una línea que cercara el espacio y se suponía que el problema era solamente dónde trazarla.)

En lo personal, los dramáticos acontecimientos de 1989 hicieron que revivieran en mí muchas dudas que habían surgido en los años precedentes. En ese año, en toda Eurasia se vivió una oleada creciente de nacionalismos diversos, regionalismos y antipatía entre etnias que con frecuencia se definían a sí mismas en términos geográficos (y por lo tanto reclamaban una base geográfica). A partir de ese momento se volvieron a escuchar en el continente términos como "limpieza étnica". Se vio mucha sangre, mucha violencia, en defensa de la especificidad local (algo que sigue ocurriendo en muchas partes del mundo.) Todo esto generó en mí un conflicto interno. Por un lado, yo rechazaba totalmente las reivindicaciones de exclusividad local y los términos en que se hacían. Por otro lado, no quería dejar de lado el estudio de las diferencias locales (es una de las razones por las que decidí ser geógrafa).

Mi reacción consistió en intentar reimaginar el lugar (o, en términos más generales, la especificidad geográfica) de modo que no fuese (1) limitado, ni (2) definido en términos de exclusividad, ni (3) definido en términos de contraposición entre un interior y un exterior, ni (4) dependiente de nociones falsas sobre una autenticidad generada internamente. En otras palabras, era un rechazo de la conceptualización en términos del esencialismo newtoniano antes mencionado. Esa forma de conceptualizar la espacialidad se había convertido en un obstáculo para poder pensarla y trascender la confrontación entre esencialismos geográficos. En lugar de eso, se trataba de proponer una comprensión de la identidad de lugar en tanto construida por medio de relaciones

---

zur deutschen Landeskunde, vol. 72, págs. 53-59, donde se explora la relación entre las conceptualizaciones de distintos tipos de identidad (de género, de lugar, de etnia, etc.).

con otros lugares, "un sentido global del espacio".[29] Según mi punto de vista, considerar la cuestión de ese modo nos permitiría argumentar a favor de una postura política que permitiera apreciar la especificidad local y al mismo tiempo mantener una perspectiva internacional.

En tercer lugar, conceptualizar la "identidad" de esta manera –tanto la identidad en general como la especificidad geográfica en particular– abre la posibilidad de nuevos interrogantes y de nuevas cuestiones relacionadas con las formas políticas posibles. Ya he sugerido que creo que nuestra época exige lo que podría denominarse una "política relacional"; es decir, no una política de identidades preconstituidas (no una "política de identidad" como la de Estados Unidos) sino una política en la que se expongan los mapas de poder *a través de los cuales* se construyen las identidades. Por cierto, existe una política real (reaccionaria, en mi opinión) que depende justamente de la supresión del reconocimiento de las cartografías de poder en las que necesariamente se apoya la construcción de identidades, de modo que el simple reconocimiento ya es un paso adelante. De todos modos, no basta con el reconocimiento solamente. Como ya he manifestado con anterioridad, proponer que "todos estamos relacionados" no es suficiente, pues todas esas relaciones se construyen de forma activa (y algunas pueden no concretarse nunca), y a su vez el hecho de que se concreten (son prácticas sociales integrales) significa que están llenas de poder social. Así, políticamente, lo que debemos hacer es reconocer también la *forma* de esas relaciones, su insoslayable contenido de poder social, las relaciones de dominio y subordinación que pueden implicar, o (visto desde un aspecto más positivo) el potencial habilitante al que pueden dar origen.

Para decirlo de otra manera, esa clase de política, en lugar de reclamar derechos para un conjunto de identidades preconstituidas que se multiplican con gran velocidad, asumiría la responsabilidad y –cuando fuese necesario– el desafío por la forma de las relaciones a través de las cuales se forjan esas identidades; identidades en las que, de hecho,

---

[29] Doreen Massey (1991): "A global sense of place", en *Marxism Today*: 24-29. Reproducido en Doreen Massey (1994): *Space, Place and Gender*, Oxford, Polity Press, págs. 146-156.

estamos ubicados individual y colectivamente, y a través de las cuales se constituye la sociedad en general.

En cuarto y último lugar, esto se vincula con otra forma en que podríamos pensar la política. Ya he expresado que muchos enfoques "modernistas" de la política (sean progresistas liberales o marxistas) imaginan el mundo en términos de secuencias históricas, lo que tiene dos consecuencias significativas. Por una parte, significa que el futuro ya se conoce, su delineamiento general ya está trazado por los grandes relatos. Ha habido, por cierto, una persistente ambigüedad al respecto, ya que se han seguido realizando acciones políticas aunque "se supiera" que el futuro ya estaba escrito. (Es una de las ambigüedades que generó lo que se conoce como "el debate estructura/ agencia", y está en la base de los problemas de dualidades propio del estructuralismo.) Lo que hoy está (¿debería estar?) incluido en la agenda es una apreciación más acabada del hecho de que el futuro es genuinamente abierto. Por otra parte, la organización moderna del mundo dentro de un gran relato único suprimió la existencia de las diferencias reales. Si sólo existe un relato, un futuro hacia el que todos nos dirigimos (bajo la forma en que nos imaginamos el mundo), entonces hemos suprimido las multiplicidades genuinas y potenciales de lo espacial. La historia lineal única organiza el espacio en una secuencia temporal. En consecuencia, rechazar la temporalización del espacio abre nuestras historias a la multiplicidad y permite reconocer que el futuro no está escrito de antemano, sino que, al menos en cierto grado y dentro de las condiciones que imponen las circunstancias que no elegimos, está en nuestras manos construirlo.

5. Pertenencias. Lugar, espacio e identidad en un mundo mediatizado

David Morley

David Morley es profesor de Comunicación en el Goldsmith College de la Universidad de Londres. Es autor de *The Nationalwide Audience* (British Film Institute, 1980); *Family Television* (Comedia, 1986); *Television, Audiences and Cultural Studies* (Londres, Routledge, 1992); *Spaces of Identity* (Londres, Routledge, 1996; con Kevin Robins); *Stuart Hall: Critical Dialogues in Cultural Studies* (Londres, Routledge, 1996; co-editado con Kuan Hsing Chen); *Cultural Studies and Comunications* (Arnold, 1998; co-editado con James Curran y Valerie Walkerdine) [*Estudios culturales y comunicación*, Barcelona, Paidós, 2000] y *British Cultural Studies* (Oxford, Oxford University Press, 2000; co-editado con Kevin Robins). Su libro más reciente es *Home Territories: Media, Mobility and Identity* (Londres, Routledge, 2001), cuya temática retoma y amplía el presente artículo.

Su investigación actual, que aparecerá publicada próximamente en Routledge como una colección de ensayos bajo el título *Questions of Culture, Media and Technology,* aborda desde macroproblemas sobre la índole de la modernidad y su relación con las culturas tecnológicas hasta microproblemas relativos a la dimensión simbólica de las "nuevas tecnologías de movilidad" –como el teléfono celular–, y plantea, desde una perspectiva antropológica, el interrogante sobre cómo podríamos comprender mejor las continuidades entre la tecnología y la tradición en las culturas contemporáneas "hi-tech folk" de la posmodernidad.

Título original: "Belongings. Place, space and identity in a mediated world", publicado en *European Journal of Cultural Studies*, n° 4(4), Londres, Sage Publications, 2001.

Introducción

En este trabajo se aborda la cuestión de cómo se entienden las transformaciones de la idea de "hogar" originadas por cambios ampliamente difundidos en los patrones de comunicación y movilidad física en nuestro mundo contemporáneo "desestabilizado" (o aun, "desterritorializado"). Cuando hablo de hogar, me refiero tanto al lugar físico –el espacio doméstico– como a las ideas simbólicas del *Heimat* –los "espacios de pertenencia" (e identidad)– a distintas escalas geográficas: las comunidades locales, nacionales o transnacionales en donde las personas se consideran estar dentro de "su hogar". Así, la casa no es simplemente un lugar físico sino también un espacio virtual o retórico: el espacio en el que, según Vincent Descombes, una persona "se siente cómoda con la retórica de aquellos con los que comparte la vida" (citado en Augé, 1995: 108). Ésta es una idea, o quizá sería mejor decir una fantasía, de ese lugar *heimlich* [doméstico, natal, de pertenencia] donde –y para decirlo de manera más prosaica según una frase del tema musical de la serie televisiva *Cheers*– "todos saben tu nombre".

En mi abordaje de estos temas, trato de hacer una serie de conexiones entre el nivel micro y el macro, siguiendo los señalamientos

*El presente artículo es un compendio (y, en parte, una reflexión retrospectiva) de algunos de los argumentos presentados en mi libro *Home Territories: Media, Mobility and Identity* (Londres, Routledge, 2000), de reciente publicación. Una versión anterior de parte del material apareció en "Bounded realms: household family, community and nation", en H. Naficy (ed.), *Home, Exile, Homeland* (American Film Institute, 1999). Los temas que allí se presentan constituyeron el núcleo de mi discurso inaugural en el Goldsmiths College en diciembre de 2000. Agradezco a todos aquellos que me proporcionaron comentarios a las distintas versiones de mis ideas cuando se discutieron en la Universidad de Essex, la Universidad del Norte de Londres, la Escuela de Estudios Orientales y Africanos de Londres, la Universidad de Nueva York, el Instituto de Estudios Culturales de Viena y las Universidades de Amsterdam, Bergen, Klagenfurt y Estocolmo, entre otras instituciones.

de Foucault respecto de la necesidad de desarrollar enfoques que permitan vincular nuestro análisis de "las pequeñas tácticas del hábitat" con el de las "grandes estrategias de la geopolítica" (Foucault, 1980: 149). Así, mi argumentación se mueve por distintas escalas geográficas y ubicaciones sociales, desde la del espacio doméstico hasta la de la nación o la comunidad transnacional. En el análisis, también desarrollo lo que denomino una versión "materialista" de los estudios culturales y de los medios de comunicación mediante la reubicación de aquellas cuestiones que atañen al movimiento físico (y los patrones de asentamiento) y que durante mucho tiempo han sido incluidas en la geografía, o incluso en los estudios de los medios de transporte. El objeto de estudio de esta perspectiva materialista sería, entonces, citando a Yves de la Haye, "el movimiento de mensajes, personas, bienes e información" (1980).[1]

Durante mucho tiempo, participé en el proceso de lo que alguna vez denominé "reconceptualización de las audiencias de medios de comunicación" (Morley, 1974), y gradualmente he ido cambiando el foco de mi trabajo: fui expandiendo mis intereses iniciales desde cómo se interpretan los textos hasta incluir el análisis del contexto doméstico en el que todavía tiene lugar gran parte del consumo de los medios de comunicación. Es evidente que los medios de comunicación no se consumen y utilizan exclusivamente en ese contexto: no sólo una gran variedad de medios se consumen actualmente fuera del hogar, sino que algunos, como la televisión, creados inicialmente para uso doméstico, se están transformando en medios "ambientales", como lo demuestra McCarthy (2001). De todos modos, no es posible comprender la importancia de esos medios que aún se consumen en el ámbito del hogar sin una comprensión más acabada del hogar propiamente dicho, no entendiéndolo simplemente como telón de fondo para el consumo

---

[1] Pueden hallarse otros ejemplos que considero paralelos a este abordaje "materialista" en Allen (1999), particularmente por el hincapié que hace no sólo en la materialidad del entorno doméstico donde tiene lugar el consumo de medios de comunicación, sino también en la dimensión demográfica del análisis de audiencia. Véanse también los artículos recopilados en Balshaw y Kennedy (1999) sobre la necesidad imperiosa de expresar adecuadamente cuestiones de representación en el ámbito de los estudios urbanos.

de los medios, sino como un contexto constitutivo del significado de muchas prácticas relacionadas con esos medios. En esta última etapa de mi trabajo, mi interés se centra en proveer bases más firmes para el análisis del consumo de los medios, extendiendo el alcance de este análisis más allá del ámbito doméstico (véase Morley, 1986; Morley y Silverstone, 1990) de modo de ubicar la cuestión de la pertenencia a diversos tipos de audiencia en el contexto geográfico más amplio de sus características de vida, tanto en lo que respecta a sus patrones de movilidad como de asentamiento. Mi objetivo aquí es vincular los patrones de consumo de los medios con la geografía material en la que habitan las audiencias.

Para expresarlo de otro modo, y siguiendo una formulación de Scott Lash y Johnathan Friedman, hacer esa vinculación significa enfocar el tema de forma tal de manejar simultáneamente dos modos de circulación, uno centrado en la forma en que los "bienes simbólicos como los canales de televisión, los discos, los videos y las revistas circulan entre el público" y otro centrado en el entorno físico "en el cual el público circula entre los bienes simbólicos" (Lash y Friedman, 1992: 20). Desde esa perspectiva, según Lauren Berlant (1996), la construcción de un sentido de lo "simbólico nacional" es efecto tanto de la circulación virtual de las imágenes de los paisajes y monumentos "sagrados" de la comunidad en forma mediatizada, como de la circulación física de la población por esos sitios.

En términos de Arjun Appadurai, así se intenta relacionar "las formas de circulación" con la "circulación de las formas" (2001: 15). Al desarrollar esa perspectiva, retomo la propuesta de Appadurai de abordar la conjunción (o disyunción) de los flujos de comunicación y los patrones de residencia o movilidad. Appadurai focaliza en la significación de las disyunciones potenciales entre los "panoramas mediáticos" electrónicos transnacionales y los "panoramas étnicos" de las migraciones en masa –en las que, en algunos casos, la audiencia y el mensaje circulan simultáneamente–. El acento, por tanto, está puesto principalmente en la movilidad en sus diversas formas –en cómo debemos comprender los procesos culturales en un mundo en el que "los mensajes en movimiento llegan a públicos desterritorializados en una contextualización mutua de movimiento y mediatización" (Appadurai, 1996: 5)–, un proceso de flujo que desestabiliza las formas tradicionales de identidad, construidas a partir del lugar de residencia. No obstante, me apartaré de los lineamientos del planteo de Appadurai, de modo de apuntar no sólo a los efectos desestabilizadores de la globalización sino también a los procesos simultáneos de "reterritorialización" a través de los cuales los límites y las fronteras de diversos tipos, en lugar de desdibujarse, se vuelven más visibles. Por ello también considero el caso inverso al que analiza Appadurai, tal como ocurre para algunas personas cuyos patrones de residencia y modos de consumo de los medios operan en conjunto para consolidar y fijar su sentido de identidad de un modo que puede resultar problemático y, en ocasiones, profundamente regresivo.

En ese sentido, mi argumentación tiene también un filo polémico en tanto expresa escepticismo acerca de los modos en que la crítica a diversas formas de un supuesto esencialismo a veces ha conducido, en algunas áreas de los estudios culturales, a un cierto elogio acrítico de toda noción de movilidad, fluidez e hibridez por considerarlas intrínsecamente vinculadas con el progreso. En esos textos aprobatorios, normalmente el eje se ubica en la capacidad de las personas de rehacer y remodelar su identidad en tanto adquieren poder con dichas operaciones simbólicas. Sin embargo, según mi punto de vista, no se presta suficiente atención a los procesos a través de los cuales las formas de capital cultural con el que cuentan las personas para remodelar su identidad son desigualmente distribuidas, ni al grado en el que muchas personas aún están obligadas a vivir con identidades que otros les adscriben en lugar de identidades que podrían elegir por sí mismas. En ese sentido, la perspectiva presente en este trabajo es deliberadamente pesimista, pero, como sostiene Ulf Hannerz (1996b), en otro contexto, a veces es necesaria una "prudencia no muy apasionante".

Angustias posmodernas

En la teoría social contemporánea abundan las imágenes de exilio, diáspora, compresión tiempo-espacio, migración y "nomadología". No obstante, muchas veces la noción de hogar, anverso de toda esta hipermovilidad, queda sin cuestionar. Sin duda, se han vuelto inciertos los conceptos tradicionales de hogar, lugar de origen y nación, y los paisajes electrónicos que habitamos en la actualidad se ven invadidos por todo tipo de angustias culturales, que surgen de este flujo desestabilizador. Mi sugerencia es que en este contexto cambiante necesitamos construir una nueva noción de la idea de hogar.

Históricamente, se consideró que las culturas estaban arraigadas en el espacio con patrones estables de interacción entre personas que hacen las mismas cosas en los mismos lugares. La correlación entre espacio y cultura fue, por cierto, la base de las concepiones tradicionales de etnicidad y, según esa visión, las culturas se veían como la personificación de las genealogías de "sangre, propiedad y fronteras" (Carter, 1992: 8). Actualmente, claro está, el mundo ya no puede dividirse con tanta facilidad en esos mundos culturales delimitados en el espacio y demarcados con tanta precisión porque, como aseguran Rapport y Dawson (1998: 8), "la migración de información, mitos, lenguas y personas hace que las áreas más aisladas se integren en un marco cosmopolita global de interacción", cuestión que Ulf Hannerz (1996a: cap. 4) ha denominado "ecumene global". Sin embargo, aunque cada vez más gente esté incluida en esta red de conexiones, el tema clave está vinculado con los términos en los que los distintos grupos participan en ese marco, bien como "interactivos" o "interactuados", según la terminología utilizada por Manuel Castells (1996: 371).

En el mundo de hoy, la distribución de lo familiar y lo extraño es evidentemente compleja: con frecuencia, lo diferente está en el barrio vecino y lo familiar a veces se encuentra al otro lado del mundo (Clifford, 1997). Ashley Bickerton escribe sobre "encontrarse con calcomanías de Terminator en barcos de Borneo, camisetas de Batman en aldeas de las tierras altas de Irian Jaya y cortes de pelo raros, típicos de Nueva Jersey, en todos los lugares que he visitado" (citado en Rogoff, 2000: 60).[2]

En el nivel micro, puede decirse que el hogar moderno es un lugar "fantasmagórico" en la medida en que los medios electrónicos de diversos tipos permiten la intrusión de sucesos distantes en el espacio de lo doméstico. En términos de Zygmunt Bauman (1997), esto representa la invasión problemática del "reino de lo lejano" (extraño y potencialmente problemático) al "reino de lo cercano" (el escenario tradicional de la seguridad ontológica). De este modo, "lo lejano" se cruza irremediablemente con el espacio de lo cercano, pues los procesos migratorios y de representación mediática acercan las formas reales y virtuales de alteridad a los distintos tipos de "territorios hogareños" celosamente protegidos.

Según Gilane Tawadros, en este contexto, y desde un punto de vista eurocéntrico, para el nuevo Occidente desestabilizado, parecería haber dos opciones, o bien "retroceder hacia un pasado mítico color de rosa, donde la modernidad y las migraciones aún están en el terreno de la imaginación", o bien, por el contrario, avanzar hacia "una Torre de Babel contemporánea", una pesadilla caótica repleta de "extranjeros" de todo tipo (Tawadros, 1994: 107). Pero aquí deberíamos detenernos. Si consideramos la movilidad como una característica que define el mundo contemporáneo, al mismo tiempo debemos preguntar por qué (y con cuánta libertad) otras personas se quedan en su hogar, e interrogarnos junto con James Clifford (1997: 84) acerca de cómo, en un mundo de flujos, se sostienen y reinventan las formas de habitación colectiva.

Mientras que con frecuencia se asegura que la experiencia paradigmática de la posmodernidad es la acelerada movilidad a lo largo de grandes distancias, es importante destacar que ese paradigma se aplica hoy solamente al 1,6 % de la población mundial. Un ejemplo local (para mí) es que los índices de movilidad geográfica en el Reino Unido han decrecido en los últimos años. Aquí, la mayor parte de la gente vive como máximo a una hora de viaje del lugar de residencia de

---

[2] Una de mis hijas regresó de unas vacaciones deportivas en Tailandia, con una foto de una aldeana hilando una tela "tradicional", que tenía puesta una camiseta de Gap.

su familia y a menos de ocho kilómetros de distancia del lugar donde nació. De hecho, el 82% de los abuelos británicos ve a sus nietos al menos una vez por semana, lo que indicaría que existe un nivel reducido de movilidad intergeneracional (Dickens, 1988; Gray, 1997). Por otra parte, incluso si el impacto de Hollywood en la imaginación global ha hecho que los que jamás han estado allí reconozcan imágenes de las calles de las "ciudades globales" de nuestra época, la mayoría aún tiene un "horizonte de acción" real muy local, que muchas veces no se extiende más allá del fin de la calle o del barrio en que vive (véase Warburton, 1998). Entre otras cuestiones, esto quizás explique por qué las noticias televisadas que no son las locales despiertan relativamente poco interés en muchos ciudadanos de nuestro supuesto mundo globalizado. Ken Worpole (1992) sostiene que, para la mayor parte de la gente, el pueblo o la ciudad donde nació es el lugar que moldea su vida y el escenario donde se desarrollan sus esperanzas y aspiraciones.

Por cierto, la clase es uno de los factores de diferenciación más importantes con respecto a la movilidad. Al hablar de su infancia, Terry Hall, ex cantante del grupo británico de fusión de punk rock y ska *The Specials,* comentó: "No sé mucho de clase, pero creo que pertenecíamos a la clase trabajadora. O sea, nunca íbamos a ninguna parte" (citado en Bracewell, 1997). En el mismo sentido, con la noción de que cada vez con mayor frecuencia la inmovilidad es vista como una de las formas del empobrecimiento, Phil Cohen, en su análisis de las formas de lo que él denomina "racismo hogareño", afirma que si el "Home Boy" ("alguien que pertenece al barrio") es el "nacionalista del barrio" por excelencia, su agresividad de macho en relación con el microterritorio de su barrio debe comprenderse precisamente en el contexto de la pobreza de opciones respecto de horizontes más amplios (Cohen, 1993: 21). Aquí también podríamos mencionar el episodio de *Los Simpsons* en el que Homero recibe un premio por ser el "mayor fracasado de todos los tiempos" por ser quien menos se ha trasladado en toda su vida adulta entre sus compañeros de escuela.[3]

Debido a estas complejidades, no tendría sentido, de acuerdo con la acertada observación de Clifford, hacer un simple reemplazo de

[3] Agradezco a Wendy Wheeler por haberme provisto este ejemplo.

la figura antropológica tradicional del "nativo sedentario" por la del "viajero intercultural", como pivote conceptual de cierta "nomadología posmoderna" en boga que sostiene que en la actualidad "todos" tenemos la misma movilidad (Clifford, 1997: 24 y 36). Aquí se necesita un análisis de lo que Doreen Massey (1994: 3-4) denomina la "geometría del poder" de la espacialidad posmoderna, en términos de quién tiene control sobre su movilidad. Massey argumenta que esto haría necesario no sólo distinguir entre los que son móviles y los que siguen siendo sedentarios, dado que muchas personas se ven forzadas a la movilidad debido a razones políticas o económicas. También debemos distinguir entre los que Ulf Hannerz (1996a: cap. 9) llama cosmopolitas "voluntarios" y los "involuntarios" de nuestra época, y entre los que Zygmunt Bauman (1998) llama los "turistas" de la posmodernidad –cuya capacidad de crédito hace que sean bien recibidos en todos los lugares donde van a hacer compras– y los "vagabundos" –cuya falta de poder económico, o de la visa pertinente, hace que les sea difícil establecerse en ningún lugar–.

Para Massey, el tema clave es cuánto control pueden ejercer los diversos grupos sobre la forma en que el proceso de globalización afecta su vida. Uno de los ejemplos más claros que ofrece esta autora proviene de su estudio sobre un grupo de científicos hombres muy exitosos de la Universidad de Cambridge (1995: 190-1). Esos científicos pueden contrarrestar las intensas formas reales y virtuales de movilidad de su vida profesional (en la que se comunican a diario con colegas del resto del mundo y viajan con frecuencia al extranjero para asistir a congresos) con los encantos más apacibles de su estilo de vida doméstica, que se desenvuelve en sus casas en la campiña de Cambridgeshire –las cuales son, por supuesto, cuidadas en su ausencia por sus esposas–. Ciertamente, otra de las dimensiones de la diferencia que hallamos aquí es la forma en que la carga del *Heimat* a menudo recae en la mujer que "construye el hogar", en la medida en que el vínculo con la movilidad y el sedentarismo se relaciona, de algún modo, con el género (Rose, 1993; Wolf, 1985).

Antes de seguir avanzando, conviene advertir sobre el cuidado que se debe tener con la carga valorativa que conlleva la terminología utilizada en la discusión sobre los patrones de residencia y movilidad. Los abordajes convencionales nos ubicarían en el lenguaje positivo de las "verdades hogareñas", de las virtudes de "lo hecho en casa", así como también de la idea de que "sentar cabeza" es un indicador de madurez. Esta es una terminología en la cual ser (¿demasiado?) móvil supone implícitamente una falla moral. Por el contrario, y tal como se indicó anteriormente, hoy se halla muy difundido el discurso que valora –o mejor sería decir idealiza– todas las formas de movilidad entendiéndolas como intrínsecamente progresistas. Éste es el discurso de lo que John Durham Peters (1999) denomina "beatificación posmoderna del nómada". Mi idea es que este último discurso no nos resulta más útil que el anterior, porque no se trata de si la movilidad o el sedentarismo son buenos o malos en sí mismos, sino de qué poder relativo tienen las personas sobre sus condiciones de vida. Las formas voluntarias de movilidad física y "conexidad" virtual (utilizo prestado el término de Mulgan, 1997) son quizá consideradas como "bienes" sociales cuya distribución desigual constituye una dimensión clave de las formas contemporáneas de desigualdad. Por otra parte, nuestra ponderación de los "terceros espacios" transfrontera no debería ocultar las dificultades bien reales que experimentan las personas cuya movilidad –o sedentarismo– es impuesta (véase Malkki, 1996).

Las fronteras tienen significados distintos según de qué lado uno se encuentre y cuán fácilmente pueda cruzarlas. El significado también depende de la cercanía a ellas –en el nivel micro, los estudios sobre graffiti de pandillas urbanas muestran que hay mayor agresividad cuanto más cercanos estén al borde del territorio de la pandilla, donde el control, por ser menos seguro, se reclama con más histeria (Ley, citado en Rose, 1995: 99)–. Si cambiamos de escala geográfica y consideramos la cuestión cada vez más controvertida del control de las fronteras de Europa, también observamos que las diferencias se expresan con mayor histeria en las regiones más cercanas a las fronteras. Por ejemplo, en la investigación que realizó Brigitta Busch en Carinthia, el *Heimat* regional del partido gobernante austríaco de Georg Haider, se muestra que, para la mayoría de los que viven del lado austríaco, la frontera con Eslovenia es un tema de gran importancia, pues no sólo marca la frontera nacional sino también la de Europa misma. Por el contrario, los que viven del lado esloveno restan importancia a esa frontera, destacando todo lo que tienen en común, culturalmente, con los austríacos. Para ellos, la frontera que cuenta es la que los separa del reino de sus Otros más significativos, la frontera sur, en los Balcanes.[4]

Si bien puede considerarse que la frontera de Europa parece desdibujarse en distintos lugares, según desde qué perspectiva se la mire, lo único que no hace –a pesar de los discursos acerca de un mundo "sin fronteras" (véase Ohmae, 1996)– es desaparecer. Quizá esta característica se observe con más dramatismo en la construcción de la costosa e imponente cerca –a la que muchas veces se hace referencia como "nuevo Muro de Berlín"– que la Unión Europea ha mandado a construir en Ceuta, en la costa del norte de África, con el fin de frenar el flujo de inmigrantes ilegales hacia España (Tremlett, 1998; Webster, 1998).

Hogar, comunidad y nación

Podría decirse que una de las consecuencias principales de la generalizada sensación de pérdida de certeza, protección y seguridad en las desestabilizadas "sociedades de riesgo" en las que vivimos actualmente, ha sido el retiro hacia formas regresivas de encierro, tanto a nivel nacional como local. Esta perspectiva fue propuesta por Bauman (2001) en su análisis del proceso a través del cual, en un mundo de inseguridad en aumento, las personas buscan seguridad en ideas de comunidad. Consideremos la importancia de las reacciones defensivas que tienen normalmente quienes se encuentran con que su vida ha sufrido disrupciones debido a las fuerzas de la globalización –reacciones que Etienne Balibar (citado en Nairn, 1993) denomina "pánicos de identidad", como el que despertó Pauline Hanson en Australia hace no tanto tiempo–, fuerzas que muchas veces presentan a los blancos

[4] Brigitta Busch, comunicación personal. Los detalles de su investigación pueden solicitarse a: Dra. B. Busch, Centre for Intercultural Studies, Klagenfurt University, Stemeckstr. 215, A-9020, Klagenfurt, Austria.

como las nuevas víctimas desplazadas por las fuerzas del cosmopolitismo (véase Ang, 2000).

Uno de mis intereses al explorar estos temas es señalar algunos vínculos entre los debates de los estudios urbanos sobre patrones de residencia y los debates dentro de los estudios de comunicación sobre patrones de consumo de medios de comunicación. También me interesa vincular estas cuestiones con distintas perspectivas antropológicas que atañen a las prácticas de conservación de límites. Con respecto a esta cuestión, me interesa centrarme en los "rituales de exclusión" de la alteridad provocados por la angustia (véase Sibley, 1995). Sé que ésta es sólo una parte de una historia ambivalente, en la medida en que la alteridad puede ser también un foco de deseo. De ningún modo la alteridad se ve siempre excluida, sino que, en ocasiones, es "domesticada" (véase Hage, 1993) o consumida como "exótica" en distintas formas de mercantilización. Pero ésta, como suele decirse, es otra historia, y la dejamos para otra oportunidad.[5]

Si diversas formas contemporáneas de comunicación y movilidad transgreden de modo sistemático los límites de los espacios sagrados del hogar o *Heimat,* la cuestión es ver cómo suelen regularse esas transgresiones. Inevitablemente, esos procesos regulatorios generan conflicto en su intento por expulsar la alteridad fuera de los límites del enclave purificado a nivel étnico y cultural, sea en el marco del hogar, el barrio de residencia o la nación. El tema es quién es el que define quién "pertenece" y qué debe ser excluido por ser "materia que está fuera de lugar" (Douglas, 1966). Esa "materia" puede estar representada por materiales "impuros" a los que se considera como profanadores del hogar, por "extranjeros" de distinto tipo a los que se siente como profanadores del barrio, o por objetos culturales "foráneos" a los que se ve como contaminantes del espacio simbólico de la nación.

Si la hipermovilidad es una de las figuras clave de nuestra condición posmoderna, su correlato es por cierto la comunidad cerrada

---

[5] Véanse los trabajos de Mica Nava (1998, 1999), donde se realiza un análisis de lo que ella denomina el "atractivo de lo diferente" en el contexto de las formas cosmopolitas de la modernidad, análisis que adopta una perspectiva muy distinta de la del presente artículo.

(Davis, 1990). Existe una tendencia de segregación residencial en las sociedades ricas de Occidente, ya que quienes tienen los medios económicos se alejan del mundo conflictivo de la decadente esfera pública. Aunque las comunidades cerradas (como los suburbios, véase Tufte, 1998) adoptan formas distintas y significan cosas distintas en contextos diferentes, no son solamente un fenómeno estadounidense ni occidental.[6] En este punto nos enfrentamos a las políticas de reclusión y separación tanto en el ámbito de la ciudad como en la mudanza de grupos privilegiados a los suburbios o al campo para escapar del pronunciado multiculturalismo de la vida urbana. Propongo acercarnos a estos procesos de "suburbanización" a la luz de los comentarios de Roger Silverstone (1997) y Andy Medhurst (1997) sobre la televisión como medio "suburbanizante" que, con sus patrones repetitivos y tranquilizadores, consolida la sensación de seguridad de los miembros de las comunidades a las que se dirige. Según mi punto de vista, en la conjunción de estos procesos se observa que a veces emergen nuevas formas de consolidación de antiguos patrones de segregación social y cultural, en lugar de las tan promocionadas formas fluidas e híbridas de subjetividad posmoderna.

En este contexto, cabe señalar que un 75% de los potenciales compradores de viviendas en el Reino Unido dicen que, en una situación ideal, preferirían vivir en una casa como las de la campiña, en una calle sin salida con árboles frondosos, lejos del tránsito y por donde no pasaran transeúntes desconocidos. Como acota Worpole en sus comentarios sobre esa observación: parece que la necesidad imperiosa por dejar "Albert Square" o "Coronation Street" para vivir en "Ambridge" sigue siendo un componente constante del sueño inglés (Worpole, 1995).[7] No obstante, ese sueño no es de ninguna manera exclusivo de los ingleses: Michael Ignatieff (1994: 213) entrevista a una pareja alemana que se ha retirado a vivir en las afueras de Frankfurt

[6] En el sitio web www.gated-communities.de puede encontrarse una perspectiva internacional sobre el crecimiento de este fenómeno.

[7] "Albert Square" y "Coronation Street" son los lugares de ficción de las series de televisión *Eastenders* (BBC) y *Coronation Street* (ITV). "Ambridge" es el escenario rural de la radionovela *The Archers* (BBC), que ya lleva varias temporadas.

precisamente porque la ciudad, de un multiculturalismo creciente, les resulta "extraña".[8]

En la misma línea, Susan Marling sostiene que la popularidad de las formas reinventadas del "nuevo urbanismo" de la arquitectura tradicional en los Estados Unidos indica que hay un deseo de "vivir en el mundo de barrio de [...] *Peyton Place,* de volver a los Estados Unidos de los años cincuenta, cuando las casas tenían porche y cercas de varillas de madera y todos estaban contentos" (Marling, 1999). Quizá se podría agregar que en tanto la forma tradicional de arquitectura parece simbolizar también una forma racializada de la memoria, esto también forma parte de una nostalgia por la época en que toda la "gente" era blanca, tema al que volveré más adelante. En este sentido, Andrew Ross (2000), en su estudio etnográfico sobre la ciudad de Celebration construida por Disney en Florida, señala acertadamente que estas formas populares de arquitectura "reinventada" venden una "historia acerca de la vuelta a casa [..] a un lugar [...] que está fuera de la aceleración de la modernidad". El lugar, según las palabras del folleto publicitario de Celebration, ofrece una vuelta a la "edad de la inocencia", un lugar con "la magia especial de una ciudad estadounidense tradicional" donde "los vecinos se saludaban en la calma del atardecer de verano" (Ross, 2000: 18-19). También es, en efecto, un gueto predominantemente blanco, desvinculado de todos los problemas económicos y sociales del área circundante, lo que constituye en gran parte su atractivo. En relación con este aspecto, McKee (2001) entrevista a una pareja británica que vendió su casa en Inglaterra para mudarse a esa ciudad y destaca con entusiasmo que "cuando uno vuelve a casa por la tarde [...] a Celebration, uno se siente muy seguro" (citado en McKee, 2001).[9]

---

[8] Véase el trabajo de la fotógrafa negra inglesa Ingrid Pollard (s f.), en el que se observa el caso contrario, es decir, lo poco amable que puede mostrarse el campo con aquellos considerados como el Otro.

[9] Esto no indica que todos los habitantes de Celebration estén deslumbrados por la experiencia de vivir en esa ciudad. En su detallado estudio sobre los placeres de la vida en la ciudad, Ross destaca que también circula un dicho entre los habitantes: "por aquí se contagia rápido la idea de que la vida de cuento de hadas es la realidad" (2000: 11).

Si bien el hogar, el barrio y la nación son espacios potenciales de pertenencia, esto no implica que se trate de procesos paralelos sin vinculación entre sí. Cada uno de los espacios condiciona a los otros, y lo que hay que analizar es de qué manera lo hacen; como apunta Sibley (1995: 90), "la nación y la localidad invaden el hogar", porque esos espacios están relacionados por medio de los mensajes mediáticos, por acción del mercado inmobiliario y por factores macro tales como las políticas migratorias estatales y el impacto de la economía global. Éstas son las interconexiones en las que, en última instancia, debemos concentrar nuestra atención.

Del ámbito doméstico a la Nación

Pasemos directamente al tema del consumo de medios de comunicación y centrémonos en el nivel de análisis micro tomando un ejemplo del proyecto de investigación sobre "Los usos de la tecnología de la información y las comunicaciones en el ámbito doméstico" llevado a cabo por Roger Silverstone, Eric Hirsch, Sonia Livingstone y David Morley.[10] En ese proyecto, uno de nuestros principales temas de interés fue cómo en los distintos tipos de ámbitos domésticos se regulaba la capacidad de las nuevas tecnologías para traspasar los límites hogareños. En el caso de la familia particular a la que me refiero a continuación vemos nuevamente, esta vez en el nivel micro, un intento, regido por el temor, de regular los límites que están bajo la influencia de fuerzas externas. En este caso, el marido había sufrido lo que él consideraba una forma de desempleo causado por la tecnología y se sentía víctima de circunstancias que escapaban a su dominio. Estaba muy preocupado por su capacidad de mantener a su familia en el futuro y, junto con su esposa, compensaban la situación mediante el ejercicio de un alto grado de control sobre los límites de comunicación del hogar en sí.

---

[10] Este proyecto se realizó en la Brunel University entre 1987 y 1992, con subsidio del Economic and Social Research Council. El ejemplo presentado aquí se ha utilizado con anterioridad (véase Silverstone y Morley, 1990, donde aparece un extenso comentario acerca de este ámbito doméstico), pero, aun sin ampliarlo innecesariamente, alcanza para ilustrar el aspecto fundamental en cuestión. Si se desea consultar otros ejemplos similares presentados en el mismo proyecto, véase Hirsch (1998a, 1998b).

Así, regulaban, por ejemplo, el uso del teléfono por parte de los hijos mediante la imposición de reglas precisas en cuanto al tiempo que se les permitía hablar, tanto para hacer como para recibir llamadas (lo que muestra que no se trataba únicamente de una cuestión de gasto monetario). Además, les preocupaba mucho el consumo que hacían los hijos de programas de televisión en los aparatos ubicados en sus dormitorios. En particular, les preocupaba el peligro que implicaba la transgresión de los límites morales de la familia, transgresión vinculada con ver programas "extranjeros" de naturaleza "inapropiada". Por cierto, si realizáramos esta investigación en la actualidad, la angustia correspondiente se trasladaría a la capacidad de Internet de transgredir los límites morales de su hogar, dado que con ella los hijos estarían en contacto similar con material no deseado.

Asimismo, este interés por las políticas de los límites en el nivel micro tiene paralelos a otras escalas geográficas. En los últimos años, distintos gobiernos nacionales han tratado de controlar el consumo de medios extranjeros en el territorio nacional mediante la prohibición de la televisión satelital y, más recientemente, mediante el monitoreo y control del acceso a Internet de la población. Hace poco tiempo hubo un caso llamativo en Irán y Francia, donde se implementaron políticas que eran una la imagen especular de la otra. Mientras que el gobierno iraní prohibió el uso de antenas satelitales de televisión alegando que los programas extranjeros que se captaban a través del sistema eran parte de la "ofensiva cultural" occidental contra el islam, el alcalde de Courcouronnes (un distrito pobre del sur de París habitado principalmente por inmigrantes del norte de África) también prohibió ubicar antenas satelitales en edificios altos donde vivía gran parte de su base electoral, alegando que esos dispositivos representaban un peligro para la salud, ya que podían desprenderse si soplaban vientos fuertes y caer sobre los transeúntes (Dejevsky, 1995). Pero en realidad, la prohibición se implementó a instancias del Frente Nacional de Francia, para el que las antenas satelitales representaban una amenaza de la población inmigrante que vive en territorio geográfico de Francia pero que habita, vía satélite, en un mundo "islámico virtual". Esta participación virtual de los inmigrantes en su espacio cultural transnacional se presentó en ese momento como una forma de "traición cultural" contra la nación francesa. Algo similar ha ocurrido en Alemania, donde una supuesta "reclusión" de los inmigrantes turcos en el espacio virtual de las emisoras transnacionales de Oriente Medio es considerada como prueba de que esos inmigrantes no merecen el otorgamiento de la ciudadanía alemana, ya que se rehúsan a participar plenamente en la vida cultural alemana.

En la actualidad, por cierto, el panorama es mucho más complejo de lo que aparenta en superficie, tal como lo demuestran Aksoy y Robins (2000) en su trabajo sobre las muy fluidas formas de identificación simultánea con distintos aspectos de la cultura turca y alemana que se observa en las familias turcas que viven en Alemania. También deberíamos tener en cuenta los resultados publicados por Hargreaves y Mahdjoub (1997) acerca de las diferencias intergeneracionales de la orientación cultural en las comunidades inmigrantes de Francia, que complejizan significativamente el panorama, en el sentido de que la segunda o tercera generación de hijos de las familias inmigrantes no necesariamente comparten la orientación cultural de los padres hacia la cultura de origen (véase Tsagarousianou, 2001).

Así como Foucault sostiene que "la disciplina proviene de la distribución de los individuos en el espacio" (1977: 141), el historiador Fernand Braudel ha señalado que "La cuestión de los límites es la primera que aparece; de ella surgen todas las demás" (citado en Lofgren, 1996: 13). En esta línea, me interesa presentar una analogía que permite observar consistentes paralelismos entre la cuestión de la distribución geográfica de tipos de personas en el espacio físico de la nación (o la ciudad) y la cuestión de la representación –a qué tipos de personas se les permite habitar qué géneros (o espacios virtuales) en los medios–. Por ejemplo, durante el día, el centro financiero de la ciudad de Londres está poblado por hombres blancos, agentes de bolsa de altos ingresos económicos, y a partir de las cuatro de la mañana, por un ejército de mujeres que se dedican a la limpieza, muchas de ellas pertenecientes a minorías étnicas. La analogía que me interesa presentar es que el horario de la visibilidad física de los distintos grupos en el espacio social es similar a la de su visibilidad (o invisibilidad) en el espacio virtual del cronograma televisivo, y que las relaciones sociales de esas dos dimensiones, la virtual y la física, operan de tal forma que se refuerzan entre sí.

Volviendo al caso francés, se observa que así como físicamente las poblaciones de inmigrantes tienden a estar confinadas en ubicaciones tales como las *banlieues* –los suburbios pobres alejados de la ciudad (véase Maspero, 1994)–, en conjunto, también están confinadas en la representación dentro de géneros mediáticos particulares –principalmente aparecen en tanto "problemas" de distinto tipo en los géneros de noticias y los programas de actualidad–. Como tienden a ser excluidos de lo que Alec Hargreaves denomina los "géneros de entretenimiento", entre los que se cuentan las telenovelas y los programas de juegos, las poblaciones de inmigrantes "directamente no están representadas como parte de la vida cotidiana", y así los canales de televisión "refuerzan la concepción popular según la cual esos grupos son vistos fundamentalmente como extraños y no como gente común" (Hargreaves, 1993: 269). Esta dimensión es sumamente importante en lo que podríamos llamar políticas no sólo de representación sino también de reconocimiento social, por medio de las cuales se determina quién "pertenece" (plenamente) a qué lugares.

Sin embargo, como se muestra más adelante, si bien Francia ofrece un panorama particularmente claro de este tipo de proceso de delineamiento (racializado) de límites en los planos geográfico y representacional, esto también constituye un problema de alcance más general.

Naciones/comunidades imaginadas

En relación con el tema de la nación, me interesa particularmente cómo se presenta la nación como hogar simbólico –o *Heimat*– a sus ciudadanos y el tema relacionado de quién se siente y quién no se siente "como en casa" dentro de una nación.

Paddy Scannell (1996) en el Reino Unido y Orvar Lofgren (1995) en Suecia han realizado importantes análisis del rol de las emisiones televisivas y radiales en la construcción de un sentido de unidad nacional. Su interés principal se centra en lo que Lofgren denomina el rol "educativo" de los medios de comunicación en la "sustancia-ción cultural" del Estado-nación. Él se refiere a este aspecto como la "microfísica" del aprendizaje de pertenecer a la "nación-hogar", y sostiene que, con frecuencia, la retórica de las emisoras nacionales adopta formas rituales, por medio de las cuales los símbolos naciona-les se inscriben en prácticas domésticas (Lofgren, 1995: 12-14). En relación con este tema, el autor señala que en Suecia hasta el clima se "nacionalizó" y sus límites nacionales se demarcaron con nitidez, de modo que "en el pronóstico marítimo diario, los nombres de los puestos de observación costera se leían como si fuesen parte de un canto mágico, como si constituyeran un círculo mágico que rodea la nación (Lofgren, 1995: 20).

Asimismo, en su comentario acerca de la importancia simbólica de *The Shipping Forecast* (pronóstico marítimo emitido por la radio de la BBC cuatro veces por día desde 1926), David Chandler afirma que, aunque la información sobre las condiciones climáticas en el mar es de utilidad práctica sólo para los navegantes, la cantidad de personas que escuchan el programa y el afecto que le profesan quienes nunca han estado en el mar indican que "la voz encantadora y la cadencia atemporal utilizadas en el programa están profundamente enraizadas en la conciencia del público", de modo que "para los que estamos en tierra firme, las advertencias respecto de un mundo periférico po-tencialmente peligroso son profundamente tranquilizadoras", pues refuerzan, mediante el contraste, las ideas de hogar y nación en tanto lugares donde reinan la seguridad y el orden. De hecho, se ha dicho que el mejor lugar para escuchar *The Shipping Forecast* (con su listado ritualizado de los mares y las áreas costeras que rodean al Reino Uni-do: "Dogger, Fisher, German Bight, Humber...") es la cama, "tapados con las sábanas hasta arriba y con la radio a bajo volumen, donde la indicación de un vendaval en el mar es tan reconfortante como el repiqueteo de la lluvia en los cristales para quien está seguro en su casa" (Chandler, 1996: II).

Las formas de unidad generadas por esos procesos simbólicos no son necesariamente nacionales. En ciertos contextos, el pronóstico meteorológico puede ser un instrumento para reunir a quienes están separados por fronteras nacionales. Volviendo a mis anteriores observaciones acerca de la demarcación del límite Austria/Europa, la investigación de Brigitta Busch muestra que muchos miembros de la minoría hablante de esloveno que viven en Austria eligen escuchar el pronóstico en emisoras radiales eslovenas porque, como señala uno de los entrevistados en el trabajo, siente que "nosotros" (los eslovenos que viven a ambos lados de la frontera) "pertenecemos al mismo grupo, al menos en lo que al clima se refiere" (Busch, 1999: 232).

En ocasiones, los programas nacionales pueden crear un sentido de unidad, ya que vinculan las periferias con el centro y llevan los símbolos de la nación a los hogares de los ciudadanos. Pero el proceso no siempre es sencillo, pues trae aparejados momentos de tensión. Un oyente sueco mencionado en el estudio histórico de Lofgren dice que recuerda haber sentido que "cuando la radio estaba encendida, la habitación no nos pertenecía del todo: las voces vibrantes con su acento (metropolitano) empujaban nuestra turbia voz regional a un rincón, donde comentábamos en voz baja lo que decían en la radio con tanta firmeza" (Lofgren, 1995: 27).

De modo similar, en Gran Bretaña no todos sienten que *The Shipping Forecast* simbolice los límites de una nación con la que se sienten muy identificados. Si bien los hombres blancos metropolitanos de clase media perciben desde hace mucho tiempo a la esfera pública como un lugar *heimlich,* esto no es necesariamente así para las personas que están fuera de esa categoría, sea en virtud de su región, clase, género o etnia. Ésa es la mayor objeción al elogio de Scannell (1996) a las emisiones nacionales como "bien público" que brinda una "cultura en común" que merece ser defendida contra las fuerzas fragmentadoras de la desregulación. Con esta perspectiva es imposible reconocer que, en el caso de Gran Bretaña, por ejemplo, la cultura predominante de la esfera pública representada en los medios británicos no es neutral. En efecto, los programas británicos invitan a participar no sólo de una forma abstracta de "socialidad" sino de un tipo particular de cultura, la de la etnia inglesa blanca de clase media, invitación que, por definición, excluye a demasiada gente. Una vez que nos damos cuenta de esto, vemos que no todos pueden sentirse en casa en tal esfera pública;

por el contrario, se sienten particularizados y (a lo sumo) tolerados en tanto "otros" dentro de ella.

"Ir a lugares": ¿qué es "lo extranjero" y para quiénes?

Años atrás, Rolf Arnheim (1933) anticipó que la llegada de la televisión se podía relacionar con la del vehículo de motor –como "medio de transporte para el espíritu" – y, más recientemente, Raymond Williams (1989: 171) se refirió a los medios como facilitadores de lo que él llamó formas de "privatización móvil" –una experiencia que implica quedarse en casa y simultáneamente "ir a lugares" con la imaginación–. En cambio, Sean Moores señala que si "los programas pueden 'transportar' a los que los miran [...] a lugares que no conocían [...] entonces tenemos que especificar la clase de 'viaje' que se realiza. ¿Quién elige ir adónde [...] y por qué? ¿Quién se queda 'en su casa'? ¿Quién siente la necesidad de escapar de sus confines?" (Moores, 1993: 336 y 365). Con esto volvemos al tema que mencioné anteriormente acerca de la necesidad de desarrollar una "nomadología" diferente, propia de la época actual.

El interés particular de Moores, expuesto en su estudio etnográfico posterior sobre las emisiones satelitales (1996), se centra en el motivo por el cual, para muchos miembros de la clase trabajadora y de las comunidades de minorías étnicas del Reino Unido, la televisión satelital simboliza (a pesar de su costo) una forma deseable de "libertad" para ver programas, en oposición a la forma que brinda la BBC, que es considerada por esos grupos como algo formal y "poco relacionado con ellos". El tema es por qué algunos ciudadanos de la nación ven como más deseable la programación que trasciende los límites de la cultura que se ciñe a lo británico y por qué, como se muestra en la investigación histórica de Dick Hebdige, a los consumidores de medios de la clase trabajadora británica muchas veces les parece que las formas importadas de la cultura estadounidense son menos extranjeras que las formas tradicionales de su propia cultura (Hebdige, 1988). La cuestión de qué es extranjero para quién se puede presentar más adecuadamente de forma experimental y empírica, y la "extranjeridad" no pasa exclusivamente por una cuestión de nacionalidad.

144

Límites e identidades

Volvamos al tema de los límites y las identidades, y a la cuestión de cómo los que están insertos en una esfera acotada pueden llegar a sentirse amenazados por la presencia de lo que consideran extranjero. Las angustias que genera este proceso se ilustran en la novela *Paisajes después de la batalla,* de Juan Goytisolo, cuyo antihéroe se ve alterado por la penetración gradual de "la acción desastrosa y desintegradora de elementos extranjeros" que para él representan la "deseuropeización de la ciudad francesa en la que vive: la irrupción, en el perfecto orden de las perspectivas cartesianas [de París], de fragmentos de Tlemcen y Dakar, El Cairo y Karachi, Bamako y Calcuta" (Goytisolo, 1987: 1-5).

Cabe preguntarse por qué la presencia de la alteridad se vive con tanta frecuencia como algo amenazante. En relación con esta cuestión, Azouz Begag escribe que se entiende por "inmigrante a una persona llamada así por alguien que vive en un lugar en particular y que ve la presencia del Otro como una amenaza a su propio sentido de la seguridad dentro de ese territorio" (1989: 9). Iain Chambers retoma el trabajo de Levinas y comenta la dificultad que se crea por "la Cuestión del Otro", el "intruso" que viene de otro sitio y amenaza la estabilidad del escenario doméstico. Para Levinas, la presencia del "extranjero" tiende a quebrar la sensación de "estar en casa con uno mismo" (Levinas, 1969, citado en Chambers, 1998: 35). En el mismo sentido, Marc Augé señala que "quizá, la razón por la que los inmigrantes preocupan tanto a los habitantes de un lugar es que los primeros exponen la naturaleza relativa de las certezas grabadas en la tierra natal" (1995: 119). En otros pasajes de su obra, Augé destaca que en la actualidad el Otro "de las tarjetas postales y del viaje turístico" (el Otro "tan caro a Le Pen") está en movimiento y "no se lo puede asignar a un lugar específico"; quizá desde la mirada de quienes se aferran a la idea de tener "su" tierra y "su" pueblo, el caso de la inmigración exitosa es más aterrador que el de la inmigración ilegal, en el sentido de que "lo que asusta del inmigrante es el hecho de que también es un emigrante" (Augé, 1998: 108-9). Dentro de esta misma línea, en su investigación realizada en Alemania, Nora Rathzel (1994) muestra que algunas personas sienten que la sola presencia del *Ausländer* constituye una supresión de la supuesta naturalidad de su identidad, a la que nunca cuestionaron. Asimismo, en otro análisis de la dinámica de las formas del "racismo doméstico" en Gran Bretaña, Phil Cohen (1996: 75) sostiene que lo que se observa allí es una reacción temerosa a la desestabilización, debido a las nuevas características migratorias, del vínculo privilegiado entre hábito y hábitat, que es el fundamento sobre el cual se apoya el mito racializado de los orígenes indígenas.

No obstante, y volviendo a mis comentarios previos sobre cómo los ámbitos de lo lejano y lo cercano aparecen cada vez más cruzados, es importante destacar que los encuentros con la alteridad pueden tener lugar no sólo en el espacio físico sino también en el virtual. Y aquí volvemos al papel de los medios. En ciertos casos, parece que la televisión lleva "extranjeros" indeseados al ámbito del hogar. En este sentido, en su crónica histórica acerca de las cartas escritas por televidentes a los productores de *Julia,* la comedia de los años sesenta cuya protagonista era una mujer estadounidense negra, Anna Bodroghkozy encuentra una carta de un espectador blanco, quien dice hablar en nombre de muchos de sus conciudadanos; en la carta, el hombre escribe indignado que, contento como está de que los negros no entren al barrio donde vive, no soporta la invasión simbólica de la sala de su casa que supone la representación de los negros en la televisión (Bodroghkozy, 1992: 156). Lamentablemente, al menos en Gran Bretaña, estas cuestiones aún tienen vigencia, al menos para una minoría intransigente del público británico. Como eco inquietante de los comentarios del espectador del estudio de Bodroghkozy, un espectador británico negro citado en el trabajo de Anabelle Sreberny y Kristin Ross sostiene que "todavía hay blancos que apagan el televisor cuando aparece un negro o un programa de negros en la pantalla: ése es su último fragmento de poder" (Sreberny y Ross, 1995: 30).

A aquellos a quienes les preocupa lo que Kobena Mercer (1994) ha denominado las dificultades de "vivir con la diferencia" en la ciudad multicultural contemporánea, el televisor a veces les ofrece el consuelo de una inmersión simbólica en un "mundo perdido" homogéneo. En relación con este aspecto, el ya desaparecido productor australiano de televisión Bruce Gyngell dijo una vez que una de las razones por las que las telenovelas australianas tales como *Neighbours* y *Home and Away* resultan atractivas para algunos británicos es porque son, en efecto, programas "raciales" en los que aparece una sociedad integrada únicamente por blancos, añorada por esos miembros del público británico (Gyngell, citado en Culf, 1993).

Cabe señalar que si bien tales modos de nostalgia regresiva siempre se expresan en formas específicas de cada nación, no son exclusivos de Gran Bretaña. Así, por ejemplo, en una entrevista realizada a Alice Walker hace no mucho tiempo, que evoca los comentarios de Marling anteriormente citados referidos a la nostalgia de los norteamericanos blancos por el mundo perdido de *Peyton Place,* la escritora comentó que todavía sentía que, en los Estados Unidos, "a los blancos ricos les gustaría que el país se pareciera al de los años cincuenta, cuando todas las minorías estaban confinadas en guetos" (citado en Campbell, 2001). Ya he expresado que en este aspecto es fundamental centrarse en la relación entre las formas físicas y virtuales de exclusión social y cultural, por medio de las cuales se construyen las comunidades geográficas e "imaginadas", como las denomina Anderson (1983). Dada la disparidad de patrones de audiencia entre blancos y negros en los Estados Unidos (donde hay pocos programas que tengan el mismo éxito entre el público blanco y el negro) y los modos en que operan esas disparidades en el reforzamiento de patrones establecidos de segregación residencial en ese contexto geográfico en particular, John Patterson sostiene que hoy en día "es difícil distinguir entre la segmentación y la segregación del público" (1999).[11]

Retomando el caso británico, es cierto que, tal como aseguran Sallie Westwood y John Williams, las telenovelas británicas están plagadas de nociones de anglicidad (Englishness) que excluyen a muchos de los diversos pueblos que forman parte de la nación, que no pueden sentirse en casa dentro del espacio simbólico de los programas britá-

---

[11] Respecto de la cuestión de los patrones contemporáneos de segregación residencial en los Estados Unidos, véanse los datos mencionados en Kettle (2001), según los cuales en las ciudades de ese país la segregación racial está en aumento; véase asimismo Scott (2001).

nicos (Westwood y Williams, 1997). Después de todo, sólo en 1998, a treinta y ocho años de la emisión de su primer capítulo, apareció por primera vez una familia asiática en la serie de televisión *Coronation Street,* cuando los Desai compran el negocio de la esquina. En el último estudio relacionado con este tema (Cumberbatch *et al.,* 2001) se observa que las minorías étnicas aún no tienen representación amplia en algunos de los programas más exitosos de la televisión británica. Gurbux Singh, presidente de la Comisión para la Igualdad Racial, hizo el siguiente comentario acerca del estudio mencionado:

> Los programas más vistos de la televisión británica [...] todavía están muy lejos de representar a todos los tipos de personas que viven en el país [...] y a algunos productores de televisión les queda un largo camino por recorrer antes de poder afirmar que sus programas son verdaderamente representativos del público británico (citado en Wells, 2001).

Conclusiones

Según mi punto de vista, el tema central de estudio son los modos en que las "geografías de exclusión" virtuales y materiales operan en conjunto. Si pasamos del nivel nacional al continental, vemos que el endurecimiento actual de los límites legales de la "Fortaleza europea" debe considerarse en conjunto con los esfuerzos de la Unión Europea por restaurar una versión de la "eurocultura" que, al remontarse a sus raíces grecorromanas y típicamente cristianas, no está pensada para que la totalidad de los que viven dentro de sus fronteras se sientan en casa. En una entrevista realizada hace poco tiempo, un joven, hijo de padres turcos, que vive en Alemania, dijo:

> Mis padres vinieron en los años sesenta y viví toda mi vida aquí. Sin embargo, si uno tiene padres inmigrantes, morirá siendo inmigrante. Aunque uno haya leído a Goethe, use los clásicos pantalones bávaros de cuero con tirantes y baile las danzas bávaras tradicionales, todos seguirán tratándolo como inmigrante (citado en Younge, 1998).

Las desestabilizaciones de la época posmoderna han dado lugar al renacimiento de distintos nacionalismos y a la xenofobia dirigida a los recién llegados, extranjeros o intrusos. A la luz de los acontecimientos, pareciera que toda búsqueda de un sentido de identidad construida en función del lugar debe ser necesariamente reaccionaria. Sin embargo, es pertinente seguir a Doreen Massey (1995: cap. 6) en su rechazo de la noción de que para construir un sentido de hogar (o lugar) deba uno partir necesariamente de una historia introvertida e introspectiva. En lugar de rebuscar en el pasado para encontrar los orígenes autóctonos, asegura Massey, deberíamos explorar un sentido "extrovertido" de lugar, en el que lo que constituye la identidad es la suma de sus vínculos con otros lugares.

Si bien el deseo de encontrar "raíces", de pertenecer, con frecuencia se asocia a formas políticas regresivas de nostalgia reaccionaria, Wendy Wheeler sostiene acertadamente que, en lugar de tratar de reprimir el deseo, debemos generar reacciones políticas más adecuadas frente a esa nostalgia. Como argumenta Fiona Allon (2000: 284), muchas veces esta actitud también incluye tanto una crítica implícita de las fuerzas que han producido el sentimiento de pérdida como "el potencial de recuperar lo perdido desde un lugar positivo [...] [para] negociar el futuro". Para concretar esto habría que articular una "política capaz de constituir un 'nosotros' que no sea esencialista, fijo, separatista, defensivo ni excluyente" (Wheller, 1994: 95).

Es necesario rechazar toda concepción de "comunidad imaginada" que dependa de la extrusión de la alteridad para gozar de la seguridad de lo homogéneo. En su lugar habría que recurrir a una concepción de "comunidad en la diferencia" que reconociera la importancia de un diálogo que girara en torno a nuestras diferencias irreconciliables (véase Donald, 2000, quien a su vez toma conceptos de Nancy, 1991) y se centrara en la pragmática mundana del proceder del buen vecino, y en la necesidad de construir formas de "lo público" más abiertas y permeables como base para "convivir con extranjeros" (véase Donald, 2000, cap. 6, y también los comentarios de Ang, 2000).

Aun cuando condenemos abiertamente las estrategias de exclusión de instituciones poderosas como la Unión Europea (o de grupos culturalmente dominantes en el ámbito local), en otros contextos necesitaremos adecuar las formas de "esencialismo estratégico" al que seguirán recurriendo los grupos desprovistos de poder para defender sus frágiles límites. En ocasiones, esto incluye la defensa del espacio doméstico como reino de autonomía cultural. En relación con ello, Gary Younge, el periodista británico negro (1999a; véase también 1999b) cuenta que creció en los suburbios de Londres, en una casa en cuya puerta de entrada había una bandera de Barbados, es decir, no importaba qué ocurría en el mundo exterior, pero en el territorio interior, como si fuese una embajada o un consulado, las normas que regían para sus habitantes eran las de Barbados. En algunos casos, como el de los inmigrantes senegaleses de Italia estudiados por Bruno Riccio (2001), lo que defienden los inmigrantes es el espacio simbólico de una identidad religiosa en el que se protegen de lo que ellos consideran la corrupción de la cultura materialista de las sociedades hacia las que se vieron forzados a emigrar para ganarse la vida.

Asimismo, es necesario reconocer la importancia de las relaciones de poder dentro de las cuales se construyen las identidades híbridas diferenciales, pues, tal como observa Massey (1995), cada forma de hibridación o "mezcla" cultural se inscribirá en su propia geografía de poder. Aquí la cuestión es cómo capturar las dos dimensiones de las políticas de identidad que están en juego en esos contextos. En su estudio sobre las relaciones interculturales en Southall, Gerd Baumann (1996) ha demostrado que a veces los miembros de los grupos desprovistos de poder reifican y "esencializan" deliberadamente su identidad, movilizándose para generar acciones políticas y compitiendo por los recursos distribuidos con criterios étnicos, en tanto que, en otros momentos y en otros contextos, restringen los reclamos relacionados con la identidad recurriendo a discursos más fluidos y vernáculos (*demotic*).[12] Marie Gillespie (1995) ha mostrado que, en tales situaciones, en lugar de estar siempre encerrado dentro de una identidad étnica, un adolescente británico de origen asiático de

---

[12] Por cierto, debemos admitir las críticas de Werbner a la necesidad de no "esencializar" el esencialismo, pero no al punto de caer en la clase de política fundamentalista a la que parecen conducir sus argumentos.

Southall es perfectamente capaz de identificarse, en tanto adolescente, con un programa como *Neighbours,* a pesar de los comentarios antes citados de Gyngell respecto del "blanquismo" descarado del programa.

Con referencia a este tema, se ha propuesto que debemos desarrollar una "política de dislocación" (Allon, 2000) relacionada con

> qué significa estar ubicado en lugares particulares [...] qué distintas [...] modalidades de pertenencia son posibles en el escenario contemporáneo [...] [y] de qué diversas formas se vinculan (emotivamente) las personas entre sí y con el mundo (Grossberg, 1996: 185-6).

Por lo tanto, tal como observa Tsagarousianou (2001), mientras muchos de los inmigrantes griegos chipriotas y del sudeste asiático que han vivido en Londres por más tiempo se consuelan accediendo a la cultura de sus países de origen a través de los medios "diaspóricos" (puesto que eso los ayuda a superar lo que la autora denomina "la aporía cultural" de la experiencia migratoria), también se frustran por lo que esos medios les ofrecen. Uno de esos inmigrantes se queja de que los medios no parecen darse cuenta de que "No somos iguales que cuando nos fuimos [de nuestro país]. Siguen pasando películas griegas viejas, y nosotros queremos otra cosa"; otro dice que "tenemos otros intereses. Vivimos aquí, tenemos nuestra familia aquí, pero ellos [la radio diaspórica y los canales satelitales de televisión] no lo registran". Tsagarousianou señala que "los públicos diaspóricos se resisten a ser tratados como apéndices del 'público local' y exigen una programación dirigida a las distintas localidades" que reconozca los esfuerzos que ellos hacen para negociar su inclusión en la comunidad nacional del lugar donde se han asentado "y al mismo tiempo reafirmar los rasgos que tienen en común con los connacionales que viven en el país de origen o en otras diásporas" (Tsagarousianou, 2001: 166-7). He expuesto aquí las complejidades y las contradicciones de las ideas de identidad, lugar, pertenencia y "hogar" en nuestro mundo contemporáneo mediatizado. Ahora es tiempo de intentar aceptarlo.

Bibliografía

Aksoy, A. y K. Robins (2000): "Thinking across spaces: Transnational television from Turkey", *European Journal of Cultural Studies*, vol. 3, n° 3, págs. 343-65.

Allen, R. (1999): "Home alone together: Hollywood and the family film", en M. Stokes y R. Maltby (eds.), *Identifying Hollywood's Audiences*, Londres, British Film Institute.

Allon, E (2000): "Nostalgia unbound. Illegibility and the synthetic excess of place", *Continuum*, vol. 14, n° 3, págs. 275-287.

Anderson, B. (1983): *Imagined Communities*, Londres, Verso. [Hay traducción al español: *Comunidades imaginadas. Reflexiones sobre el origen y la difusión del nacionalismo*, México, Fondo de Cultura Económica, 1993.]

Ang, I. (2000): "Identity blues", en P. Gilroy, L. Grossberg y A. McRobbie (eds.), *Without Guarantees*, Londres, Verso.

Appadurai, A. (1996): *Modernity at Large*, Minneapolis, University of Minnesota Press.

—— (2001): "Globalisation and area studies", The Wertheim Lecture, Centre for Asian Studies, Amsterdam.

Arnheim, R. (1933): *Film as Art*, Londres, Faber & Faber. [Hay traducción al español: *El cine como arte*, Barcelona, Paidós, 1996.]

Augé, M. (1995): *Non-Places: Introduction to an Anthropology of Supermodernity*, Londres, Verso. [Hay traducción al español: *Los no lugares, espacios del anonimato: antropología sobre modernidad*, Barcelona, Gedisa, 1993.]

—— (1998): *A Sense for the Other*, Stanford, CA, Stanford University Press. [Hay traducción al español: *El sentido de los otros: actualidad en antropología*, Barcelona, Gedisa, 1996.]

Balshaw, M. y L. Kennedy (2000): *Urban Space and Representation*, Londres, Pluto Press.

Bauman, Z. (1997): "The making and unmaking of strangers", en P. Werbner y T. Modood (eds.), *Debating Cultural Hybridity*, Londres, Zed Books.

—— (1998): *Globalisation*, Cambridge, Polity Press.

—— (2001): *Community: Seeking Safety in an Insecure World*, Cambridge, Polity Press.

Baumann, G. (1996): *Contesting Culture,* Cambridge, Cambridge University Press.

Begag, A. (1989): "North African immigrants in France", Lough-borough, European Research Centre, Loughborough University.

Berlant, L. (1996): "The theory of infantile citizenship", en G. Eley y R. Suny (eds.), *Becoming National,* Oxford, Oxford University Press.

Bodroghkozy, A. (1992): "Is this what you mean by color TV?", en L. Spigel y D. Mann (eds.), *Private Screenings,* Minneapolis, University of Minnesota Press.

Bracewell, M. (1997): "Sent from Coventry", *Guardian,* Londres, edición del 23 de agosto.

Busch, B. (1999): *Der Virtuelle Dorfplatz: Minderheiten, Globalisierung und Kulturelle Identität,* Klagenfurt, Austria, Drava.

Campbell, D. (2001): "A long walk to freedom", *Observer* Review, Londres, edición del 25 de febrero.

Carter, P. (1992): *Living in a New Country,* Londres, Faber & Faber.

Castells, M. (1996): *The Information Age.* Vol. 1: *The Rise of the Network Society,* Oxford, Blackwell. [Hay traducción al español: *La era de la información: sociedad, economía y cultura, vol* 1: *La sociedad red,* Madrid, Alianza, 1999.]

Chambers, I. (1998): "A stranger in the house", *Continuum,* vol. 6, n° 1.

Chandler, D. (1996): "Postcards from the edge", en M. Power, *The Shipping Forecast,* Londres, Zelda Cheatle Press.

Clifford, J. (1997): *Routes,* Cambridge, MA, Harvard University Press.

Cohen, P. (1993): *Home rules,* Londres, New Ethnicities Unit, University of East London.

—— (1996): "Homing devices", en V. Amit-Talai y C. Knowles (eds.), *Resituating Identities,* Peterborough, Ontario, Broadview Press.

Culf, A. (1993): "Popularity of Australian soaps based on British racism fix?", *Guardian,* Londres, edición del 2 de noviembre.

Cumberbatch, G., S. Gauntlett, M. Richards y V. Littlejohns (2001): *Top Ten TV: Ethnic Minority Group Representation on Popular Television,* Londres, Commision for Racial Equality.

Davis, M. (1990): *City of Quartz,* Londres, Verso.

Dejevsky, M. (1995): "Ban on Islam by satellite", *Independent,* Londres, edición del 13 de agosto.

Dickens, P. (1988): *One Nation? Social Change and the Politics of Locality,* Londres, Pluto Press.

Donald, J. (2000): *Imagining the Modern City,* Londres, Athlone Press.

Douglas, M. (1966): *Purity and Danger,* Londres, Routledge & Kegan Paul.

Foucault, M. (1977): *Discipline and Punish,* Nueva York, Pantheon Books. [Hay traducción al español: *Vigilar y castigar. Nacimiento de la prisión,* México, Siglo XXI, 1976 y reediciones.] (1980): "Questions of geography", en C. Gordon (ed.), *M. Foucault: Power/Knowledge,* Nueva York, Pantheon Books.

Gillespie, M. (1995): *Television, Ethnicity and Cultural Change,* Londres, Routledge.

Goytisolo, J. (1987): *Landscape after the Battle,* Londres, Serpent's Tail. [Original en español: *Paisajes después de la batalla,* Galaxia Gutenberg, 1982 y reediciones.]

Gray, J. (1997): "Do we really want any more US decadence?", *Guardian,* Londres, edición del 27 de enero.

Grossberg, L. (1996): "The space of culture, the power of space", en I. Chambers y L. Curti (eds.), *The Post-Colonial Question,* Londres, Routledge.

Hage, G. (1993): "Nation-building-dwelling-being", *Communal/ Plural 1.*

Hannerz, U. (1996a): *Transnational Connections,* Londres, Routledge.

—— (1996b): "Flows, boundaries and hybrids", trabajo presentado en el taller "Flows, borders and hybrids", Arild, Suecia.

Hargreaves, A. (1993): "The representation of immigrants and ethnic minorities of Third World origin", *New Community,* vol. 19, n° 2.

Hargreaves, A. y D. Mahdjoub (1997): "Satellite television viewing among ethnic minorities in France", *European journal of Communication,* vol. 12, n° 4, págs. 455-477.

Haye, Y. de la (ed.) (1980): *Marx and Engels on the Means of Communication,* Nueva York, International General.

Hebdige, D. (1988): "Towards a cartography of taste", en *Hiding in the Light,* Londres, Routledge.

Hirsch, E. (1998a): "New technologies and domestic consumption", en C. Geraghty y D. Lusted (eds.), *The Television Studies Book*, Londres, Arnold.

—— (1998b): "Domestic appropriations", en N. Rapport y A. Dawson (eds.), *Migrants of Identity*, Londres, Berg.

Hutnyk, J. (1996): "Adorno at Womad: South-Asian crossovers at the limits of hybridity talk", en P. Werbner y T. Modood (eds.), *Debating Cultural Hybridity*, Londres, Zed Books.

Ignatieff, M. (1994): *Blood and Belonging*, Londres, Vintage Books.

Kettle, M. (2001): "Race divide in US cities gets wider', *Guardian*, Londres, edición del 7 de mayo.

Lash, S. y J. Friedman (eds.) (1992): *Modernity and Identity*, Oxford, Blackwell.

Levinas, E. (1969): *Totality and Infinity*, Pittsburgh, PA, Duquesne University Press. [Hay traducción al español: *Totalidad e infinito: ensayo sobre la exterioridad*, Salamanca, Ediciones Sígueme, 1997.]

Lofgren, O. (1995): "The nation as home or motel?", Department of European Ethnology, University of Lund.

—— (1996): "In transit: On the social and cultural organisation of mobility", trabajo presentado en el taller "Flows, borders and hybrids", Arild, Suecia.

McCarthy, A. (2001): *Ambient Television*, Raleigh y Durham, CN: Duke University Press.

McKee, V. (2001): "Hi honey, I'm home", *Guardian Weekend*, Londres, edición del 19 de mayo.

Malkki, L. (1996): "National Geographic: The rooting of people and the territorialisation of national identity among scholars and refugees", en G. Eley y R. G. Suny (eds.), *Becoming National*, Oxford, Oxford University Press.

Marling, S. (1999): "Fantasy architecture", *Independent on Sunday*, Londres, edición del 19 de septiembre.

Maspero, F. (1994): *Roissy Express*, Londres, Verso.

Massey, D. (1994): *Space, Place and Gender*, Cambridge, Polity Press.

—— (1995): "The conceptualisation of place", en D. Massey y P. Jess (eds.), *A Place in the World?*, Milton Keynes, Open University Press.

May, J. (1996a): "A little taste of something more exotic", *Geography*, vol. 81, n° 1.

—— (1996b): "Globalisation and the politics of place", *Transactions of the Institute of British Geographers,* n° 21.

Medhurst, A. (1997): "Negotiating the gnome zone", en R. Silverstone (ed.), *Visions of Suburbia,* Londres, Routledge.

Mercer, K. (1994): *Welcome to the Jungle,* Londres, Routledge.

Moores, S. (1993): "Television, geography and mobile privatisation", *European Journal of Communication,* vol. 8, n° 3, págs. 365-380.

—— (1996): *Satellite Television and Everyday Life,* Luton, Luton University Press.

Morley, D. (1974): "Reconceptualising the media audience", *CCCS Occasional Paper,* University of Birmingham.

—— (1986): *Family Television,* Londres, Comedia.

Morley, D. y R. Silverstone (1990): "Domestic communications", *Media, Culture and Society,* vol. 12, n° 1, págs. 31-55.

Mulgan, G. (1997): *Connexity,* Londres, Chatto & Windus.

Naficy, H. (ed.) (1999): *Home, Exile, Homeland,* Nueva York, Routledge.

Nairn, T. (1993): "Demonising nationalism", *London Review of Books,* edición del 25 de febrero.

Nancy, J.L. (1991) *The Inoperative Community,* Minneapolis, University of Minnesota Press.

Nava, M. (1998): "The cosmopolitanism of commerce and the allure of difference: Selfridges, the Russian Ballet and the Tango: 1911-14", *International Journal of Cultural Studies,* vol. 1, n° 2, págs. 163-196.

—— (1999): "Wider horizons and modern desire: The contradictions of America and racial differences in London 1935-45", *New Formations,* n° 37, págs. 71-91.

Ohmae, K. (1996): *The Borderless World,* Nueva York, Harper. [Hay traducción al español: *El mundo sin fronteras,* Madrid, McGraw-Hill, 1991.]

Patterson, J. (1999): "The colour bar", *Guardian,* Londres, edición del 2 de septiembre.

Peters, J. D. (1999): "Exile, Nomadism and Diaspora", en H. Naficy (ed.), *Home, Exile, Homeland,* Nueva York, Routledge.

Pollard, I. (s.f.): *Monograph,* Londres, Autograph Publishers/ INIVA.

Rapport, N. y A. Dawson (1999): "Home and movement", en N. Rapport y A. Dawson (eds.), *Migrants of Identity*, Londres, Berg.

Rathzel, N. (1994): "Harmonious *Heimat* and disturbing *Ausländer*", en K.K. Bhavani y A. Phoenix (eds.), *Shifting Identities and Shifting Racisms*, Londres, Sage.

Riccio, B. (2001): "Following the Senegalese migratory path through media representation", en R. King y N. Wood (eds.), *Media and Migration*, Londres, Routledge.

Rogoff, I. (2000): *Terra Infirma: Geography's Visual Culture*, Londres, Routledge.

Rose, G. (1995): "Some notes towards thinking about spaces of the future", en J. Bird, B. Curtis, T Putnam, L. Tickner (eds.), *Mapping the Futures. Local Culture, Global Change*, Londres, Routledge.

—— (1995): "Place and identity", en D. Massey y P. Jess (eds.), *A Place in the World*, Milton Keynes, Open University Press.

Ross, A. (2000): *The Celebration Chronicles*, Londres, Verso.

Scannell, P. (1996): *Radio, Television and Modern Life*, Oxford, Blackwell.

Scott, J. (2001): "Races still tend to live apart in New York, census shows", *New York Times*, edición del 23 de marzo, B1.

Sibley, D. (1995): *Geographies of Exclusion*, Londres, Routledge.

Silverstone, R. (ed.) (1997): *Visions of Suburbia*, Londres, Routledge.

Silverstone, R. y D. Morley (1990): "Families and their technologies", en T. Putnam y C. Newton (eds.), *Household Choices*, Londres, Futures Publications.

Sreberny, A. y K. Ross (1995): "Black minority viewers and television", Centre for Mass Communications Research, University of Leicester.

Tawadros, G. (1994): "The case of the missing body", en J. Fisher (ed.), *Global Visions*, Londres, Kala Press.

Tremlett, G. (1998): "Barbed wire fails to plug leaks in border with Africa", *The European*, (20-6 de julio).

Tsagarousianou, R. (2001): "A space where one feels at home: Media consumption practices among London's South Asian and Greek Cypriot communities", en R. King y N. Wood (eds.), *Media and Migration*, Londres, Routledge.

Tufte, T. (1998): "Television, modernity and everyday life", Department of Film and Media Studies Papers, University of Copenhagen.

Warburton, D. (1998): "A passionate dialogue", en D. Warburton (ed.), *Community and Sustainable Development,* Londres, Earthscan Books.

Webster, J. (1998): "Fortress Europe gets a new anti-immigrant fence", *Sunday Telegraph,* Londres, edición del 26 de julio.

Wells, M. (2001): "Hit shows ignore ethnic minorities", *Guardian,* Londres, edición del 2 de abril.

Werbner, P. (1996): "Essentialising essentialism", en P. Werbner y T. Modood (eds.), *Debating Cultural Hybridity,* Londres, Zed Books.

Westwood, S. y J. Williams (1997): "Introduction", en S. Westwood y J. Williams (eds.), *Imagining Cities,* Londres, Routledge.

Wheeler, W. (1994): "Nostalgia isn't nasty", en M. Perryman (ed.), *Altered States,* Londres, Lawrence & Wishart.

Williams, R. (1989): *Resources of Hope,* Londres, Verso.

Wolf, J. (1985): "The invisible flaneuse: Women and the literature of modernity", *Theory, Culture and Society,* vol. 2, n° 3, págs. 37-46.

Worpole, K. (1992): *Towns for People,* Milton Keynes, Open University Press.

—— (1995): "We must end this war of town versus country", *Independent,* Londres, edición del 23 de octubre.

Younge, G. (1998): "Borders of hate", *Guardian,* Londres, edición del 17 de junio.

—— (1999a): "Are my roots showing?", *Guardian,* Londres, edición del 12 de septiembre.

—— (1999b): *No Place Like Home,* Londres, Picador.

6. El que busca encuentra. Mirada transnacional y conocimiento-experiencia

Kevin Robins y Asu Aksoy

Asu Aksoy es investigadora adjunta en el Goldsmiths College de la Universidad de Londres y catedrática invitada en la Universidad Bilgi de Estambul. Ha efectuado investigaciones sobre los medios de difusión y las industrias de las comunicaciones y la información, centrándose en los problemas del cambio económico y abordando críticamente diversas concepciones de la transformación social. Fue investigadora titular en varios proyectos patrocinados por el Economic and Social Research Council del Reino Unido, el Banco Mundial, la Academia Británica y la Comisión Europea. Desde 2002 trabaja en un proyecto del Marco Regulatorio de la Unión Europea titulado "El cambio en los espacios urbanos: nuevos desafíos a la política cultural en Europa", que aborda los fenómenos sociales y culturales contemporáneos ocasionados por la nueva dinámica de la migración global hacia y a través de Europa. Ha publicado numerosos trabajos en revistas académicas internacionales, entre las que se cuentan *Journal of Communication, New Perspectives on Turkey, Environment and Planning A y European Journal of Cultural Studies*.

Kevin Robins es profesor de Sociología en la City University de Londres y catedrático invitado en la Universidad Bilgi de Estambul, donde enseña Estudios Culturales. Ha investigado sobre las implicaciones culturales de las tecnologías de la comunicación y la información, y ha publicado *Into the Image: Culture and Politics in the Field of Vision* (Routledge, 1996); con Frank Webster, *Times of the Technoculture* (Routledge, 1999), y con David Morley *British Cultural Studies* (Oxford University Press, 2001). En los últimos años ha participado en trabajos relativos a la transnacionalización de la cultura en Europa, especialmente en el Programa de las Comunidades Transnacionales del Economic and Social Research Council del Reino Unido, ocupándose del tema de los inmigrantes turcos en Europa. Ha atendido asimismo, en el marco del Consejo de Europa, a la cuestión de la política y la diversidad cultural. Actualmente participa en un proyecto del Marco Regulatorio de la Unión Europea titulado "El cambio en los espacios urbanos: nuevos desafíos a la política cultural en Europa", y su atención se focaliza en el estudio de la dinámica transnacional y transcultural resultante de los nuevos patrones de migración global, y en sus consecuencias para el campo cultural europeo.

Título original: "Whoever looks always finds: transnational viewing and knowledge-experience", publicado en Jean Chalaby (ed.), *Transnational Television Worldwide*, Londres, IBTauris, 2005.

En el presente artículo nos ocuparemos de la transnacionalización en las culturas mediáticas contemporáneas, particularmente de la cuestión de cómo las audiencias de los medios de comunicación negocian posiciones entre los espacios nacionales y transnacionales. Nuestro interés se centrará entonces en la manera en que las personas, las audiencias, hablan de sus experiencias en relación con los medios y piensan acerca de sus estrategias de posicionamiento cultural. Nuestro análisis surge de una investigación realizada en Londres a lo largo de los últimos tres años en el seno de las actualmente denominadas "comunidades de habla turca" –una categoría que incluye turcos, kurdos y chipriotas turcos– y apunta sobre todo al uso de los medios por parte de esas comunidades y a la importancia que les atribuyen a los canales satelitales transnacionales –en la actualidad hay unos doce canales de ese tipo–, que han marcado una notable diferencia social y cultural.

Los resultados de nuestra investigación coinciden en gran medida con los de los especialistas en migraciones, quienes han reconocido la formación de nuevas "comunidades transnacionales" (Portes, 2001; Portes *et al.*, 1999). Estas comunidades transnacionales están constituidas por "el número creciente de personas que viven una vida dual, hablan dos idiomas, tienen casa en dos países y se ganan la vida estableciendo contactos continuos y cruzando fronteras nacionales" (Portes *et al.*, 1999: 217). Esos migrantes –transmigrantes participan de nuevas clases de movilidad y redes transnacionales y desarrollan lo que podríamos denominar "disposiciones transculturales" que desdibujan los viejos modelos (nacionales) de integración o asimilación de minorías. Hemos descubierto esa misma clase de disposición entre los miembros de las comunidades de habla turca de Londres. El estudio de las prácticas culturales nos permitió advertir el surgimiento de una sensibilidad transnacional, cuyas experiencias se asociaban con frecuencia a nuevas clases de espacios mentales e imaginativos y a la capacidad para pensar y funcionar en dominios culturales diferentes (véanse Aksoy y Robins, 2000, 2003; Robins, 2001a; Robins y Aksoy, 2001a, 2001b).

En nuestro análisis también se incluyó un aspecto más específico, que formaba parte de un proyecto de investigación más amplio, sobre las reacciones de los diversos públicos a la cobertura que han hecho los medios de los sucesos del 11 de septiembre de 2001. Nos interesaban las reacciones y actitudes de la "minoría" de habla turca de Londres y, en particular, su perspectiva transnacional. Podríamos decir que, después del 11 de septiembre, se acentuó su sensación de posicionamiento transnacional y al mismo tiempo, paradójicamente, se complejizó (Aksoy, 2004). Siendo turcos, se daban cuenta de que se los percibía ante todo como miembros del "mundo musulmán", cuando en realidad muchos de ellos no tenían afinidad cultural con el islam y estaban orgullosos de su secularismo. Aun así, podían identificarse al mismo tiempo sin problema con musulmanes de otros lugares –palestinos, por ejemplo– por razones *políticas:* los apoyaban por ser víctimas y estar en desventaja. Y, mientras que por lo general los turcos se identificaban con la cultura y la forma de vida occidentales, también tenían fuertes y profundos sentimientos antiestadounidenses (en muchos casos, por tener trayectorias políticas de izquierda y tercermundistas). Los hechos del 11 de septiembre fueron decisivos y después de esa fecha los inmigrantes de habla turca se vieron situados en un campo aun más complejo de identificaciones y desidentificaciones, alineamientos y desalineamientos transnacionales.[1]

Estos públicos están inmersos en un proceso complejo de negociación de posiciones entre el anclaje familiar nacional y las nuevas conexiones transnacionales, y el sentido que encontremos para esas negociaciones dependerá de dónde nos ubiquemos como investigado-

[1] El primer proyecto al que nos referimos se llevó a cabo en el marco del Programa de Comunidades Transnacionales del Economic and Social Research Council (ESRC), "Negotiating spaces: Media and cultural practices in the Turkish diaspora in Britain, France and Germany". El segundo proyecto fue parte de un programa patrocinado por varias instituciones, "After September 11: TV news and transnational audiences", dirigido por Marie Gillespie y financiado por los siguientes organismos: ESRC, Independent Television Commission, the Broadcasting Standards Commission, Open University y British Film Institute.

res con respecto al ya conocido mundo de los medios nacionales y a las nuevas posibilidades –llamémoslas contranacionales– de conexión y asociación. La posición que hemos adoptado está más vinculada con estas nuevas posibilidades y resalta lo que podría resultar novedoso en las experiencias de los espectadores transnacionales, lo que lleva más allá del marco nacional. Nuestra agenda de investigación podría incluirse en el contexto del proyecto cosmopolita abordado por Ulrich Beck (2002a, 2002b). Como él, nos inclinamos por valorizar la perspectiva cosmopolita y su "imaginación dialógica", la cual –en marcado contraste con la imaginación monológica de la perspectiva nacional– implica "la coexistencia de formas de vida antagónicas en la experiencia individual, lo que vuelve necesario comparar, reflexionar, criticar, comprender y combinar certezas contradictorias" (Beck, 2002b: 18). Concordamos con Beck en reconocer que en la investigación en el área social, el alejamiento del nacionalismo metodológico requiere un examen minucioso de las categorías naturalizadas de la ciencia social moderna, que ha sido en gran medida ciencia social *nacional;* categorías que hoy existen como "categorías zombi" (Beck, 2002b: 24). Es que si se ve y se piensa a través de un cuadro nacional, entonces es probable que se vean asuntos nacionales, y según nuestra argumentación, un gran número de investigaciones de fenómenos transnacionales adopta precisamente esta perspectiva. Por lo tanto, un tema clave de la discusión que presentamos está relacionado con el tipo de conceptos y categorías que podrían utilizarse a fin de percibir las posibilidades cosmopolitas que están presentes –según creemos– en las estrategias de negociación cultural elaboradas por los inmigrantes de habla turca.

Una sociología cosmopolita debe ser hoy una sociología con una imaginación en gerundio, en el sentido al que alguna vez se refirió Osip Mandelstam:

> ¿En qué tiempo verbal le gustaría vivir?
> "Me gustaría vivir en el marco del imperativo del participio pasivo futuro, en el 'lo que ha de ser'".

> Me gustaría respirar de esa manera. Eso es lo que me da placer. Tiene
> algo del honor del bandolero, ecuestre, a horcajadas. Por eso me agrada
> el espléndido "gerundio" latino: el verbo montado sobre un caballo
> (Mandelstam, 1977: 204).

De hecho, para Mandelstam, el gerundio es más que eso: "no es solamente 'lo que ha de ser, sino más bien lo que ha de ser alabado' –*laudatura est–*, lo que da placer...". De la misma manera, lo que a nosotros nos interesa es lo que podría ser placentero y digno de alabanza en la perspectiva transnacional de los inmigrantes de habla turca. Nuestro planteo se centra principalmente en lo que realmente podría aprenderse de sus negociaciones culturales y políticas, es decir, en ese cosmopolitismo banal que podría existir en sus –por el momento– banales prácticas transnacionales.

Lógica nacional y perspectivas transnacionales

El marco socio-espacial dentro del cual han sido generalmente estudiadas las culturas mediáticas fue el marco nacional. Mucho se ha escrito sobre el papel histórico de los medios en la institución de "comunidades imaginadas", sobre cómo han contribuido a crear una cultura común y un espacio público compartido de los Estados-nación. Y, por cierto, las políticas en medios han estado principalmente centradas en la nación. Durante los últimos cincuenta años, el orden de los espacios de transmisión nacional fue considerado, sin necesidad de mayores explicaciones, como el orden correcto: una forma casi natural de ordenamiento cultural y político.

En los últimos tiempos, ha prosperado la noción de que esa idea de una esfera unitaria y nacional ya no puede tomarse como algo dado. Todd Gitlin apunta a nuevas dinámicas de segmentación social y cultural y a la consecuente necesidad de considerar la emergencia de lo que él denomina nuevas "esferículas públicas", centradas en los intereses particulares de distintos grupos sociales y culturales. Gitlin señala que hoy en día la cuestión es saber si la pluralización de públicos es algo positivo, o si en realidad deberíamos preocuparnos por esos públicos diversos insertos en el público general y en el interés colectivo como un todo: ¿Una esfera pública o esférículas públicas separadas? ¿La proliferación de las últimas, la facilidad con la que pueden cultivarse, afectan el futuro de la primera? (Gitlin, 1998: 173). El desarrollo de las industrias mediáticas nos permitió tomar conciencia de aquello que se daba por sentado en los viejos modelos del espacio cultural y nos colocó en un constante estado de alerta acerca de la fragmentación y la secesión de la cultura nacional. Se podría decir que la imaginación nacional persiste en las culturas mediáticas, aunque de un modo desordenado.

Esta persistencia hace que las posibilidades y el potencial de las nuevas prácticas transnacionales mediáticas no logren discernirse con facilidad en la política de medios. En lo referente a los públicos migrantes transnacionales, creemos que el marco explicativo al que se recurre es generalmente un marco nacional. Algunos especialistas entienden el contexto de esos públicos en términos de la relación de los migrantes con su país de origen, es decir, en términos de vínculos diaspóricos. En otros casos, las prácticas mediáticas se consideran dentro del marco de la sociedad "hospedadora", en términos de la condición de los migrantes en tanto público perteneciente a una "minoría étnica", o como miembros de esférículas culturales, según la terminología de Gitlin, más atractiva y actual. La tendencia consiste en ubicar a los espectadores migrantes en uno u otro marco nacional, en lugar de considerar la diferencia que supone su posicionamiento transnacional. La política de medios ha sido un asunto fuertemente nacional, a tal punto que la cuestión de los públicos transnacionales no se considera un tema digno de estudio. El tipo de emisión transnacional objeto de este estudio es, en cierto sentido, un punto ciego de esa política.

Llama la atención, en el contexto de los desarrollos contemporáneos críticos de la tradición de la configuración nacional de las culturas mediáticas, la resiliencia del imaginario nacional y del marco de las políticas nacionales. En un número reciente de *Media and Globalisation*, los editores exponen sus cuestionamientos a los medios globales y transnacionales, con el objetivo aparente de persuadirnos de las virtudes de los sistemas mediáticos de comunicación estatales.

Silvio Waisbord y Nancy Morris (2001: IX) proponen que "en el marco de los estudios sobre la globalización de los medios, es necesario reconsiderar la noción de que la globalización erosiona el poder del Estado", y sostienen que "aún es prematuro afirmar que el Estado se esté debilitando". Los autores creen que

> sería prematuro anunciar que los Estados se han vuelto irrelevantes como lugares de actividad política o centro de solidaridad cultural. La identidad colectiva todavía está fundamentalmente ligada al Estado en tanto receptáculo de poder e identidad. El control estatal de la ciudadanía, entendido no sólo como la organización de las personas dentro y fuera de las fronteras del Estado, sino también como una categoría primaria de autodefinición, aún es una herramienta poderosa que no ha sucumbido ante la globalización (2001: XV-XVI).

James Curran y Myung-Jin Park presentan argumentos similares contra lo que consideran la hipérbole de la "teoría de la globalización": el supuesto y la aceptación de que los Estados-nación y las culturas nacionales se están debilitando como consecuencia de los flujos de medios transnacionales. Los autores sostienen que los sistemas de comunicación "siguen siendo nacionales en muchos aspectos" y que podemos confiar en "el poder ininterrumpido de las autoridades políticas nacionales como regulador de los sistemas mediáticos..." (2000: 11, 14). Estas palabras deliberadamente tranquilizadoras con respecto a la fortaleza de los sistemas mediáticos nacionales se enmarcan dentro del contexto más amplio –y normativo– de la creencia en "la importancia sostenida de la nación" ("la nación sigue marcando diferencias") (2000: 15, 12). Esta defensa de las culturas mediáticas nacionales pone en marcha la retórica del pragmatismo y el realismo político para dar la idea de que el viejo modelo nacional todavía "funciona" y descartar la posibilidad de que pueda existir algún potencial significativo en los nuevos desarrollos de medios transnacionales o globales.

En estas posturas lo que vemos es una reafirmación de la centralidad del Estado-nación en las culturas y las políticas mediáticas: el Estado-nación se presenta como el lugar donde reside el orden, en un mundo cada vez más amenazado por la turbulencia global. Lo que se perpetúa es la imagen del Estado-nación como receptáculo y la de la correlación entre la cohesión nacional y el orden social dentro de los límites de contención estatales (véase Pahl, 1991). Y lo que está en juego es no sólo una reacción contemporánea a lo que se concibe como una amenaza proveniente de los cambios globales, sino también la fuerza de la lógica nacional y una incapacidad de trascenderla en los planteos. En el contexto de las políticas y la investigación en ciencias sociales, debemos atender a lo que Peter Taylor (1996) denomina "estatismo subyacente", término que hace referencia al hecho de que el Estado-nación se ha transformado en la base ontológica sobre la que se apoyan la investigación y las políticas sociales. Según señalan Andreas Wimmer y Nina Glick Schiller (2002: 34), la cuestión fundamental es que las ciencias sociales están "atrapadas en el aparente carácter dado y natural de un mundo en el que la división en sociedades refleja la división en Estados-nación". Este campo de la ciencia se apoya en un principio de nacionalismo metodológico que "da por sentados los discursos, agendas, lealtades e historias nacionales; no los problematiza ni los transforma en objetos independientes de análisis'. La consecuencia, con respecto a la evolución de los medios contemporáneos, es que hay una preponderancia del modelo nacional –algo que Wimmer y Glick Schiller (2002: 307) denominan "modelo de receptáculo"–, en el que las sociedades son imaginadas en términos de un isomorfismo en lo que respecta a cultura, forma de gobierno, economía, territorio y un grupo social confinado dentro de ciertos límites. Éste es un modo tan poderoso de imaginar el mundo social que, en el contexto europeo, ha pasado a ser la ontología "natural" para el futuro de los medios –para una posible Europa de las regiones o para un espacio audiovisual pan-europeo (Robins, 2002)–. Y tan poderoso es que no permite prever una configuración alternativa, en particular respecto de los desarrollos transnacionales de los que nos ocupamos en este artículo. Dentro de la mentalidad nacional, los migrantes sólo pueden ser vistos como una presencia anómala, dado que son los que llegan y destruyen el isomorfismo entre pueblo, forma de gobierno y nación. "Se percibe a los inmigrantes como extraños a la comunidad de lealtad compartida hacia el Estado y de derechos compartidos que el Estado garantiza.

Los migrantes transnacionales permanecen presumiblemente leales a otro Estado, del que son ciudadanos y a cuya soberanía pertenecen" (Wimmer y Glick Schiller, 2002: 309). Lo único que se puede esperar de las migraciones transnacionales es que alteren el orden establecido de culturas, sociedades y medios.

En este punto deberíamos matizar nuestros argumentos. Digamos que la cuestión de las migraciones no ha tenido un lugar preponderante en los principales debates sobre culturas y políticas mediáticas. No obstante, se han ocupado del tema los académicos y los responsables de crear políticas cuyo interés principal son la migración y el multiculturalismo. Paralelamente, quisiéramos destacar la significación del nacionalismo metodológico, haciendo hincapié en cuán arraigado está el imaginario nacional, y en qué medida se filtra en el pensamiento y el análisis social y cultural. Así, en el campo de los estudios de medios de comunicación, se ha conformado una sub-área de investigación sobre el tema de los "medios diaspóricos", y en ese trabajo, el supuesto general es que los migrantes desean vincularse con alguna "tierra natal" –que es precisamente la idea de que permanecen leales a otro Estado del que efectivamente son ciudadanos– y que las nuevas tecnologías de la comunicación permiten que ese "vínculo" de larga distancia sea posible. Se supone que su identidad étnica es algo central en su vida, y que el consumo de medios transnacionales está étnicamente motivado, es decir, que se relaciona con la reafirmación de esa pertenencia. Nos interesa poner de relieve que la "diáspora" es una categoría por excelencia del imaginario nacional, una categoría que subordina el mundo social a la lógica nacional. Podría decirse que no sorprende que la "imaginación diaspórica" sea isomórfica con la "imaginación nacional", pues el ideal de "comunidad imaginada" se ha utilizado como modelo básico para recoger las aspiraciones y las experiencias de los migrantes. Stuart Cunningham recurre al concepto propuesto por Gitlin de las "esferículas" públicas para analizar la naturaleza de las "comunidades diaspóricas". Estas comunidades mediatizadas se describen como "esferículas diaspóricas de etnias específicas", que despliegan en un microcosmos elementos que esperaríamos encontrar en 'la' esfera pública" (2001: 134). "Las esferas públicas minoritarias son consideradas, muy positivamente, como lugares vibrantes y globalizados, pero muy específicos, de identidad y de autoafirmación individual y comunitaria" (2001: 133).

Ahora bien, el problema, según lo vemos nosotros, es que, al tiempo que trata de comprender nuevas clases de desarrollos mediáticos globales y transnacionales, Cunningham queda atrapado en un cuadro conceptual que responde al del imaginario nacional. Su interés se centra en los procesos de fortalecimiento de identidades y construcción de comunidades mediatizadas en el contexto de las mismas clases de esferas públicas unitarias creadas por los Estados-nación –ya el mismo Gitlin (1998: 168) advertía de los peligros de la 'imagen unitaria' de la 'esfera pública' que, después de todo, es una metáfora. Gran parte de lo nuevo en las culturas mediáticas transnacionales –y con "nuevo" también nos referimos a lo impredecible–, se pierde como consecuencia de la adscripción a priori de Cunningham al modelo de la diáspora y a los conocidos tropos de la "comunidad imaginada".

Claramente, el Estado-nación y sus tropos subsisten como institución imaginaria de gran poder y resonancia, y no sería adecuado subestimar el peso que siguen teniendo en los sentimientos y las ideas de la gente. En particular, tal como lo plantea James Curran, en el campo de los medios aún prevalece el marco nacional, como principio de organización fundamental de la experiencia cultural y política y en una medida tal que inhibe otras posibilidades de experiencia. Ahora, en lo referente a si el Estado-nación debería seguir siendo en el futuro el principio de organización fundamental de la vida social y cultural mediatizada, nuestra postura difiere de la de Curran. Las culturas y la industria de los medios han experimentado un cambio radical y ofrecen al mundo todo tipo de nuevos vínculos, encuentros y confrontaciones transnacionales. Monroe Price (2002: 26) señala que existe un enorme "rediseño" de los espacios mediáticos que refleja "la incapacidad creciente que se observa en el Estado para mantener el control de la forma y la mezcla de imágenes", lo que da como resultado que "los lazos y las lealtades culturales que parecían estar bajo el control estatal ya no lo están tanto".

En efecto, podríamos afirmar que quienes normalmente miran MBC, Sony Asia, Zee TV, TRT- INT, TV Ahmadiyya, Al Jazeera o el canal kurdo Medya TV han cambiado significativamente los lazos y alianzas culturales. Esos canales transnacionales están respondiendo a formas más complejas de demanda que ya no es posible abarcar dentro del marco nacional, y creemos que su proliferación puede ser potencialmente productiva aunque no lo sea de modo inevitable. En este sentido, la cuestión fundamental es si es posible encontrar nuevas formas de pensar las culturas y espacios mediáticos que operen contra el campo gravitatorio del imaginario nacional.

Entonces, ¿cómo pensar a contracorriente del marco nacional? ¿Y cómo conceptualizar las prácticas y las experiencias, en el caso particular de los migrantes de habla turca en Londres, de modo de tener en cuenta sus aspiraciones y su contexto transnacional? Una posibilidad, la que se explora en los estudios culturales y en la agenda de las "comunidades diaspóricas", sería considerarlos en el contexto del cambio de identidad y de las políticas de identidad. Nosotros no adherimos a esta postura, en parte porque esas identidades colectivas han funcionado como elementos de ordenamiento de naciones y Estados. Marisca Milikowski (2001: 126) se pregunta "¿qué *es* la 'turquidad' sino una categoría administrativa?" Las identidades son invenciones nacionales abstractas, pero lo más importante es que esa categoría no deja lugar para la conciencia, la reflexión y el pensamiento, como argumenta con mucha claridad Anthony Cohen (1994). En los casos en que la identidad colectiva adopta algún tipo de homología entre el individuo y el grupo (la nación), la investigación crítica debe problematizar esa homología e incluirla dentro de los aspectos que es menester analizar (Cohen, 1994: 119). Es preciso que haya un *self* pensante que supere los límites de la identidad.

Una segunda posibilidad para conceptualizar los actores sociales que nos ocupan sería pensarlos en términos del ciudadano racional y deliberativo, según el modelo habermasiano de la esfera pública. Tampoco aceptamos esta posibilidad, ya que remite igualmente a supuestos nacionales: la esfera pública coincide con la comunidad imaginada y la comunicación y la deliberación racionales tienen como objetivo sustentar la participación y el compromiso político dentro del marco nacional. Asimismo es problemático en este modelo de "esfera pública" el excesivo racionalismo, algo a lo que John Peters (1993, p. 563) se refiere como el supuesto "apolíneo" subyacente al modelo: su propuesta de un mundo de "unidad, luz, claridad, luminosidad, razón". Visto así, es una categoría bastante abstracta −como lo es la de "identidad"−, muy alejada de las complejidades de la conciencia o las conciencias reales, de los modos en que las mentes operan verdaderamente en contextos situados, de las formas en que se construyen sentidos, se realizan demandas, se toman decisiones, se hacen, en fin, todas las cosas que las personas hacen.

Nuestra decisión fue trabajar en un espacio conceptual distinto, y la categoría que consideramos más productiva fue la de "experiencia" y la de "sujeto experimentador". "Experiencia" es un término que ha tenido una presencia muy marginal en la investigación en ciencias sociales, aunque es posible advertir su trayectoria en una delgada línea que comienza en la filosofía social pragmática de John Dewey ([1929]1958, 1980) y aparece en obras más actuales en el campo de la antropología cultural, en especial en los trabajos de Victor Turner (véase Turner y Bruner, 1986). Remitiéndonos a Dewey en particular, queremos señalar el valor de la categoría de "experiencia" para abordar los temas que nos ocupan. La experiencia proviene de lo que las personas "atraviesan", de la multiplicidad de sus implicaciones, compromisos e interacciones con el mundo social. Por ello, se relaciona fundamentalmente con la textura y el movimiento del vivir, con las vidas que verdaderamente *se viven*. "Porque la vida −dice Dewey− no es una marcha o flujo ininterrumpido, es una cuestión de historias, cada una con su propio argumento, su propio principio, desarrollo y final, cada una con su movimiento rítmico particular [...]" (1980: 35-6). Esta definición expresa la posibilidad, quizá la inevitabilidad o incluso la necesidad, de las discontinuidades, los cambios y las divagaciones más que la continuidad de la "identidad" reificada. Pero, por cierto, algo debe hacerse con la materia prima de esas experiencias primarias; deben procesarse y organizarse a través de nuestra capacidad de construir sentidos, en tanto involucran al mismo tiempo nuestros procesos de pensar y, por supuesto, la posibilidad de no pensar. El pensar trasciende la racionalidad general y abstracta predicada en el modelo de la "esfera pública": debemos entenderlo como un repertorio cognitivo-emocional más vasto que incluye el pensamiento, los sentimientos, la voluntad y el deseo (Turner, 1986: 35), y que está situado o incorporado en un contexto, circunstancia y dinámica social particular. En realidad, el pensar se sigue de la experiencia, pero la habita: el curso de la experiencia se monitorea y se moldea continuamente por medio de la actividad reflexiva. La experiencia consiste en "vivirla" y "pensarla" simultáneamente. Podríamos referirnos a ella con el término utilizado por Dewey (1951: 564): "conocimiento-experiencia".

Es importante subrayar que Dewey considera el experimentar-pensar en términos de una relación temporal entre el pasado y el presente. La tarea constante del pensamiento, afirma,

> [...] consiste en establecer conexiones que operan entre los viejos y nuevos asuntos. No es posible captar lo nuevo, tampoco tenerlo presente y mucho menos comprenderlo a no ser que recurramos a las ideas y el conocimiento que ya poseemos. Pero justamente porque lo nuevo es nuevo, no es una mera repetición de algo que ya se tiene y se domina. Lo viejo adopta nuevos matices y significados cuando se utiliza para captar e interpretar lo nuevo (Dewey, 1958: VIII-IX).

O, como apunta Victor Turner (1982: 18), la experiencia nos requiere a la vez "vivirla", "pensar en el pasado" y "desear con vistas al futuro". A través de la experiencia reflexiva y refleja, nos vemos inmersos constantemente en procesos de reelaboración, relato, redescripción y revisión. Hay una negociación permanente entre las realidades adscriptas o adquiridas (roles, identidades, ideas, pensamientos) y las nuevas posibilidades cognitivas e imaginativas. El resultado, satisfactorio o no, de esas negociaciones es por supuesto contingente, depende de las particulares realidades y circunstancias vividas. Pero lo que está claro para Dewey es que existe un potencial constante para descubrir nuevas posibilidades y verdades. Además, está convencido de que la creación de nuevas percepciones, formas de comprensión e historias es un fin valioso e importante en sí mismo. En este aspecto, la filosofía pragmática de Dewey es fuertemente normativa. Se basa en el respeto por "las experiencias humanas concretas y sus potencialidades" (Dewey, 1958: 39). Con la frase "sus potencialidades", el autor se refiere a "la ampliación y al enriquecimiento del sentido" (1958: 6) –que constituye el principio fundamental de las demandas sociales de Dewey–. "Es la mente, en su aspecto individual, la que demuestra ser el método de cambio y progreso en cuanto a la importancia y los valores que se otorgan a las cosas" (Dewey, 1958: XIV). El autor remarca que "quien piensa pone en peligro alguna porción de un mundo aparentemente estable, y nadie es capaz de predecir exactamente qué es lo que aparecerá en ese lugar" (1958: 222).

La mirada transnacional y el conocimiento-experiencia

Somos conscientes del tono filosófico del discurso de Dewey y de la necesidad de encuadrar sus ideas en un contexto más sociológico. Esto es lo que haremos a continuación, al menos en cierta medida, respecto de la experiencia de los grupos de migrantes de habla turca en Londres. A través del proceso de migración, esos grupos se encuentran en un nuevo espacio de experiencia. Han dejado atrás el espacio nacional habitual de su país de origen, su re-localización los ubica en un marco de referencia internacional: se encuentran en el nuevo contexto metropolitano de Londres (con referencia a la importancia del marco urbano, véase Robins, 2001). En ese cambio de espacio hay acceso a nuevas posibilidades de renegociación social y cultural. Por cierto, la migración en sí no hace que el cambio sea inevitable, pues hay muchos migrantes que no desean o no pueden abrirse a él, sólo digamos que existe un nuevo espacio potencial para la articulación de demandas.

Al centrarnos en la experiencia, nos interesa aquello que consideramos como el espacio fundamental de compromiso entre lo viejo y lo nuevo, entre las identidades y obligaciones adscriptas –de las que los migrantes son muy conscientes–, y las nuevas realidades con las que se enfrentan. De la experiencia surgen decisiones sobre qué retener, revitalizar, revisar o rechazar de lo viejo y sobre qué incorporar o desechar de lo nuevo. En este aspecto se debe estar atento a los procesos del pensar (además, por supuesto, de los del no pensar, ya que el pensamiento puede ser doloroso, y, a veces, se prefiere evitarlo). "El pensamiento viaja en su tren de ideas [...]", comenta Dewey (1980: 37). La metáfora es sencilla pero sugerente. Los trenes tienen secuencias de vagones conectados y consecutivos, corren sobre vías, pero también pueden descarrilarse. Además, permiten que las personas lleguen a ciertos lugares, y cuando llegan a ciertos puntos, se puede hacer que cambien de ruta. También pueden hacerse combinaciones de trenes. Esa metáfora simboliza el momento mecánico y la inercia de las fuerzas del pasado en el pensamiento, y al mismo tiempo explica la posibilidad de direcciones y destinos alternativos nuevos. La experiencia y el pensamiento negocian entre trayectorias conocidas y potenciales, entre marcos culturales establecidos y nuevos horizontes y expectativas.

Coincidimos con Dewey en la tendencia normativa. Nos inclinamos por ocuparnos de las posibilidades de ampliación y enriquecimiento del sentido. Por supuesto, sabemos que muchos migrantes turcos pueden optar por identificarse y vincularse con lo nacional y lo monocultural, y no subestimamos la atracción que ejerce lo que Michael Herzfeld denomina la "presunción de lo igual" (1997: 59-60), relacionada con mitos de la homogeneidad cultural. Sin embargo, nos interesa ocuparnos de perspectivas más complejas, aquellas que podrían servir para extender y diversificar repertorios culturales, lo que podríamos denominar "relatos transnacionales". De hecho, creemos que nuestro trabajo contribuye a este proyecto de narrar diferentemente, mediante el rescate y puesta en circulación de otras clases de narrativas, distintas de la nacional, provenientes del discurso de nuestros entrevistados.

Pasamos ahora a considerar cómo se refieren estos migrantes a su relación con los medios de comunicación, para analizar, a través de sus relatos, la vinculación con los contextos sociales y culturales más amplios en los que se desenvuelve su vida. El material proviene de un trabajo realizado con *focus group* entre 1999 y 2002. En los primeros grupos, las conversaciones abordan temas más generales, en tanto en los grupos del año 2002 se incluyen las reacciones a la cobertura de los medios de los sucesos del 11 de septiembre de 2001.[2] El material está organizado sobre la base de tres categorías generales: 1) los temas correspondientes a la identidad, 2) las cuestiones vinculadas con el conocimiento mediatizado y la discusión pública, y 3) la relación con la sociedad y la socialidad.

La relación con la identidad

La primera categoría se vincula con la identidad, más precisamente, con la relación de los migrantes de habla turca con el tema de la identidad. En las discusiones académicas, normalmente se ve la cuestión en términos de cómo los migrantes adaptan su identidad al nuevo contexto de asentamiento y se enumeran varias opciones: podrían aferrarse a su "turquidad" (el escenario de la "diáspora"), adoptar la identidad de la sociedad "hospedadora" (la agenda de la "integración"), o desarrollar un tipo de identidad compuesta o híbrida. Nuestra propuesta es que, al menos para cierto número de migrantes, ocurre algo distinto, que no se relaciona con cuál de las identidades posibles eligen las personas sino con una renegociación de su relación tanto

[2] Lugar, fecha y composición de los grupos:
Focus group 1: Islington, 29 de marzo de 1999, en un organismo donde se ejecutan proyectos para la juventud, con adolescentes turcos y kurdos.
Focus group 2: Enfield, 18 de mayo de 1999, en una asociación local de chipriotas turcos, con participantes hombres de mediana edad que vivían en Londres desde hacía varios años.
Focus group 3: Hackney, 3 de noviembre de 1999, en una escuela primaria de Hackney, con jóvenes turcos, kurdos y chipriotas turcos de ambos sexos que participaban en un proyecto de teatro.
Focus group 4: Haringey, 22 de noviembre de 1999, en una asociación local de mujeres chipriotas turcas, con mujeres chipriotas turcas de alrededor de 40 años nacidas en Gran Bretaña o llegadas en los primeros años de su vida.
Focus group 5: Tottenham, 1 de diciembre de 1999, en un centro comunitario kurdo, con mujeres y hombres kurdos llegados recientemente a Gran Bretaña.
Focus group 6: Hackney, 11 de diciembre de 1999, en un centro comunitario conocido por su tendencia de izquierda, con jóvenes turcos y kurdos de ambos sexos.
Focus group 7: Hackney, 16 de diciembre de 1999, en una mezquita turca, con hombres de distintas edades.
Focus group 8: Islington, 5 de febrero de 2002, en una casa de familia, con turcos alevitas de izquierda.
Focus group 9: Hackney, 15 de marzo de 2002, en un centro comunitario kurdo conocido por tener actividad política, con kurdos de ambos sexos.

con la "turquidad" como con la "britanicidad" y con la lógica cultural
–nacional– que los ubica en un sitio incómodo, "entre culturas", como
si debieran optar por una o la otra. La experiencia social aquí implica
renegociar su relación con la identidad en tanto tal.

Los migrantes actualmente demandan conectividad transnacional.
Esperan que la cultura turca, kurda y/o chipriota turca sea parte de
su vida cotidiana en Gran Bretaña. El acceso a la televisión turca en
particular es un aspecto crucial de la vida de estas personas. Esto se
hace evidente en todas sus observaciones, hasta en las más comunes y
banales. Por ejemplo, una mujer kurda adulta, que había llegado hacía
poco tiempo a Gran Bretaña, donde ya vivía su marido, comenta su
necesidad de poder mirar los canales turco y kurdo.

> "Nuestra familia vive en Turquía; nuestras madres, padres y todos
> nuestros hermanos viven allí. Y uno siente curiosidad por saber qué
> ocurre en el país. No quiere perderse ningún acontecimiento de nin-
> gún día. Tratamos de no perdernos el noticiero porque somos muy
> curiosos. Por lo general, miramos el noticiero a toda hora. Es como si
> uno estuviese en Turquía: allí también todos los días uno quiere saber
> qué pasa" (*focus group 5*).

Una participante de ese mismo grupo que vivía en Londres desde
hacía doce años, confirma esas mismas necesidades y expectativas,
aunque les otorga una importancia más general, que excede el vínculo
transnacional con la familia.

> "En los últimos dos años, la situación en Turquía ha sido terrible. Me
> refiero a la guerra civil. La vida es terrible, la gente sufre la opresión
> todo el tiempo [...]. Muchos han perdido a su familia en el terremoto,
> además de sus medios de subsistencia, todo. La gente está pasando
> por un momento realmente difícil. La vida está en crisis. Yo no miro
> la televisión turca porque tenga parientes en Turquía sino porque me
> interesa la vida de todos los turcos, porque, a pesar de la opresión,
> sigue siendo mi país. Por más que esté aquí [en Londres], mi corazón
> está allá. Me refiero a que nunca me voy a olvidar de mi país porque
> ahí nací y me crié, ahí pasé la mayor parte de mi vida, y todo lo que
> pase allí tiene un efecto en mí aquí. Aunque ahora tengo una vida di-

ferente, en mi mente sigo viviendo ahí. Y está muy bien que podamos ver aquí la televisión turca y la kurda" (*focus group 5*).

Del comentario se desprende que es muy apreciado el hecho de que los medios transnacionales traigan elementos de la actualidad turca al espacio cultural de Gran Bretaña (y, desde ya, al de los demás países europeos). Claramente, existe un fuerte deseo de acceder a la televisión turca y a otros productos y servicios culturales provenientes de Turquía.

¿Pero de qué se trata ese deseo? En primer lugar, digamos que no pensamos que se trate de un interés que concierna a la identidad. No se trata de que los medios de comunicación turcos brinden un medio para mantener las identidades "de la tierra natal". Keith Negus y Patria Román Velázquez (2002: 138) están en lo cierto cuando critican la noción, extraña pero muy común, de que "el pedazo de tierra en el que uno nace define la identidad y la cultura de los individuos, y uno lleva consigo esa identidad adonde vaya". Ver los canales turcos de televisión no está relacionado con la afirmación de la identidad. Si uno está atento a lo que dicen, la cuestión es totalmente distinta. Lo que las mujeres que citamos anteriormente están diciendo es que quieren seguir en contacto con el espacio cotidiano de comunicación turco, el cual, en el transcurso de los años, se ha convertido para ellas en algo familiar. ¿Por qué habría que esperar que se desvincularan de él simplemente porque, al menos en ese momento, viven en otro lugar?

El tema, entonces, no es la identidad, no se trata de meterse dentro de una "esferícula" turca. En verdad, podríamos argumentar que se trata del *debilitamiento* de la identidad. Antes de la llegada de la televisión satelital turca y kurda, la gente sentía que tenía mucho menos contacto con la realidad y los asuntos turcos, lo que promovía la formación de imágenes cristalizadas e ideas fijas de la Turquía que habían dejado atrás. Podría decirse que, en las condiciones anteriores de migración, las identidades florecían con mayor facilidad. Ahora, incluso en el caso de una joven que dejó Turquía cuando era muy pequeña, se advierte que el acceso mediatizado a la actualidad turca tiene un valor positivo. Ella piensa que es muy bueno poder ver televisión satelital "porque uno también puede ver lo que pasa en Turquía, las noticias [...]. Yo creía que el país era un lugar bastante distinto *[ba_ka bir yer]*. La televisión acerca *[yakmla_tiriyor]* [a Turquía]" *(focus group* 1). La joven pone de manifiesto la capacidad desmitificadora de la televisión satelital, que se opone a las imágenes abstractas y devuelve a la cultura turca una sensación de realidad palpable.

Los migrantes se ven entonces aliviados de la sensación de tener que aferrarse, a modo de defensa, a una cultura y una identidad que podrían perderse, ya que el acceso a los medios de comunicación turcos trae consigo una nueva experiencia de libertad cultural. Así, pueden volver a ser como cualquier persona y seguir adelante con sus vidas, como lo hacían en Turquía, dando por sentada su cultura. La televisión satelital les ofrece la oportunidad de optar por tener acceso a información y a prácticas culturales significativas, y de sentir que esa opción depende de ellos.

La relación con el conocimiento

Si bien, los migrantes desean tener acceso a la cultura turca –o a las culturas turcas–, como parte de su vida diaria en Londres –es decir, que los medios de comunicación turcos sean parte del repertorio cultural cotidiano de Gran Bretaña– otra aspiración, también común, es tener toda la información posible sobre los acontecimientos mundiales que les conciernen. Esto es expresado por un joven que ha estado viviendo en Gran Bretaña durante once años, desde que tenía seis:

> "Para mí es importante saber qué está pasando en el mundo, y Turquía es parte del mundo. [Cuando uno mira la televisión turca] sabe qué pasa en Turquía y también en el resto del mundo. Si uno mira nada más que la televisión inglesa, ahí aparecen muchas de las cosas que pasan en el resto del mundo, pero solamente los acontecimientos más importantes, que nunca suceden en Turquía [...] Me resulta interesante [...] porque así uno se entera de lo que pasa en Turquía y también de lo que pasa en el mundo" *(focus group* 6).

En otro *focus group,* uno de los participantes, un chipriota turco residente en Gran Bretaña desde hacía muchos años, también destacaba la importancia de la diversidad de las fuentes de información. "Primero miramos el noticiero inglés, luego escuchamos las noticias de nuestro país *(homeland)* y cuando nos aburrimos de ellos, cambiamos al canal francés o al alemán o a la CNN" *(focus group 2)*. La posibilidad de acceder a una variedad transnacional de canales y programas significa tener la oportunidad de encontrar información que quizá no aparezca en la televisión británica, información que puede ser más detallada y que presenta otras perspectivas con respecto a los sucesos internacionales. En una discusión en grupo que se realizó durante la guerra de Kosovo, otro chipriota turco hizo la siguiente observación: "Por ejemplo, esta mañana nuestros periodistas turcos fueron a Albania [la región albana de Kosovo]. Vimos el reporte en vivo, vinieron los soldados [turcos], eran las nueve de la mañana. Ver eso es bueno. Habló el comandante, el líder albano dio un discurso y lo pasaron traducido al turco" *(focus group 2)*.

La demanda de mayor cantidad y variedad de información es particularmente significativa en tiempos de crisis y tensión internacional; por ejemplo, en el período posterior al 11 de septiembre. Esto se debe a que, en esos momentos, aumenta el deseo de obtener un mayor volumen de información de distintas fuentes y podríamos agregar, ese deseo se intensifica por el escepticismo respecto de la confiabilidad de esas fuentes. Un participante de los *focus group*, propietario de una antena satelital que en ese momento no funcionaba, expresaba así esa mezcla de necesidad y ambivalencia:

"Cuando hay algún acontecimiento mundial, siempre miramos el noticiero de la televisión británica también. Comparamos los dos. Si funcionara nuestra antena satelital, hubiéramos hecho lo mismo, mirar los noticieros de los dos países para ver qué dice cada uno, un poco por curiosidad y también porque queremos conocer más detalles. En nuestra opinión, todos dan la información según lo que les conviene. Quizás estemos equivocados, y a lo mejor la información que dan es la correcta, pero no nos satisface [...]. Cuando no me satisface lo que informa un canal, miro otros y veo qué dice uno y qué dice

el otro [...]. Es como si hiciésemos nuestra propia investigación en
pequeña escala [...]" *(focus group 8)*.

A través de esta movilidad, estos espectadores transnacionales
buscan y seleccionan distintos elementos entre los diversos cuerpos de evidencia mediatizada, podría decirse, de modo de armar un
panorama general más coherente que el que ofrece cada canal en
particular. Durante una conversación sobre los acontecimientos del
11 de septiembre, un participante kurdo resaltó la necesidad de que
los espectadores hicieran una investigación crítica comparativa de las
coberturas mediáticas:

> Por supuesto que hay diferencia. Medya TV [el canal kurdo más impor-
> tante] se centró en las consecuencias que tendrían los acontecimientos
> para los kurdos. Si uno quería ver las noticias en directo, tenía que
> mirar canales británicos porque cuentan con tecnología más avanzada,
> pasan las noticias al mismo tiempo en que están sucediendo los hechos
> y pueden mostrar las cosas desde diferentes ángulos. Esto también se
> aplica a canales como la CNN. Ahora bien, si a uno le interesa saber
> qué consecuencias pueden tener los acontecimientos para nosotros,
> kurdos y turcos, entonces tiene que mirar Medya TV *(focus group 9)*.

Inmediatamente después del 11 de septiembre, los espectadores
transnacionales comparaban continuamente las distintas emisoras y
canales y hacían una evaluación constante de cómo éstos cubrían las
noticias en términos de una variedad de criterios: información fáctica,
transmisión en directo, perspectiva histórica, postura política, sesgo,
parcialidad y censura, entre otros.

Este posicionamiento comparativo los hace particularmente conscientes de los límites de la objetividad de la información. Como consecuencia de su experiencia con los medios estatales turcos, tanto los
turcos como los kurdos tienen una sensibilidad particular frente a la
parcialidad y a la manipulación por parte de los medios de comunicación. "Por lo general, cuando uno mira los noticieros, se da cuenta de
que lo que hacen es propagar puntos de vista", dice una mujer kurda.
"En Turquía, los medios de comunicación están muy controlados, eso
es muy evidente y es quizá porque estamos lejos, porque miramos desde

afuera, pero a veces siento que la frustración me va a hacer explotar. Ellos manipulan todo" (*focus group* 9). Otro participante del mismo grupo agrega: "Los medios ingleses son más profesionales, pasan más inadvertidos, no sabemos bien cómo lo hacen. De hecho, recibimos su influencia, pero no nos damos cuenta [...] Es algo sutil. A los canales turcos se les nota más" (*focus group* 9).

La cuestión es, entonces, que hay un escepticismo generalizado y una cautela con respecto a los medios: de alguna manera, todos son vistos como políticamente sesgados. Y debido a esa sensación de que no pueden confiar en ningún canal de televisión, estos espectadores se dan cuenta de que tienen que pensar por sí mismos. "Cuando miramos [televisión] [...] no aceptamos lo que nos dicen así porque sí", dice una joven kurda que participa en política. "Las noticias que nos muestran las analizamos con nuestra propia cabeza. No aceptamos las cosas tal como nos la presentan" (*focus group* 9). Un musulmán devoto expresa este tema con más claridad, refiriéndose particularmente a los medios turcos: "Le pido que preste atención a este mensaje; tome nota. Hay mucha gente que piensa igual que nosotros. No tienen por qué insultarnos cuando transmiten las noticias. No deberían tratar de ejercer influencia sobre nosotros cuando pasan noticias. Nosotros decidimos por nosotros mismos" (*focus group* 7).

Lo que decimos entonces es que los migrantes turcos y kurdos están transitando un proceso de cambio en su relación con el conocimiento. En el contexto transnacional en el que hoy viven, ya no toman la comunidad nacional, sea la británica o la turca, como su marco natural de referencia. Sonia Livingstone (1999: 96) destaca cómo se ha conceptualizado la relación entre el conocimiento social y las audiencias en términos de una "comunidad interpretativa". Conforme a ese modelo, los medios de comunicación se conciben como "un recurso por el cual, incluso casi sin tener en cuenta sus propósitos institucionales, los sentidos circulan y se reproducen de acuerdo con los intereses contextualizados del público. El conocimiento público [...] se vuelve el *habitus*, las representaciones compartidas, la comprensión vivida de la comunidad". Livingstone reconoce que el conocimiento mediatizado no se vincula solamente con lo familiar y lo conocido sino también con el descubrimiento de lo nuevo. Pero, incluso cuando se trata de lo nuevo y lo desconocido "también necesitamos un modelo ritual para comprender ese conocimiento en términos de sentidos locales y supuestos compartidos" (Livingstone, 1999: 97). Con respecto a los migrantes transnacionales que hemos observado, podemos afirmar que ellos ya no "pertenecen" a esa "comunidad interpretativa" –a la que en esencia se concibe como una comunidad nacional de conocimiento. Esto quiere decir que la idea de "público" y de "comunidad" ya no puede darse por sentada. Para los migrantes –y para quienes se abocan a estudiar sus experiencias– ya no es posible aplicar el modelo de receptáculo de la esfera pública. Ellos ya no adoptan, ni desean adoptar, "el conjunto de supuestos e ideas de la vida cotidiana" (Livingstone, 1999: 97) que caracterizan a las comunidades nacionales de conocimiento.

Nuestros migrantes no pueden relacionarse tan fácilmente con un espacio de conocimiento singular y consensual. Los trenes de ideas en los que viajan atraviesan distintas fronteras y espacios culturales y axiológicos, por lo que necesariamente hacen comparaciones entre los distintos sistemas culturales a los que tienen acceso. Y, en tanto comparan, es casi inevitable que tomen conciencia del carácter construido, arbitrario y provisional de esos sistemas, y que estén atentos a la retórica, la ideología y la parcialidad que los caracteriza. De este modo, los espectadores transnacionales no se relacionan con el conocimiento como podían hacerlo en otra época. Ya no existen los cimientos para la sensación de confianza inherente al consenso, aparentemente natural –y absoluto–, que siempre han buscado establecer las comunidades nacionales. En tanto esos espectadores se alienan del mundo del sentido común nacional, podemos afirmar que adoptan una postura irónica con respecto a las culturas, una postura desde afuera. Si la ironía, como afirman James Fernández y Mary Taylor Huber (2001: 9), se relaciona con "el cuestionamiento de las categorías de inclusión y exclusión establecidas", entonces podemos decir que los espectadores de habla turca que hemos observado tienden a desarrollar una percepción irónica. Toman distancia de las comunidades de conocimiento británica y turca, y esto puede dar lugar a un tipo de alienación productiva con la que generar ideas que desafían no sólo los supuestos de las comunidades imaginadas sino también, y en un sentido más profundo, la metáfora del receptáculo con la cual se legitima la forma en que esas comunidades se imaginan a sí mismas.

La relación con la sociedad

Los migrantes de habla turca negocian, de varias maneras y en distinta medida, su posición respecto de la cultura y la esfera pública británicas. En otras palabras, no aceptan sin más los dos mecanismos regulatorios fundamentales del Estado-nación: el de la identidad de "la comunidad" y el de las posibilidades de conocimiento en el marco restringido de lo "público" ("la esfera pública nacional"). A continuación consideraremos qué significa esto con respecto a su relación con la sociedad y la socialidad. Según nuestro punto de vista, los migrantes transnacionales parecerían estar desarrollando un tipo de compromiso diferente con la sociedad.

A fin de comprender la posición de estos migrantes, es necesario, en primer lugar, considerar el contexto histórico más amplio en el que hoy se llevan a cabo las negociaciones. Como todos los grupos de inmigrantes que viven en Gran Bretaña, las poblaciones de habla turca han puesto en práctica todo un abanico de estrategias que les permitieran ubicarse en la comunidad "receptora'. En ciertas coyunturas históricas ha habido una disposición a adaptarse a la sociedad británica, particularmente en el caso de los chipriotas turcos que llegaron a Gran Bretaña en las décadas del 60 y el 70 durante el auge de la ideología integracionista. Esos inmigrantes buscaban "prosperar" en la "madre patria" colonialista. En cambio, los turcos que llegaron como refugiados políticos en los años 70 y 80 apreciaban además lo que ellos consideraban los valores modernos/ occidentales "seculares" británicos. En comparación con otros países –Alemania en particular–, en Gran Bretaña ellos pudieron obtener la ciudacanía y el pasaporte con cierta facilidad y, en consecuencia, se integraron relativamente bien al modo de vida británico.

Si la integración fue satisfactoria en muchos casos, ésa no fue la única estrategia para adaptarse al nuevo entorno. Otros, por ejemplo, se esforzaron por crear su propio espacio social y cultural en las zonas de Londres donde viven, construyendo una floreciente cultura de consumo (tiendas, supermercados, bares, peluquerías, restaurantes, etc.). Existe una radio y muchos periódicos turcos locales de distribución gratuita. Hay mezquitas y otras instituciones para los que practican la religión (Küçükcan, 1999), y numerosos clubes y asociaciones para los que desean participar en diversas actividades, desde la práctica de fútbol hasta los debates políticos. La televisión satelital llegó a mediados de la década del 90, y a partir de ese momento, cantantes y actores turcos empezaron a incluir algunas ciudades europeas en sus giras. Así, cada vez más se hizo posible vivir un estilo de vida casi completamente *"alla turca"* en Londres.

Sin embargo, en las primeras épocas de migración a Gran Bretaña, las cosas no eran tan sencillas para los recién llegados. Aydm Mehmet Ali (2001: 10) afirma que los chipriotas turcos lucharon para "adaptarse" a su nuevo contexto migratorio y que pagaron un alto precio por su esfuerzo, pues la generación más joven no pudo aprovechar los beneficios del sistema educativo británico y, al mismo tiempo, perdió la lengua turca y con ella el acceso a la cultura chipriota. La autora se refiere a esta situación como una experiencia horrible de "exclusión, invisibilidad y silenciamiento", que atribuye a la desafortunada combinación del deseo de los chipriotas de ser parte de la sociedad británica y a "las estructuras y actitudes racistas de esa sociedad". Las instituciones y actitudes de la cultura "hospedadora" no colaboraban para hacer que la integración fuese sencilla para esos migrantes. Se podría decir que la "sociedad británica" esperaba que los migrantes se integraran, pero al mismo tiempo imperaba en ella una sensación de que "ellos" nunca serían realmente como "nosotros". Esto se refleja en el comentario de un chipriota turco que había llegado hacía mucho tiempo: "No importa cuánto nos parezcamos a los ingleses; ellos en algún momento van a recordarnos que no somos ingleses". A los migrantes siempre se les "recuerda que nunca serán ingleses o británicos en el verdadero sentido del término" (entrevista, Haringey, 26 de mayo de 2000). El problema fundamental estaba en la naturaleza del "o esto/ o lo otro" de la lógica integracionista (o se es británico o se es turco). Así, se desarrolló todo un discurso y una práctica del trabajo social alrededor de "sostener y poner de relieve los estados mentales" de los inmigrantes, donde los "estados mentales" incluían "cuestiones de identidad, imagen de uno mismo, cosmovisión y sistemas de valores" (Saifullah Khan, 1979). Un tropo frecuente hasta la década del 80 fue el de "vivir entre culturas" –el de estar "atrapado entre" mundos culturales en conflicto y no ser capaz de "encajar" adecuadamente en ninguno (Watson, 1977). Podríamos decir que la lógica de la integración nacional proyectó demandas imposibles en las poblaciones de inmigrantes creando un entorno cultural dañino e invalidante.

Hacia principios de la década del 90, y como producto de la experiencia acumulada, la situación de muchos migrantes turcos mejoró de manera notable debido en parte a los pronunciados giros que hubo en el debate sobre la cultura y la etnicidad. En realidad, obtuvieron beneficios de las luchas culturales y políticas de los activistas negros y asiáticos en Gran Bretaña, que habían debilitado considerablemente la hegemonía de los discursos integracionistas. Hasta el chipriota turco citado anteriormente en este artículo adoptó los nuevos discursos del multiculturalismo: "Hay grupos de chinos, griegos, indios y bengalíes que tratan de conservar su identidad. Creo que sólo se puede lograr eso si nos respetamos unos a otros [...] Solamente podemos llevarnos bien si respetamos los distintos puntos de vista y las formas de vivir, y si vivimos como una comunidad multicultural" (entrevista, Haringey, 26 de mayo de 2000). El comentario muestra que han surgido nuevas posibilidades en cuanto a cómo se pueden relacionar estos migrantes con la sociedad británica. Cuando se le preguntó en qué medida se sentía parte de la sociedad británica a una mujer chipriota turca de unos cuarenta años nacida en Londres que hablaba inglés y casi nada de turco, respondió con claridad: "No me siento parte de la sociedad británica para nada. Es raro porque uno vive aquí, pero en el trabajo tengo más relación con mis compañeros negros. Tengo solamente unos pocos amigos ingleses, pero en lo político me identifico más con ellos, así que pensamos parecido en cuanto a la política pero no nos parecemos en cuanto a lo que hacemos. No tengo tantos amigos de afuera, quiero decir, de la cultura inglesa" *(focus group* 4). La mujer tiene ahora la posibilidad de tomar algo de distancia de la anglicidad –"no tenemos mucha relación con la comunidad inglesa, no somos ingleses y creo que se debe a que nos queremos mantener alejados de lo que percibimos como el ser británico: el Imperio y todo eso"–, la posibilidad de acercarse a tipos diferentes de británicos (por ejemplo, los poscoloniales) y de reafirmar además sus vínculos con lo chipriota. Hacia los años 90, el lenguaje del "in-betweeness" ["estar entre"] empezó a utilizarse en formas más positivas e incluso en tono de broma "Vamos a acuñar un término como 'turcos ingleses' –dice una joven–, y trataremos de caminar en el medio. Va a haber un nuevo tipo de sociedad de turcos ingleses y tendremos algo de ingleses y algo de turcos, y podremos expresarnos de ese modo" *(focus group 3)*. En otra oportunidad, un joven turco se refiere a sí mismo como "turco londinense" *(Londrah Türk) (focus group 6)*. Así, a lo largo de los años 90, el lenguaje del multiculturalismo y la hibridación cultural hizo que a los migrantes turcos les resultara más fácil renegociar su relación con la sociedad británica.

El discurso del multiculturalismo y la hibridación fue productivo en algunos aspectos y limitado en otros. (Anthias, 2001). Mantuvo el marco de la nación como centro y dejó a los migrantes en un contexto de "minoría". Lo que queremos enfatizar es que, desde fines de los años 90, empezó a gestarse otra transformación, que trascendió el paradigma de la hibridación y abrió posibilidades inherentes a una nueva conectividad transnacional. Nuestros migrantes sienten que están arraigados e involucrados en la sociedad británica. Muchos se desempeñan en dependencias municipales, servicios de salud o grupos de apoyo y realizan trabajo social, entre otras actividades. Otros tienen un nivel considerable de participación en la política local y nacional (son personas con pasado político, muchos de ellos debieron abandonar Turquía debido a su participación en política). Un hombre que participaba en una asociación comunitaria comenta: "Vivimos en Inglaterra, en Londres, donde todos participan en algo de acuerdo con su capacidad" *(focus group 2)*. Pueden viajar a Turquía sin problemas y estar en contacto con amigos y familiares que viven en otros países europeos. Muchos negocios turcos, chipriotas y kurdos operan a nivel transnacional.[3]

Desde nuestro punto de vista, esa combinación de factores está produciendo una nueva clase de relación con la sociedad: el pensamiento de los migrantes se extiende más allá del marco de la sociedad nacional, más allá de la agenda con la cual se habían manejado los asuntos de las "minorías", más allá de la lógica de la integración social. En este sentido, Ulrich Beck (2002a: 62) destaca que se está incrementando en la gente la práctica de "vivir y pensar transnacionalmente, es decir, se combinan múltiples lealtades e identidades", y como consecuencia "el paradigma de sociedades organizadas dentro del marco del Estado-nación pierde inevitablemente contacto con la realidad". Los migrantes de habla turca constituyen un ejemplo particular de en qué podría convertirse esta nueva realidad y deberíamos considerar con atención cómo están reformulando su socialidad.

Podríamos decir que hay dos aspectos a tener en cuenta. En primer lugar, en tanto han decidido vivir en Gran Bretaña, quieren revisar los términos de esa inserción y expresan una demanda compleja que reclama la aceptación de las diferencias, pero también insisten en que el discurso de la identidad deje de hacer hincapié en esas diferencias. Para decirlo de otro modo, su diferencia no es un reflejo de su nacionalidad o identidad (es decir, de cierta "turquidad" esencial), sino que debería ser considerada en términos de las experiencias sociales y políticas, expectativas e ideas particulares. Y, en segundo lugar, desean que "lo social" no se limite a la sociedad británica. Reclaman lo que podríamos denominar una imaginación transnacional de lo social y de la socialidad. James Anderson (2002: 7) observa cómo la evolución de lo transnacional ha venido trastocando de manera creciente "la vieja dicotomía entre asuntos 'nacionales' y 'extranjeros'". Esa es justamente la experiencia de los migrantes de habla turca. La sociedad en la que viven no termina en Dover ni en Heathrow. Lo que está "afuera" también es parte de su mundo de experiencias cotidianas, o sea, se afirman

---

[3] Especialmente en importación de productos de Turquía, exportación de productos textiles fabricados en talleres de confección de Londres, agencias de viajes y turismo.

en el *continuum* entre el espacio británico y el que está más allá de sus fronteras. Estos migrantes exigen un paradigma social a tono con la realidad de los que ahora "viven y piensan transnacionalmente". A comienzos del siglo XXI, están en la búsqueda de una renegociación en su relación con la sociedad. La situación es interesante y radical. Y podríamos asegurar que muestra en qué medida su pensamiento aventaja al de sus vecinos nacionales británicos, más sedentarios.

Conclusión: Hacia una ampliación del sentido

En este trabajo hemos venido planteando que hay algo importante que aprender de las experiencias de los migrantes transnacionales. Hemos tomado distancia deliberadamente de los discursos culturalistas que consideran esas experiencias en términos de "identidades étnicas" y "comunidades diaspóricas". Como punto de partida para comprender qué piensan y qué quieren los migrantes de habla turca, elegimos utilizar la categoría de "experiencia" y descartar las de "identidad" e "individuo racional". Consideramos que la "experiencia" es el punto de partida más productivo y nos hemos interesado en ver cómo las experiencias de los migrantes los inducen a *pensar;* es decir, en la relación conocimiento-experiencia. Siguiendo la línea de Dewey, nuestro supuesto principal es que la "mente" o la "inteligencia" es central a toda experiencia humana (incluida la de los migrantes). Esa inteligencia, como sostiene Dewey, es lo que proporciona la "base del sentido y la significación, una base que es producto de las búsquedas y los conocimientos pasados y el medio para enriquecer y controlar los temas de las experiencias futuras" (1951: 520).

Cuando escuchamos lo que nuestros entrevistados tienen para decir, tratamos de estar atentos particularmente a lo que podría haber de innovador en su experiencia transnacional. En particular, y una vez más siguiendo a Dewey, nos interesaba lo que ellos pudieran aportarnos –a todos nosotros– para el enriquecimiento y la ampliación del sentido. En su libro sobre Joseph Jacotet, "el maestro ignorante", Jacques Rancière señala algo, simple pero muy importante, sobre la forma en que operan las mentes y las inteligencias. "El que busca encuentra", observa Jacotet- Rancière. "No necesariamente encuentra lo que busca, menos aún lo que se suponía que debía encontrar. Pero encuentra algo nuevo para relacionar con lo que ya sabe" (Rancière, 1991: 33). Podríamos afirmar que ese proceso de buscar y encontrar es precisamente lo que ocurre en el proceso de la mirada transnacional. Pensamos que, en el conocimiento-experiencia de nuestros migrantes, lo importante es justamente esa relación entre lo ya conocido y lo novedoso: lo que surge a través de la experiencia de la comparación.

Ulrich Beck se refiere a la caracterización que hace Nietzsche de la era moderna como "la Era de la Comparación", una era en la que "las distintas culturas del mundo empezaban a interpenetrarse", y de acuerdo con cuya lógica las "ideas de todas las culturas estarían lado a lado, en combinación, comparación, contradicción y competencia todo el tiempo y en todos los lugares". Ese principio de comparación proporciona el principio fundamental para lo que Ulrich Beck denomina la "imaginación dialógica", característica de la perspectiva cosmopolita, que, en contraposición con la perspectiva monológica nacional, representa "una imaginación alternativa, una imaginación de formas de vida y racionalidad alternativas, en la que está contenida la alteridad del otro. La imaginación dialógica coloca la negociación de las experiencias culturales contradictorias en el centro de la actividad [...]" (2002b: 18). Esta clase de negociación es la que se aprecia en las reflexiones de nuestros migrantes transnacionales. Según pensamos, es precisamente en sus expresiones triviales y cotidianas que puede discernirse la imaginación dialógica.

Bibliografía

Aksoy, Asu (2004): "Some `Muslims' within: Watching television after September 11", en Peter van der Veer y Shoma Murshi (eds.), *After September 11: Media and Public Debate in Asia*, Londres, Routledge (en prensa).

Aksoy, Asu y Kevin Robins (2000): "Thinking across spaces: transnational television from Turkey", *European Journal of Cultural Studies*, vol. 3, n° 3, págs. 343-365.

—— (2003): "Banal transnationalism: The difference that television makes", en Karim H. Karim (ed.), *The Media of Diaspora: Mapping the Global*, Londres, Routledge, págs. 89-104.

Anderson, James (2002): "Questions of democracy, territoriality and globalisation", en James Anderson (ed.), *Transnational Democracy: Political Spaces and Border Crossings*, Londres, Routledge, págs. 6-38.

Anthias, Floya (2001): "New hybridities, old concepts: The limits of 'culture'", *Ethnic and Racial Studies*, vol. 24, n° 4, págs. 619-641.

Beck, Ulrich (2002a): "The cosmopolitan perspective: Sociology in the second age of modernity", en Steven Vertovec y Robin Cohen (eds.), *Conceiving Cosmopolitanism: Theory, Context, and Practice*, Oxford, Oxford University Press, págs. 61-85.

—— (2002b): "The cosmopolitan society and its enemies", *Theory, Culture and Society*, vol. 19, n° 1-2: 17-44.

Cohen, Anthony P. (1994): *Self-Consciousness: An Alternative Anthropology of Identity*, Londres, Routledge.

Cunningham, Stuart (2001): "Popular media as public 'sphericules' for diasporic communities", *International Journal of Cultural Studies*, vol. 4, n° 2, págs. 131-147.

Curran, James (1998): "Crisis of public communication: a reappraisal", en Tamar Liebes y James Curran (eds.), *Media, Ritual and Identity*, Londres, Routledge, págs. 175-202.

Curran, James y Myung-Jin Park (2000): "Beyond globalisation theory", en James Curran y Myung-Jin Park (eds.), *De-Westernising Media Studies*, Londres, Routledge, págs. 3-18.

Dewey, John (1951): "Experience, knowledge and value", en Paul Arthur Schilpp (ed.), *The Philosophy of John Dewey*, La Salle, Illinois, Open Court, 2ª edición, págs. 517-608.

—— (1929): *Experience and Nature*, Nueva York, Dover, 1958.

—— (1934): *Art as Experience*, Nueva York, Perigree, 1980.

Fernández, James W. y Mary Taylor Huber (2001): "The Anthropology of Irony", en James W. Fernández y Mary Taylor Huber (eds.), *Irony in Action: Anthropology, Practice, and the Moral Imagination*, Chicago, University of Chicago Press, págs. 1-37.

Gitlin, Todd (1998): "Public sphere or public sphericules?", en Tamar Liebes y James Curran (eds.), *Media, Ritual and Identity*, Londres, Routledge, págs. 168-174.

Herzfeld, Michael (1997): *Cultural Intimacy: Social Poetics in Nation-State,* Nueva York, Routledge.

Küçükcan, Talip (1999): *Politics of Ethnicity, Identity and Religion: Turkish Muslims in Britain,* Aldershot, Ashgate.

Livingstone, Sonia (1999): "Mediated knowledge: recognition of the familiar, discovery of the new", en Jostein Gripsrud (ed.), *Television and Common Knowledge,* Londres, Routledge, págs. 91-107.

Madelstam, Osip (1977): "Journey to Armenia", en *Osip Mandelstam: Selected Essays,* Austin, University of Texas Press.

Mehmet Ali, Aydin (2001): *Turkish Speaking Communities and Education – No Delight,* Londres, FATAL Publications.

Milikowski, Marisca (2001): "Learning about Turkishness by satellite: private satisfactions and public benefits", en Karen Ross y Peter Playden (eds.), *Black Marks: Minority Ethnic Audiences and Media,* Aldershot, Ashgate, págs. 125-137.

Negus, Keith y Patria Román Velázquez (2002): "Belonging and detachment: musical experience and the limits of identity", *Poetics,* vol. 30, n° 1-2, págs. 133-145.

Pahl, R. E. (1991): "The search for social cohesion: from Durkheim to the European Commission", *Archives Eropéennes de Sociologie,* vol. 32, n° 2, págs. 345-360.

Peters, John Durham (1993): "Distrust of representation: Habermas on the public sphere", *Media, Culture and Society,* vol. 15, n° 4, págs. 541-571.

Portes, Alejandro (ed.) (2001): "New research and theory on immigrant transnationalism", *Global Networks,* número especial, vol. 1, n° 3.

Portes, Alejandro, Luis E. Guarnizo y Patricia Landolt (eds.) (1999): "Transnational communities", *Ethnic and Racial Studies,* número especial, vol. 22, n° 2.

Price, Monroe E. (2002): *Media and Sovereignty: The Global Information Revolution and its Challenge to State Power,* Cambridge, Mass., MIT Press.

Rancière, Jacques (1991): *The Ignorant Schoolmaster: Five Lessons in Intellectual Emancipation,* Stanford, CA, Stanford University Press.

Robins, Kevin (2001a): "Au-delá de la communauté imaginée? Les médias transnationaux et les migrants turcs en Europe", *Réseaux,* vol. 19, n° 107, págs. 19-39.

—— (2002b): "Becoming anybody: thinking against the nation and through the city", *City*, vol. 5, n° 1, págs. 77-90.

—— (2002): "Imagined community and cultural identity in Europe: television and the European cultural space", en Karin Liebhart, Elisabeth Menasse y Heinz Steinert (eds.), *Frendbilder – Feindbilder – Zerrbilder: Zur Wahrnehmung und diskursiven Konstruktion des Fremden*, Klagenfurt, Drava Verlag, págs. 255-267.

Robins, Kevin y Asu Aksoy (2001a): "From spaces of identity to mental spaces: lessons from Turkish-Cypriot cultural experience in London", *Journal of Ethnic and Migration Studies,* vol. 27, n° 4, págs. 685-711.

—— (2001b): "'Abschied von Phantomen': Transnationalismus am Beispiel des türkischen Fernsehens", en Brigitta Busch, Brigitte Hipfl y Kevin Robins (eds.), *Bewegte Identitäten: Medien in transkulturellen Kontexten,* Klagenfurt, Drava Verlag, págs. 71-110.

Saifullah Kahn, Verity (1979): "Introduction", en Verity Saifullah Kahn (ed.), *Minority Families in Britain: Support and Stress,* Londres, Macmillan, págs. 1-11.

Taylor, Peter J. (1996): "Embedded statism and the social sciences: opening up to new spaces", *Environment and Planning A,* vol. 28, n° 11, págs. 1917-1928.

Turner, Victor (1982): *From Ritual to Theatre: The Human Seriousness of Play,* Nueva York, Performing Arts Journal Publications.

Turner, Victor W. (1986): "Dewey, Dilthey, and drama: an essay in the anthropology of experience", en Victor W. Turner y Edward M. Bruner (eds.), *The Anthropology of Experience,* Urbana, University of Illinois Press, págs. 33-44.

Turner, Victor W. y Edward M. Bruner (eds.) (1986): *The Anthropology of Experience,* Urbana, University of Illinois Press.

Waisbord, Silvio y Nancy Morris (2001): "Introduction: rethinking media globalisation and state power", en Nancy Morris y Silvio Waisbord (eds.), *Media and Globalisation: Why the State Matters,* Lanham, Maryland, Rowman and Littlefield, págs. VII-XVI.

Watson James L. (ed.) (1977): *Between Two Cultures: Migrants and Minorities in Britain,* Oxford, Basil Blackwell.

Wimmer, Andreas y Nina Glick Schiller (2002): "Methodological nationalism and beyond: Nation-state building, migration and the social sciences", *Global Networks,* vol. 2, n° 4, págs. 301-334.

7. Deambular y escribir

Françoise Vergès

Françoise Vergès es conferencista en el Goldsmiths College de Londres, codirectora científica y cultural de la Maison des Civilisations et de L'Unité Réunionnaise, Vicepresidenta del Comité pour la Mémoire de L'Esclavage y miembro del Consejo para el Desarrollo de la Investigación de Ciencias Sociales en África. Entre sus publicaciones recientes se cuentan *La république coloniale: essai sur une utopie,* con Pascal Blanchard y Nicolas Bancel (París, Albin Michel, 2003); *Amarres. Creolisations Indiaocéanes,* con Carpanin Marimoutou (París, Ka, 2003); *Abolir l'esclavage: une utopie coloniale. Les ambiguïtés d'une politique humanitaire* (París, Albin Michel, 2001); *Monsters and Revolutionaries. Colonial Family Romance and Métissage* (Durham, NC, Duke University Press, 1999); "Postcolonial challenges", en Nicholas Gane (comp.), *The Future of Social Theory* (Londres, Continuum, 2004).

Viajera frecuente entre Londres, París y la isla Reunión, Vergès dirige un equipo de investigación que desarrolla el Proyecto Internacional "A Corridor of Cities (2002-2005)" con fondos del Institut pour la Recherche et le Développement de París bajo la supervisión del Council for the Development Social Science Research in África (CODESRIA) de Dakar. A partir de sus estudios sobre el colonialismo, especialmente en la isla Reunión, la autora se ha interesado en particular en las configuraciones diaspóricas, los procesos de creolización y las identidades transnacionales, que han llevado a cuestionar los modos en que se elaboran las subjetividades y las formaciones culturales. Su indagación gira en torno de la teoría poscolonial, el psicoanálisis y la subjetividad, la política humanitaria y la política de la reparación, las culturas y diásporas en el mundo del océano Índico, con una peculiar relación con la escritura, donde es esencial la búsqueda de una voz-otra en la que lo autobiográfico, pleno de acentos literarios, no se contrapone al método teórico y al rigor histórico.

Au bout du petit matin ces pays sans stele,
ces chemins sans mémoire, ces vents sans tablette
Aimé Césaire[1]

La necesidad de escapar de una sociedad insular estrecha en la que
se coartan el amor, el deseo y la vida es un tema del que se han ocupado
los escritores poscoloniales. Es un tema resonante entre los habitantes
de islas pequeñas, si bien la insularidad y la estrechez no son exclusivas
de territorios de poca superficie. La envidia, los celos, la malicia, la
pasión, la ambición, el orgullo y el deseo de controlar al otro son parte
del género humano y se acentúan en las sociedades pequeñas aunque,
por cierto, esas sociedades también se caracterizan por la compasión,
la empatía y la cordialidad. Maryse Condé, escritora que creció en el
pequeño archipiélago de Guadalupe, sugiere que "deambular es un
acto saludable". Yo he intentado poner en práctica ese enunciado; sin
embargo, no idealizo el nomadismo, porque no creo que perder las
raíces, ser expulsado y estar obligado a emigrar se transformen necesariamente en un terreno fértil para ser creativo y tener una mente
abierta. El desarraigo conlleva un trauma, y el deambular, en cambio,
con frecuencia implica tener el privilegio de elegir un destino y la
forma de viajar, no temer que a uno lo arresten y lo persigan por ser
un "extranjero ilegal". Mi intención en este trabajo es explorar una
práctica de escritura que se apoya en el desplazamiento constante y
consciente de la propia posición, la propia mirada, el tener en mente
más de un abordaje de las cosas, una práctica de escritura ambulante,
que no se incluiría dentro del género de los diarios de viajes ni de los
relatos de fronteras, sino dentro de un género abierto a la complejidad
multidimensional de las distintas situaciones. Se trata de saber que las

[1] Aimé Césaire (1983): *Cahier d'un retour au pays natal*, París, Présence Africaine,
pág. 26. [Hay traducción al español: *Cuaderno de un retorno al país natal*, México,
ERA, 1969.]

cosas se me escapan, que no podré captar "toda la situación", pero que, al explorar uno de sus aspectos, haré una contribución al conocimiento. Esta práctica, que se fue consolidando lentamente a través de los años, fue posible en mí por haber crecido en un lugar que no "importaba", poblado por personas que no "importaban". Desde esa posición de "irrelevancia" es que elijo hablar. El idioma inglés me proveyó el vocabulario y el imaginario para la práctica de escritura, y seguir el itinerario de una persona, una idea, un ritual, un objeto, un sonido o una costumbre culinaria es el método por el que me incliné. En *Monsters and Revolutionaries. Colonial Family Romance and Métissage,*[2] escribí que yo había compartido "con muchos el mito de una ruptura histórica pura, ese momento en el cual los colonizados accederían a un yo no alienado [...]. Sólo un corte claro y definido con la metrópoli garantizaría la posibilidad de construir una cultura y una identidad descolonizadas que reafirmarían una diferenciación radical respecto del legado del colonialismo...". Mi niñez y adolescencia transcurridas en una colonia francesa, mis actividades en el movimiento feminista francés, mi activismo en movimientos antirracistas y antiimperialistas se apoyaron en el ideal de la ruptura histórica y en visiones románticas de la lucha armada, y al mismo tiempo me enseñaron que siempre debemos considerar que los deseos inconscientes, la fascinación por el poder, el miedo y el deseo simple (y legítimo) de sobrevivir pueden llevar a los individuos a actuar en contra de sus intereses políticos. No fue fácil transformar ese conocimiento en una práctica de escritura evitando el doble escollo del resentimiento y la envidia. La transformación tuvo que ver con la adopción de un abordaje crítico de la propia herencia. Como dijo Jacques Derrida:

> Es posible reconocer un heredero auténtico en quien conserva y reproduce, pero también en quien respeta la lógica del legado lo suficiente para volverla, en algunas ocasiones, en contra de quienes dicen ser sus guardianes, lo suficiente para revelar, pese a los usurpadores y en contra de ellos, lo que nunca se vio en la herencia; lo suficiente para

---

[2] Durham, Duke University Press, 1999, pág. 1.

sacar a luz, por medio del acto inusitado de la reflexión, lo que ha estado siempre en la oscuridad.[3]

Seguir un itinerario, mostrar las múltiples ubicaciones y transformaciones de una idea, una persona o una creencia, sugerir la "biografía" del itinerario es mi método preferido de escritura: tratar de escuchar las voces del disenso, incluso cuando no sean las que yo esperaba, y siempre, siempre defender la justicia y la igualdad social, y oponerse a la brutalidad y la violencia. Como mujer proveniente de un lugar pequeño, de un mundo –el mundo creolizado– que es marginal con respecto a los "grandes" sitios de cultura, como persona cuya familia ha estado vinculada con políticas anticolonialistas, feministas y emancipadoras, y que ha elegido permanecer a distancia (geográfica y emocional) de su país, tuve que encontrar una práctica de escritura y una voz que no enmascarase las vacilaciones ni los momentos de ambigüedad, sin olvidar nunca qué elementos configuran esa voz, una herencia de lucha. Tuve que situarme en las múltiples posiciones (imaginarias) de aquellos que habían luchado.

Escribir a orillas del océano

Crecí en la isla Reunión, un pequeño lugar en el océano Índico, frente a la costa de Madagascar. ¿La isla Reunión? La mirada de desconcierto que tantas veces observé cuando yo decía de dónde era me enseñó que tenía que aceptar el hecho de que la mayor parte de la gente sería indiferente al pasado, presente y futuro de una isla que no se ajustaba a ninguno de los grandes relatos: sin genocidio, sin civilización ni períodos precoloniales, sin Cristóbal Colón, sin guerrilla... La colonización fue nuestra partida de nacimiento. Los franceses decidieron colonizar la isla (junto con la isla Mauricio) en 1642 porque necesitaban escalas intermedias en su camino a la India y deseaban poner un freno a la hegemonía británica en expansión en el océano Índico. La imaginación y la literatura europeas nunca

---

[3] Jacques Derrida (1987): "The laws of reflection: Nelson Mandela in admiration", en Jacques Derrida y Mustapha Tlili (eds.), *For Nelson Mandela*, Nueva York, Seaver Books, pág. 17.

adoptaron esa parte del mundo como fuente de fantasía, proyección y deseo. Las islas del sudoeste del océano Índico aparecían de vez en cuando en los sueños y utopías europeas pero nunca llegaron a ser un sitio de fascinación, que estaba reservado para otras islas de plantaciones azucareras y de esclavos: las islas del Caribe. Nosotros nos encontrábamos muy lejos, en una región en la que Europa siempre se quedaba en la periferia, en un eje asiático-africano, en un océano que había sido un espacio cultural durante cinco mil años, mucho antes de la llegada de los europeos. Además, entre los territorios que eran objeto del deseo de los poderes coloniales europeos, la isla Reunión nunca tuvo prioridad. La isla Mauricio, con sus puertos naturales y sus bellos paisajes, y Madagascar, con sus riquezas, despertaban el deseo y provocaban la lucha, pero la isla Reunión, con sus inhóspitas montañas elevadas, su volcán activo, sus desapacibles costas y su falta de tierras de cultivo, era un último recurso. En cierta medida, sufrió el descuido de los poderes franceses (la isla Mauricio era la hija dilecta entre las llamadas "islas hermanas"). El poder colonial convirtió a la isla en una sociedad de esclavos, y la esclavitud se abolió recién en 1848; pero la segunda República, que había expedido el decreto de emancipación, eligió mantener el estatus colonial. El resultado fue una ciudadanía colonizada, término que encierra una paradoja, situación que continuó hasta 1946, año en que la isla fue declarada departamento francés de ultramar. Durante los últimos veinte años ha sido una "región europea". Su población, que actualmente suma 750.000 habitantes, es mixta, constituida por descendientes de esclavos (africanos, malgaches y algunos indios), trabajadores contratados (indios, africanos, malgaches y chinos), inmigrantes (musulmanes de la India, de las islas Comores, de Madagascar y Mauricio) y colonos (franceses y de otros países europeos). En los últimos años, se añadieron dos grupos a la complejidad social: inmigrantes pobres de las Comores y empleados estatales franceses (llamados *zoreys*) que llegaron para aprovechar lo que quedaba del colonialismo, es decir, los buenos salarios y los beneficios secundarios de una vida "colonial", como el servicio doméstico, el exotismo y el estatus racializado. Las creencias, prácticas y rituales vernáculos provienen del catolicismo, el hinduismo, el islam, las creencias tradicionales afromalgaches y el budismo, con las que se creó un mundo creolizado. La rica cultura inmaterial creole se expresa en la lengua, la música, la medicina étnica, el arte de la jardinería, la cocina. En los años treinta surgió un movimiento anticolonialista liderado por organizaciones de campesinos y trabajadores que reclamaban el fin del estatus colonial pero no la independencia. El movimiento anticolonialista estaba interesado en la igualdad social, en que la población local gozara de los mismos derechos que los trabajadores franceses: igual salario mínimo, acceso a la seguridad social y los beneficios de otras leyes sociales. Fue un movimiento poderoso cuyos esfuerzos se vieron recompensados por la ley de 1946 en virtud de la cual la colonia pasó a tener estatus de departamento francés de ultramar. Sus líderes obtuvieron puestos de gobierno en todos los niveles de representación en las elecciones siguientes. No pasó mucho tiempo hasta que los conservadores se organizaron y lograron vaciar la ley de sus aspectos sociales y sus contenidos respecto de la igualdad de derechos, y la transformaron en una ley de asimilación a la cultura francesa. Por medio del fraude, el terror, la represión y la violencia, recuperaron el poder y lo conservaron durante treinta años. En la actualidad, la tasa de desempleo es alta (37 %); un tercio de la población sobrevive gracias a la asistencia social; el costo de vida es alto; la industria existente, vinculada con la caña de azúcar, está en peligro debido a la globalización y a los alicaídos precios del azúcar. Aun así, debido a la presencia francesa, el estándar de vida de la población es más alto que el de los países vecinos, y los habitantes desean mantener la ilusión de que esta situación será eterna, a pesar de las profundas transformaciones que ha introducido la globalización neoliberal. No obstante, existe un sentimiento de angustia que se manifiesta a través de actos de violencia doméstica, alcoholismo, un alto índice de accidentes automovilísticos y una cierta melancolía.

Desde muy joven, tuve una visión clara de que vivía en un sitio que no tenía ni tendría un lugar en los "grandes" acontecimientos históricos ni en los "grandes" relatos de la historia. La población no tuvo participación en las luchas por la independencia de la era de la descolonización ni en los movimientos de liberación nacional. La lucha en la isla Reunión no presentó ninguna de las características que construyen un texto y una iconografía románticas: mujeres armadas, hombres en la sierra, la idealización del sacrificio... La obra de Frantz Fanon fue instrumental en esa idealización. La filosofía del sujeto alienado de Fanon presuponía un tiempo de verdad e integridad, un tiempo de autenticidad recobrada una vez que el colonizador hubiese sido expulsado. Argelia fue el auténtico escenario de una virilidad recuperada: la tralla del colonialismo había sido castrada. Los testimonios sobre la dimensión autodestructiva de la lucha serían publicados y comentados mucho después. En ese momento no se hablaba de sexismo entre los combatientes, ni de rivalidades internas que justificaran la difamación y los asesinatos, ni de actos de traición y violencia asesina. Debieron pasar muchos años antes de que el historiador Mohamed Harbi nos hiciera saber que el FLN (Frente de Liberación Nacional) argelino había cometido actos vergonzantes. En los años 60 y 70, en los que mucho se habló de la "heroica" nación argelina, se estableció un modelo de retorno a la autenticidad, en el que se oponen, como ha enseñado Harbi, la "polución" de la ciudad de mezclas a la "pureza" de una nación monolingüe y monocultural. Ese modelo no podría aplicarse nunca a una sociedad creolizada que, desde el comienzo, ha sido impura, mixta, sin pasado precolonial, cuyos miembros fueron forzados a deshacerse de sus *langages* nativas, de sus *membres* y creencias. El sueño de un pasado recobrado era imposible.

Además, la experiencia de pertenecer a los *márgenes* del mundo, los márgenes de las "grandes" civilizaciones, de pertenecer a la larga historia de aquellos que no cuentan, me ha imbuido de una profunda sospecha acerca de los grandes relatos, de las idealizaciones heroicas. Mi interés, en cambio, se centró en los mecanismos, los discursos y las técnicas que llevan a la invención de las *personas descartables,* de las personas de las que no importan ni su vida ni su muerte. Con el fin de ampliar mis comentarios, haré un resumen de la relación entre "contar" y "ser descartable". La modernidad supuso el nacimiento del individuo y sus derechos inalienables, entre los cuales se encuentra el de ser propietario de su cuerpo. En el Estado moderno los ciudadanos "cuentan": cuentan, que es una forma de disciplinarlos, ya que todos los ciudadanos deben probar su lugar de residencia, su contribución impositiva..., pero también se cuenta *con* ellos para que luchen por su país, paguen impuestos y contribuyan al bien común. Como recompensa, el ciudadano obtiene del Estado protección social, protección de sus derechos civiles y políticos, y protección contra ataques externos. Pero la historia nunca fue tan simple, y sabemos que paralelamente a la inclusión ha habido exclusión. La ampliación de los derechos fue, y sigue siendo, consecuencia de la lucha de los grupos excluidos. Me interesa destacar la idea de que la existencia de un ser humano "cuenta", que la mera existencia de un ser humano se transforma en una existencia social por medio de la pertenencia a un grupo. Como escribió Hannah Arendt: "La experiencia de la materialidad y del mundo dado a los sentidos depende de estar en contacto con otros hombres, del sentido común que regula y controla todos los otros sentidos, sin el cual cada uno de nosotros estaría encerrado en su propia particularidad de datos sensibles que, en sí, son traicioneros y poco confiables".[4] Esto se expresa en todas las culturas: nadie existe fuera de su entorno social. Sin embargo, el pensamiento occidental muchas veces distingue entre la existencia del ser humano fuera de la sociedad (un hombre racional dotado de cualidades innatas) y el ser social (un hombre al que afectan la cultura, la familia, la economía). En *Los orígenes del totalitarismo*, Hannah Arendt advirtió sobre el problema de reemplazar los derechos históricos por los derechos naturales: "el gran peligro que surge de la existencia de personas forzadas a vivir fuera del mundo compartido es que, en medio de la civilización, se los obliga a vivir sólo con lo que les es dado por la naturaleza, sólo con lo que los diferencia"[5]. "La cantidad de personas sin techo a escalas sin precedentes, el desarraigo de una profundidad sin precedentes"[6] amenazan, según Arendt, nuestro mundo compartido.

---

[4] Hannah Arendt (1973): *The Origins of Totalitarianism*, Orlando, FA, Harcourt Brace Jovanovich, pág. 174, pág. 302. [Hay traducción al español: *Los orígenes del totalitarismo*, Madrid, Taurus, 1974.]

[5] Ibíd., pág. 302.

[6] Ibíd., pág. VII.

La esclavitud fue la organización de un biopoder que transformó a los individuos en material descartable. El argumento según el cual los amos tenían interés en mantener viva su fuerza de trabajo no es suficiente para contrarrestar la *muerte social* que ella traía aparejada. Orlando Patterson describió con claridad la muerte social y la necesidad vinculada a ella de "repetir el acto violento original de transformar al hombre libre en esclavo".[7] La partida de nacimiento de la población de la isla de Reunión tuvo estampado el sello de la esclavitud. Su historia se inscribe en la larga historia del capital que fabrica vulnerabilidad, que decide quién importa y quién no, la historia en la que abunda el trabajo en condiciones de servidumbre y en la que hay regateos y negociaciones. La esclavitud es una de las manifestaciones de la descartabilidad y se diferencia del resto por la relación que se ha hecho entre descartabilidad y raza (la racialización de la esclavitud: ser esclavo es igual a ser africano, negro), porque la fuente de material humano fue *un* continente, África, y porque fue parte de una organización global de la economía, el derecho y la política. Sin embargo, sería erróneo, en mi opinión, pensar que es una "tragedia única", un "crimen de lesa humanidad sin paralelo", como se estableció en la Declaración y Recomendaciones para un Programa de Acción, adoptada por la Conferencia Preparatoria Regional de África, realizada en Dakar en enero de 2001, para la reunión de Durban. La esclavitud pierde su inscripción en la historia y pasa a pertenecer a un mundo que queda fuera de la humanidad. Con esta afirmación se opera una transferencia: el suceso histórico pertenece ahora al registro de la metafísica. Esta visión sitúa el comercio de esclavos y sus consecuencias en el plano de las creencias y no alienta la pluralidad de lecturas del desastre ni su examen crítico, sino una lectura del comercio de esclavos y la esclavitud con el vocabulario de la condena moral y la corrección: de un lado, las víctimas; del otro, los victimarios. Mi propuesta consiste en hacer una lectura crítica con el objetivo de comparar la organización y el discurso de la descartabilidad a través del tiempo y la geografía.

[7] Orlando Patterson (1982): *Slavery and Social Death*, Cambridge, Harvard University Press, pág. 3.

Con ese enfoque realicé mis observaciones de la isla Reunión en tanto lugar que no importa.

Al crecer en una isla pequeña, una isla creolizada, tuve un conocimiento particular del trazado del mapa mundial, el que puede tener una persona que no pertenece a ninguna de las grandes civilizaciones, un habitante de los *márgenes*. Debo añadir que mi familia me impartió una educación "política". En una isla en la que casi no había librerías, mi casa tenía una biblioteca con cientos de libros de todo el mundo, incluso traducciones del ruso, del chino y de obras de escritores latinoamericanos. La actualidad se comentaba todos los días. Mi familia tenía actividad política en el campo del movimiento anticolonialista. Durante mi niñez y mi adolescencia (años 60 y 70), fui testigo de la violencia del Estado francés. Los grandes terratenientes recurrían a la violencia, enviando a sus *nervis* (matones) a pegarle a la gente y a aterrorizarla, método que les garantizaba ganar las elecciones. El debate político no existía: la isla Reunión era "francesa" y sólo francesa; todo aquel que osara desafiar esa "verdad" sufría persecuciones. Se negaban, ignoraban y despreciaban los aportes africanos, asiáticos y musulmanes a la cultura y a los modos de vida. No se reconocía la violencia de la esclavitud ni la del colonialismo. La Guerra Fría y las luchas por la liberación nacional afectaron la política local. Se acusaba a los movimientos anticolonialistas de ser "la quinta columna de Moscú" (o los "locos de Beijing"; los conservadores nunca fueron claros en cuanto a quién estaba detrás de esos movimientos), de traicionar a Francia, la *Mère-Patrie,* que siempre había sido generosa con sus hijos colonizados. Se asociaba a los movimientos de liberación nacional con el terrorismo y el odio.

La revuelta de Madagascar de 1947 había sido brutalmente sofocada, el poder colonial francés había sido derrotado en Dien Bien Phu, la guerra por la independencia argelina había comenzado en 1954: el imperio colonial estaba sitiado. Los franceses no permitirían ninguna otra agresión contra su imperio: en las Antillas francesas y en la isla Reunión los movimientos anticolonialistas fueron reprimidos y sus líderes fueron acusados, apresados, condenados a arresto domiciliario, despojados de sus documentos de identidad y pasaportes y, con ello, de su derecho a circular libremente. Mi padre fue a la cárcel, mi madre, acosada, y yo tuve amigos y camaradas perseguidos, y comprendí lo que significaba la resistencia y que nunca debe sobrestimarse ni subestimarse el poder del Estado ni la brutalidad de que son capaces las personas, y también comprendí la aceptación del orden que puede generarse con una política del terror. Si bien mi educación en la isla fue inolvidable y la isla fue una rica fuente de placeres (por la belleza de sus montañas y bosques, la hermosura formidable del volcán, los olores, el sabor de las frutas, la diversidad de una de las mejores cocinas del mundo, la música, el agudo sentido del humor, entre muchas otras características), no tuve más remedio que partir porque la isla también era una sociedad provinciana, colonial, insular y conformista bajo el dominio de la Iglesia Católica y de su visión retrógrada acerca de la sexualidad, la vida y el deseo. Los maestros de escuela, franceses en su mayoría, eran tontos y arrogantes. Mi experiencia fue similar a la de muchas jóvenes que viven en sociedades colonizadas que no han completado su proceso de descolonización.

El idioma inglés y la experiencia de escribir

Treinta años después, yo estaba cursando mi doctorado en la Universidad de California en Berkeley, en el Departamento de Ciencia Política. Mi tema de investigación era los tropos de la isla en la filosofía política como sitio de utopía y distopía. Cuando me otorgaron un subsidio de investigación de un año sin restricciones, decidí ir a trabajar a la isla, estar con mi familia y disfrutar del lugar. A los dos meses de llegar, mi tema de investigación pasó al olvido: la isla no era un "tropo" sino una realidad. Era un sitio donde podían explorarse los conflictos, las tensiones, las prácticas y el discurso de la resistencia. Observé las políticas de predación, esclavitud y colonialismo, las luchas por el reconocimiento y la emancipación, las relaciones de género, las técnicas disciplinarias tras la abolición de la esclavitud, el discurso de la misión civilizadora, la política de la fuerza y la brutalidad, la política del terror, el discurso de la psiquiatría como discurso de normalización, las formas en que los movimientos anticolonialistas habían formulado la solidaridad, la libertad y la igualdad. Tuve la oportunidad de responder los interrogantes con las herramientas teóricas de la teoría poscolonial y con las de mi experiencia, mis recuerdos y mi conocimiento personal. El feminismo nos había enseñado que "lo personal es político" y la teoría poscolonial, que la literatura y las formaciones "menores" merecen ser estudiadas. No obstante, no es posible escribir sobre uno mismo y fingir que se trata de una lectura crítica. Ya habíamos leído muchos testimonios personales disfrazados de teoría, escritos sin talento y sin tomar la distancia necesaria. Yo debía encontrar la voz justa, la distancia adecuada entre la voz autobiográfica y el deseo de proponer un análisis político. El inglés me ofreció el vocabulario de la escritura del deambular. El francés había sido mi lengua escolar y el creole, mi lengua de la intimidad y del juego. Yo era buena en francés, incluso gané algunos premios cuando era alumna. Sin embargo, cuando me aboqué a escribir sobre la brutalidad, la violencia y la resistencia, elegí el inglés, idioma en el que encontré una libertad que nunca había encontrado en el francés. Podía expresarme sin caer en el resentimiento y el enojo. Cuando leí *Rumbo al Sur, deseando el Norte: Un romance en dos lenguas*,[8] de Ariel Dorfman, descubrí ecos del viaje entre lenguas. ¿Por qué escribir en inglés? En primer lugar, para evitar por medio de un *detour* la falta de pensamiento teórico de los franceses sobre el colonialismo. A los franceses siempre les ha costado confrontar su pasado colonialista; encuentran excusas, lo comparan con el imperialismo británico y aducen que al menos los franceses fueron menos racistas. Siempre dudan de lo que se dice o escribe, no creen que el colonialismo presente escollos para la filosofía política europea, la identidad nacional francesa y el republicanismo de Francia. Han aceptado que el colonialismo merece ser estudiado, aunque sólo históricamente, e incluso en ese campo, aún tienen dificultades para aceptar su pasado colonialista. Hace un mes, en Toulouse, durante un festival organizado por niños inmigrantes del norte de África, tuve que escuchar a una mujer que me decía que si hubo actos de violencia en las colonias, fue por causa de las "manzanas podridas". Una instancia más de la vieja historia: el centro (Moscú, Roma...) es bueno, son los hombres los

[8] Ariel Dorfman (1998): *Rumbo al Sur, deseando el Norte*, México, Planeta.

que lo desprestigian. Como si el colonialismo no hubiese sido primero un régimen de la excepción, la normalización de la arbitrariedad.
La "colonia", escribió Achille Mbembe, "es un pico de corrupción y
mortandad".[9] Mbembe propuso recientemente que "el sujeto colonial
no es más que una apariencia". Benjamin Stora y Mohamed Harbi,
dos destacados historiadores de la guerra de independencia de Argelia, han afirmado que a pesar del gran número de libros, películas,
exposiciones y documentales sobre su pasado colonialista, la mayor
parte de los franceses aún es incapaz de ver qué hubo de malo en la
colonización. Sabiendo esto por experiencia propia, temí que escribir
en francés inevitablemente me llevara a hablar de los franceses, a tratar
de condenarlos, a atacarlos directamente en lugar de escribir sobre las
ambigüedades y las contradicciones de la experiencia colonial. Quise
dejar a los franceses en los márgenes de mi mundo, y el inglés me
brindaba esa posibilidad, me emancipaba. Las palabras del inglés no
tienen ni la misma historia ni la misma genealogía que las del francés.
Además, yo amaba el idioma inglés y la rica literatura escrita en inglés.
Podía escribir sobre situaciones cargadas de recuerdos sin caer en el
sentimentalismo, sobre mi familia sin caer en el género biográfico.
En ese idioma encontré la distancia necesaria para escribir sobre el
deambular y el desplazamiento, sobre la violencia y la brutalidad.

Itinerarios

En mi investigación de doctorado, hubo momentos en los que
irrumpió la historia familiar, una especie de retorno de lo reprimido
que ponía en peligro el principio académico de distanciamiento y
objetividad. Por ejemplo, mientras esperaba que me entregaran unos
documentos sobre la esclavitud en los Archivos Coloniales de Aix en
Provence, pedí ver fotos de la Indochina colonial de los años 20. Cuando
las iba pasando, encontré algunas imágenes interesantes para analizar.
En una de ellas estaba mi abuelo paterno, Raymond Vergès, que en ese
momento era el director del hospital de Savannakhet. Las fotos se ha-

---

[9] Achille Mbembe (2001): *On the Postcolony*, Berkeley, University of California Press,
pág. 186.

bían tomado como parte de un proyecto más ambicioso cuyo objetivo era mostrar los logros del imperio colonial francés en Indochina. Eran frecuentes las campañas coloniales de propaganda en las que el médico desempeñaba un papel importante, ya que salvaba a los nativos de las enfermedades, de sus creencias retrógradas, el curanderismo y la ignorancia. ¿Qué debía hacer yo con esos documentos? ¿Simular que no los había encontrado y seguir pasando por alto aspectos de la vida de mi abuelo? Yo estaba escribiendo una crítica radical del colonialismo francés, de su fascinación y repulsión por el *métissage (mestizaje),* de su paternalismo arrogante y de la violencia enmascarada (o no tanto) de su "misión civilizadora". Y entonces me enfrenté con lo que yo siempre había considerado como una traición. Decidí seguir adelante y conocer otros aspectos de la vida de Vergès. Intentaría analizar la política y la historia a través de una trayectoria personal, que formaba parte de la historia familiar. Me dedicaría a analizar la transición entre el estatus colonial y el estatus obtenido en 1946 a través del itinerario de ideas y de una experiencia individual. Mi abuelo nació en la isla Reunión a fines del siglo XIX. Cuando terminó el colegio secundario, recibió una beca para estudiar Ingeniería en Francia. En 1910, una vez recibido, se fue a China con su esposa y sus dos hijos. La Revolución de 1911 despertó su interés. Regresó a Europa para servir en el Ejército Francés durante la Primera Guerra Mundial, en la que fue herido. Luego decidió estudiar Medicina. Obtuvo su título y volvió a Asia: en la década del 20 estuvo en China y luego en Indochina. Fue director de un hospital en Shanghai, de otro en Savannakhet y finalmente llegó a ser cónsul de Francia en el Reino de Siam, pero siempre soñó con ser escritor. Decidí que un capítulo de mi tesis estaría dedicado a este hombre que sirvió al imperio colonial, fue ingeniero, médico, cónsul y, al regresar a la isla Reunión tras permanecer treinta años en Asia, fue líder del movimiento anticolonialista local. El seguimiento de su viaje me otorgaría los elementos para analizar una generación que creyó en la fraternidad de los hombres, adoptó los ideales de la Ilustración, admiraba la Revolución Francesa, pensaba que el progreso tecnológico lleva al progreso político y luchó contra los excesos de la colonización. Mi abuelo perteneció a ese grupo de hombres que fueron testigos del racismo colonialista, de los horrores de las trincheras, de la explotación de los pueblos colonizados y que los denunciaron, pero sin dejar de creer que la colonización traería consigo mejores condiciones de vida. Despreciaban las creencias religiosas y admiraban el conocimiento científico.

Me enteré de que mi abuelo había escrito una novela. Nadie lo sabía a ciencia cierta, pero había alusiones a ella en varios documentos. Fui a la Bibliothèque Nationale, pues si la novela se había publicado tenía que estar registrada allí. ¡Y allí estaba! La leí en una tarde. Su protagonista es un soldado francés en Indochina, un hombre simple y decente que vive con una mujer nativa que ama, que fue violada por un oficial del ejército, un aristócrata arrogante y tonto. El soldado mata al oficial y huye a China, desde donde espera poder subir a un barco que lo lleve a San Francisco, pero ni siquiera llega a Shanghai y antes de ser capturado por los militares franceses que lo persiguen, se suicida. La novela no era una gran obra literaria, pero constituía un documento interesante sobre la imposibilidad de relación entre pueblos de distintas culturas, una imposibilidad generada por las clases altas. Revelaba el carácter multifacético de la vida de Raymond Vergès. Más tarde, cuando él ya era líder del movimiento anticolonialista de la isla Reunión, volvió a escribir, pero ahora artículos políticos que denunciaban el colonialismo en un periódico que había fundado para ser "la voz de los que no tienen voz".

Reconstruir el itinerario de este hombre en toda su complejidad, con sus distintos sitios y configuraciones, requería que yo evitara todo impulso por emitir juicios morales. Tenía que dar voz a un hombre y su tiempo, un hombre cuya vida había dado forma a tantos aspectos de mi propia vida. Ese hombre adoptó el relato de la república como un relato de emancipación, en el que unió el lema de *liberté, égalité, fraternité* con el del relato socialista de la hermandad universal de los trabajadores. Los dos relatos de emancipación habían demostrado ser, junto con las luchas por la liberación nacional, limitados y contradictorios. Los franceses *no* querían igualdad para los colonizados; si eran aceptados como hermanos, serían hermanos menores bajo la guía de los hermanos blancos "racionales". La República Francesa era una construcción racializada, e invocar sus principios fundacionales no era suficiente para desafiar los privilegios de raza. La generación de colonizados –Aimé Césaire y Raymond Vergès, entre otros–, cuyo deseo era llevar los ideales del humanismo europeo a las colonias, se enfrentó con la necesidad de proponer un *nuevo humanismo,* tarea que llevaría a cabo otra generación, para la que la modernidad no era europea por naturaleza, la oposición modernidad/ tradición era una ficción y un nuevo humanismo tendría por función la integración de la larga historia de exclusiones violentas. Sin embargo, seguir el itinerario de esa generación me permitió escapar de la postura de una generación traicionada por sus predecesores, postura adoptada por muchos, en su mayoría hombres jóvenes. En cambio, lo interesante fue tomar en cuenta el peso de las palabras, los accidentes de la historia, el papel del orgullo, la debilidad, la ingenuidad y la confianza en política. Hannah Arendt sostiene que para pensar políticamente, el "yo" debe abordar el tema a analizar desde distintos puntos de vista "teniendo presentes las perspectivas de los que están ausentes".[10] Así, para analizar la política de Vergès, yo no debía cerrar los ojos a sus debilidades y no debía condenar a los de su clase por considerarlos "antiheroicos".

Escribir sobre el *métissage (mestizaje)* y la creolización

Seguir los itinerarios de los anticolonialistas creoles a lo largo de la historia me permitió explorar la figura del *métis.* Leí a escritores caribeños, a Fernando Retamar y a sus críticos, y también sobre el debate que giraba en torno de Ariel y Calibán. El *métis* era principalmente una figura literaria. ¿Cuál era su lugar en el discurso colonialista y anticolonialista? Yo sabía que una de las primeras ordenanzas de Reunión (1794) prohibía las relaciones sexuales entre personas de distinta raza. ¿Qué ocurrió con el *métis* una vez que, como propuso Léon Poliakov, la raza se convirtió en el "motor de la historia"? Para los influyentes pensadores racistas de fines del siglo XIX y principios del XX, el *métissage* conducía a la decadencia, al descenso inexorable

---

[10] Hannah Arendt (1977): "Truth and Politics", en *Between Past and Future,* Nueva York, Penguin Books, pág. 241. [Hay traducción al español: *Entre pasado y futuro,* Barcelona, Península, 1996.]

hacia la mediocridad y a la degeneración racial. Generaba individuos inestables e inarmónicos. El *métis* era impuro e inferior. La simbología y la política de la sangre y la preocupación por la legitimidad, la locura y la pureza de la sangre fueron trabajadas y retrabajadas en terreno colonial. En la literatura colonial francesa, el *métis* era objeto de pena y desprecio al mismo tiempo, pero no era sólo un personaje literario creado para ilustrar los peligros de la cruza de razas. En todo el imperio colonial se sancionaron leyes y reglamentaciones destinadas a frenar la expansión del *métissage* que, a su vez, influyeron en las leyes y las reglamentaciones de la metrópoli. De ese modo, el debate contra la inmigración se enmarcó dentro del discurso de la pureza de la sangre y la cultura, en el que la figura del *métis* era la de un individuo repulsivo. El tema de la "imperceptibilidad" fue un tema recurrente: esa diferencia invisible a los ojos del europeo incauto. El discurso contra el *métissage* evocaba el discurso racial contra los judíos europeos, y no debe sorprender lo que escribió Hitler en 1928: "Ahí es donde [con el *métis*] surge una discordancia con la naturaleza. Se sabe que la mente y el espíritu son fuertes sólo cuando están anclados en la totalidad del ser, cuando el cuerpo y la mente son uno. Pero tan pronto como aparece un conflicto en esa unidad, esos hombres [los *métis*] sufren una disociación; el cuerpo y la mente ya no están unidos, y esto se transforma en fuente de tormento constante, de dolor y descontento eterno". Entre los colonizados, el debate sobre el *métissage* se formó en torno al *métissage* como futuro de la humanidad (Ousmane Socé), como desafío al monoetnicismo europeo y como borramiento de las diferencias, unidad bajo el signo del imperio (Leopold Sehngor).

Escribir sobre la figura del *métis* tal como se lo consideró durante la historia del colonialismo francés, desde la esclavitud hasta la Guerra Fría, reveló su importancia como tropo de angustia y me hizo revisitar el discurso actual sobre la creolización, una reconfiguración del *métissage* que evita el determinismo biológico implícito. No hace mucho tiempo, Edouard Glissant sostuvo que "todo el mundo está experimentado el proceso de creolización". ¿De verdad pensaba que eso era lo que ocurría o era una expresión de deseo? ¿Se refería a un proceso inevitable a largo plazo? "Todo el mundo" es algo demasiado complejo, demasiado diverso para experimentar un único proceso. Los argumentos de Glissant son muy atractivos, sagaces y están a tono con la condición posmoderna y poscolonialista, pero no pueden aplicarse a "todo el mundo". Las disrupciones y las transformaciones que trae consigo la globalización actual –aumento de las migraciones, nuevas rutas migratorias, nuevas ciudades globales, regionalización, velocidad de transmisión de la información e intercambios financieros– echan los cimientos para nuevos procesos de mixtura cuyos delineamientos aún nos son desconocidos.

Históricamente, la creolización surgió en las sociedades esclavistas, en los primeros procesos de globalización que generaron el comercio de esclavos y la colonización europea. Describe un proceso que opera constantemente a medida que se integran nuevos esclavos que son creolizados por los esclavos que llegaron antes. Sabemos que los amos eran cuidadosos en cuanto a la diversificación de su comunidad de esclavos, ya que su intención era debilitar y evitar la lealtad y la solidaridad en el seno de esa comunidad. Después los esclavos aprendieron a vivir y a trabajar codo a codo, a entenderse entre sí mediante la creación y la adopción de la lengua creole, y a adoptar las creencias, rituales y prácticas de los demás y a adaptarse a ellas. Los recién llegados no podían sobrevivir si se empeñaban en proteger la "autenticidad" de sus creencias, rituales y prácticas. El sistema de la plantación exigía que los esclavos olvidaran su pasado, raíces y cultura, y, en cambio, ofrecía un terreno en el que podían preservarse fragmentos de su cultura, que se incorporaban a las prácticas creolizadas. Era una exigencia que iba en contra de la política de división de los amos, pero que, sin embargo, no se podía controlar. La plantación fue la matriz de la creolización, la maquinaria que debían soportar tanto los esclavos como los amos. En Reunión, ni siquiera los blancos que iban a la isla eran europeos ricos o jóvenes aristócratas en busca de fortuna, sino campesinos pobres de las regiones más pobres de Francia y de Europa a los que el Estado había obligado a emigrar. No tenían otra opción. El proceso de creolización fue frágil porque se veía amenazado con regularidad por los nuevos arribos, y era debilitado por las reglamentaciones de los amos. No obstante, esa fragilidad fue la condición que permitió la creolización, un movimiento dialéctico de olvido, adopción, transformación de lo adoptado y creación de rituales y prácticas que podían compartirse entre grupos diversos que siempre aportaban su visión singular. Por ejemplo, la muerte se enmarcó dentro de una mixtura afromalgache e hindú de la concepción de la filiación, la genealogía y el tiempo, mezcla a la que cada grupo añadía su propia contribución.

No existe creolización sin conflicto entre los contrastes reafirmados y el movimiento hacia la unidad. Cuando los trabajadores con contrato llegaron a Reunión, chocaron con los esclavos emancipados y buscaron diferenciarse de los trabajadores con contrato de servidumbre: ellos eran libres y no eran negros, decían. Aun así adoptaron las formas de ser y de vivir creoles y al mismo tiempo incorporaron sus propios rituales, prácticas y creencias, que la población a su vez creolizó y adoptó. La coexistencia de conflicto, tensión y cohabitación produjo una unidad, el mundo creole, al que, a su vez, los nuevos contrastes ponían en cuestión. Los contrastes y la unidad eran producto de las mismas estructuras: la esclavitud y el colonialismo. La creolización como proceso creador de estructuras de identificación, prácticas culturales, formas de ser y de entender el tiempo, el espacio y el mundo no se forjó en un territorio soberano. La creolización empezó con un desplazamiento (que no deberíamos idealizar) que creó otras formas de habitar el territorio. Era la experiencia de *ser un extranjero*. El nuevo país era el territorio de la esclavitud, la deportación y el exilio, pero también de un mundo y una cultura nuevos. Las culturas llegaban fragmentadas. La alienación de la esclavitud, su "muerte social", la reubicación forzada y el hecho de no tener opciones trajeron aparejada una relación completamente diferente con el territorio.

La creolización debe ser un proceso constante en el que la "difusión" y la "extensión" de elementos van acompañadas de la apropiación y la adopción, que implican la acción del receptor. Muchas de las interacciones no ocurren entre iguales. La creolización no es un proceso armónico, ya que en ella se dan prácticas de exclusión y discriminación. La creolización indica que la pérdida no es necesariamente una carencia, no es un conjunto de partes homogéneas que pueden restarse o sumarse a voluntad; es un proceso dinámico, un movimiento, pero no un movimiento de A a B, o de A más B, sino de partes de A más partes modificadas de A más partes de B... Se trata de algo en proceso, no de algo fijo. Todas estas cuestiones pueden parecer abstractas, pero en mi caso se dieron con la experiencia de vivir en una tierra sin pasado precolonial, una tierra de extrañamiento para todos sus habitantes, sin raíces ni orígenes salvo el acto de colonización.

Según Glissant, que lleva la noción de creolización a un nuevo nivel global, la *relación* es central. Glissant sostiene que es inevitable que el "caos" creciente (los encuentros entre culturas, cada vez más frecuentes, en los que ninguna puede asegurar que representa una totalidad) lleve a la creolización, concepto que él prefiere en desmedro del de *métissage,* porque con la creolización siempre hay algo inesperado (en tanto los resultados del *métissage* pueden calcularse) (véase Glissant, 1996: 19). La creolización "exige que los elementos heterogéneos que se relacionan se valoricen entre sí, es decir, no hay degradación ni disminución del sujeto [de *l'être*] en el contacto, la mixtura" (Glissant, 1996: 18). No comparto el argumento de Glissant sobre la generalización de la creolización, que no es la regla en situaciones de contacto entre culturas (históricamente, más bien fue la excepción). El contacto entre culturas no necesariamente va seguido de creolización, puede producir *apartheid,* separatismo, multiculturalismo y cohabitación con indiferencia. Como ya mencioné, para que haya creolización deben olvidarse los orígenes, que sobreviven sólo en su reconstrucción y transformación. En la era actual de la globalización, la política y la economía de la predación, el tráfico de seres humanos, la fuerza y la brutalidad organizan nuevos territorios de poder y resistencia. Existen nuevas ciudades globales. ¿Existen procesos de creolización en esos territorios? No hay en ellos una reproducción de las condiciones de la plantación a partir de las cuales surgió el proceso de creolización. Si la creolización se entiende como proceso de mixtura, ciertamente podemos afirmar que estamos observando procesos de creolización que podrían, asimismo, producir una unidad (creolización = diversidad y unidad puesta a prueba por la diversidad, que a su vez atraviesa un proceso de unificación, etc.). Sin embargo, no es un proceso *global* ni "todo el mundo" experimenta el proceso de creolización. Creo, en cambio, que observamos procesos de creolización acompañados de procesos de contacto, *apartheid,* multiculturalismo con indiferencia y nuevas formas de contacto y conflicto. En un mismo territorio –una ciudad, una región– esos procesos distintos pueden coexistir, superponerse o estar en conflicto. Además, todavía no se sabe hasta qué punto los procesos de creolización son capaces de resistir la presión de las políticas de identidad. Cabe preguntarse si el proceso aún se da en la era actual de globalización liberal, si puede aplicarse también a situaciones actuales de contacto y si la globalización actual produce situaciones similares a las de la globalización de la era del tráfico de esclavos, con las características de tráfico de seres humanos, predación, fuerza y brutalidad. Estas preguntas aún no tienen respuesta. La creolización no puede volverse una práctica hegemónica; de ser así, se transformaría en otra identidad pura. Debe seguir siendo un proceso, una práctica de las zonas de contacto y conflicto. Yo vengo de un mundo creolizado que, a pesar de toda su creatividad, capacidad de supervivencia, capacidad de adaptación y versatilidad, es también un mundo con sus propios confines, límites y cercamientos.

Escribir y desplazarse

Mi práctica de escritura está imbuida de la comprensión de que hay un mundo más allá de la comunidad a la que pertenezco. No tengo la intención de confinarme dentro de las estrechas fronteras culturales que llevan a una especie de exilio interno. Tal como afirmé en la introducción, se trata de transformar la pertenencia a una comunidad que no "importaba" antes ni "importa" ahora en una fuente de conocimiento.

> no siempre es una buena idea zambullirse en una laguna salada cualquiera
> no siempre es una buena idea chapotear en el letargo de los mornes [reflexivos]
> no siempre es bueno perderse
> en la contemplación gnoseológica
> del hueco más fructífero de los árboles genealógicos
> Aime Césaire, "Manglar"[11]

[11] Aimé Césaire (1990): *Lyric and Dramatic Poetry, 1946-1982,* Charlottesville, Virginia University Press, pág. 107.

Tercera parte
Interioridades

8. Cronotopías de la intimidad

Leonor Arfuch

Leonor Arfuch es profesora titular de la Facultad de Ciencias Sociales, de la Universidad de Buenos Aires, donde también realizó sus estudios de grado y doctorado en el Área de Letras. Especializada en teorías del discurso y crítica cultural, se ha interesado en temas de subjetividad, identidad, memoria y narrativa, y en el análisis de géneros discursivos y mediáticos, incluyendo las artes visuales. Su perspectiva articula diversos enfoques –lingüísticos, semióticos, literarios–, con peculiar énfasis en la dimensión política de los fenómenos culturales. Dirige un equipo de investigación, con sede en el Instituto de Investigaciones Gino Germani de la Facultad de Ciencias Sociales, donde coordina además el Area de Cultura y Pensamiento Crítico. Ha publicado *La interioridad pública* (Buenos Aires, Facultad de Ciencias Sociales, 1992); *La entrevista, una invención dialógica* (Barcelona, Paidós, 1995); *Diseño y comunicación. Teorías y enfoques críticos* (Buenos Aires, Paidós, 1997; en co-autoría con Norberto Chaves y María Ledesma); *Crímenes y pecados. De los jóvenes en la crónica policial* (Buenos Aires, UNICEF, 1997); *El espacio biográfico. Dilemas de la subjetividad contemporánea* (Buenos Aires, FCE, 2002); Crítica Cultural entre política y poética (FCE, 2008); Memoria y autobiografía. Exploraciones en los límites (FCE, 2013) como compiladora *Identidades, sujetos y subjetividades* (Buenos Aires, Prometeo, 2002), y numerosos artículos en libros y revistas especializadas, nacionales y extranjeras. Ha sido profesora invitada de las Universidades de Essex (Inglaterra), UNAM e Iberoamericana, (México), Católica y Diego Portales (Chile), Nacional y Javeriana (Colombia), entre otras. En 2004 obtuvo el British Academy Professorship award, en 2007 la Beca Guggenheim y en 2013 fue Tinker Visiting Professor en la Universidad de Stanford (Estados Unidos).

Palabra, cuerpo, imagen, territorio... ¿cómo definir la intimidad? A primera vista, parecería una condición esencial del ser humano, el espacio interior, propio, secreto, la profundidad del yo –en el sentido en que decimos "*en el fondo, eso es lo que quiero. .*"– el cuerpo como límite, como umbral que une o separa de los otros, y también el hábitat, la casa –una atmósfera tanto como una materialidad–, relaciones –con quienes compartimos–, pasiones, sexualidades, objetos, prácticas.

Con la misma naturalidad con que vivimos el espacio sin preguntarnos sobre él, asumimos la esfera de la intimidad[1] como la que más intrínsecamente nos constituye y representa, aunque para reconocerla tengamos que enfrentarnos a su exterioridad, lo que no es ella, su opuesto –o su complementario–, el otro lado del umbral, lo público. Lo íntimo, una sutil gradación de lo privado, se inscribe así –también naturalmente– en la distinción clásica de los espacios de la modernidad.

Si bien podríamos reconocer en algún período de la antigüedad griega o en la familia romana lejanos ancestros de lo que hoy llamamos intimidad, su sentido cabal sólo aflora en el siglo XVIII, con el afianzamiento del individualismo y el mundo burgués. Así, el despliegue de lo público, en su doble dimensión de lo social y lo político, tiene su contracara en una esfera donde lo privado doméstico –desprendido ya de la producción– se articula *a lo íntimo,* una zona incipiente, de obligada exploración, donde despunta la nueva subjetividad moderna. Así enriquecida, la esfera privada deja de tener su vieja connotación de privación –el estar desprovisto de algo– para asumir la doble función de cobijar lo doméstico, el hogar –"tangible"– y de proteger lo íntimo

---

[1] Nora Catelli destaca, en su indagación etimológica sobre el término "intimidad", la vertiente por la cual la palabra, en relación con el verbo "intimar" y el sustantivo latino *timor* (temor), denota, además de la "*introducción* en el afecto o ánimo de uno", tanto la violencia como el temor: "intimación", "intimidación" (Catelli, 1996: 87-98).

–"intangible"– del asedio de una sociedad donde cada vez se tornan más rígidas las normas de conducta.[2]

Hay, según consenso casi unánime, un personaje emblemático de este tránsito a una nueva condición, Jean-Jacques Rousseau, para Hannah Arendt "el primer explorador claro y en cierto grado incluso teórico, de la intimidad" (1974), quien, en una "rebelión del corazón" contra la sociedad de su época, va a trazar con sus *Confesiones* (1766) la topografía primigenia de ese espacio singular: el *yo*, la primera persona que se hace cargo de la enunciación tomándose a sí mismo como testigo; la verdad, que se busca –y se encuentra– en la interioridad y no ya en Dios; la pasión erótica, ligada fuertemente a la pulsión, y esa condición dual que hace que el sujeto moderno se sienta como en su casa en el seno de la sociedad y al mismo tiempo necesite defenderse de ella.

La intimidad fue entonces, primariamente, *escritura,* palabra, decir performativo que construía su objeto, en contraposición con el espacio de lo público, ya dilatado hacia la gran ciudad. Así, ese particular momento histórico, al que Jürgen Habermas (1990) llamó "el siglo epistolar",[3] vio el surgimiento tanto de la escritura autógrafa en sus múltiples manifestaciones –autobiografías, confesiones, memorias, diarios íntimos, correspondencias– como de la novela moderna, también anclada sobre la forma epistolar –la *Pamela* y la *Clarissa,* de Richardson, *Las relaciones peligrosas,* de Laclos–, una verdadera constelación

[2] Remitimos aquí al conocido análisis crítico de Hannah Arendt en *La condición humana* (1974) sobre la configuración de los espacios de la modernidad, que transformó radicalmente la distinción entre lo "público" (político) y lo "privado" (doméstico) de la antigua Grecia, donde esta última esfera incluía también la producción, basada en el trabajo de los esclavos, que con el capitalismo pasaría a integrar el ámbito de lo social. Arendt no deja de enfatizar, en su valoración del modelo griego clásico, la pérdida de esa libertad intrínseca de lo público/político como ideal por el cual se puede dar la vida, en aras del "conformismo" de lo social, que, a través de la instauración de la *conducta* "devora" los otros espacios, incluido el de la intimidad. La oposición entre "tangible" e "intangible" pertenece a la autora.

[3] En su clásico *Historia y crítica de la opinión pública* el autor valora el "raciocinio literario", basado en el comentario y la lectura pública de libros, periódicos y cartas en los espacios de socialidad (salones, cafés, clubes, casas de refrigerio), que juntamente con el "raciocinio político" dieron lugar, en el siglo XVIII, al nacimiento de la opinión pública moderna.

simbólica donde se experimentaban las nuevas maneras de vivir y de expresar la afectividad, las relaciones familiares e interpersonales, los tonos del amor y la pasión.

Pero el gesto pionero de Rousseau, antecedente canónico de la autobiografía –género, por otra parte, indisociable del ascenso del individualismo en Occidente– no era solamente afectivo o pasional sino también filosófico y, por ende, coherente con el resto de su obra. Se trataba allí también del descubrimiento de la *interioridad,* la voz interior como espacio de discernimiento y de autoafirmación, de una autonomía radical –la verdad se halla en nosotros y en particular en los sentimientos–, espacio apto para cobijar la inquietud de la temporalidad, la angustia de la soledad, la desazón por el rechazo de los contemporáneos. Así, tempranamente, el filósofo dejaba una impronta de rebeldía frente a la sociedad, los convencionalismos, la intrusión en las zonas sensibles de la privacidad, que el devenir histórico mostraría más y más cambiante –privacidades devenidas públicas, regulaciones que se tornan privadas– sin por ello decrecer.

Sin embargo, esta rebelión dejaba simultáneamente al descubierto su costado paradójico: para hacerse entender y "perdonar" –con el tono de una sinceridad exaltada que fue perdiendo luego su eficacia retórica– Jean-Jacques tuvo que exponer su más cruda intimidad en el espacio público. Arendt da cuenta de esta "fagocitación" de lo privado en lo público como uno de los rasgos más notorios de la moderna *visibilidad:* "Comparada con la realidad de lo visto y oído, incluso las mayores fuerzas de la vida íntima –las pasiones del corazón, los pensamientos de la mente, las delicias de los sentidos– llevan una incierta y oscura existencia, hasta que se transforman, desindividualizadas, como si dijéramos, en una forma adecuada para la aparición pública" (1974: 74).

La *aparición* va a ser entonces la contrafigura obligada y paradójica de la intimidad, la que hace a la posibilidad misma de ser compartida tanto con los allegados como, potencialmente, con los *otros,* lectores, espectadores, públicos, audiencias… También aquí podríamos señalar un *crescendo* sin pausa: la intimidad es hoy sin duda un terreno transitado hasta la saturación por todo tipo de tematizaciones y experimentaciones, de lo científico a lo abyecto, de la literatura a las artes visuales, el cine, el teatro, los medios de comunicación y, por supuesto, los usos y costumbres cotidianos.

Ciertamente, aquellas tempranas escrituras del yo también dejaban huella de otro hecho innegable: que esa "forma adecuada" para la aparición pública es, precisamente, *narrativa* –en su más amplia acepción–, que no hay otro modo de dar cuenta, poner en forma –y, por ende, *en sentido*– la propia experiencia que no sea a través del relato, oral, escrito, visual, audiovisual... Dicho de otro modo, la "vida", lo que cada uno atesora como la más prístina intimidad –aun cuando su entera trama sea compartida con otros–, no existe más que como un cúmulo de sensaciones, percepciones, vivencias, recuerdos, pulsiones, rasgos heteróclitos, cuya lógica, cuya temporalidad, sólo *aparecen* en la narración. Por eso, de la escritura autobiográfica a la novela, con sus transformaciones genéricas y estilísticas a través del tiempo –y sin desdeñar los otros registros de la expresión artística–, de lo que se tratará siempre, más allá de los eventuales rasgos moralizantes, ejemplarizadores, disruptivos y aún, escandalosos, es de encontrar justamente un *sentido,* el famoso "sentido de la vida", aun cuando se llegue, a veces, a la comprobación, desesperanzada, de su "sinsentido".

Pero ¿qué hay de la pasión, a la cual aludimos? En principio, en las diversas escrituras, lo que aparecía más nítidamente era la búsqueda de identificación de los personajes con sus eventuales lectores, el abandono de los arquetipos para dar vida a seres "como uno", para exponer justamente las vicisitudes de la vida cotidiana, las afecciones, actitudes, experiencias, de esa trabajosa "educación sentimental". Las novelas arriba mencionadas, *best-sellers* de su época, donde el género epistolar jugaba a la autenticidad de cartas *verdaderamente* halladas, ponían en escena tanto el deseo y la pasión amorosa –correspondida, frustrada, obstaculizada– como los peligros del exceso, de la infracción de los límites –del decoro, de la religiosidad– que pueden conducir a la muerte. La distinción entre inocencia y perversión, entre pasión y pureza o acatamiento de las normas –sociales, familiares, matrimoniales, en definitiva, burguesas– está presente también en *La nueva Heloísa,* la gran novela epistolar de Rousseau, donde los personajes,

Julia y Saint-Preux –una joven y su tutor, en una imposible relación amorosa– discurren además todo el tiempo en torno de la lectura, otra escena cara a los románticos y al modelado de esa nueva subjetividad.

Se jugaba asimismo en esas escrituras el tema del secreto, esencial en la configuración misma de la intimidad: intrigas, ocultamientos, develamientos, una trama que apelaba fuertemente a la complicidad con el lector, protagonista a su vez de otro fenómeno, la notable ampliación de los públicos y su involucramiento existencial en las obras. Algunos estudios de recepción muestran la relevancia que adquirían las historias y sus personajes –en particular, los de ese género todavía sospechoso, la novela, muy poco edificante según cierta opinión– en las decisiones sobre la propia vida personal, la crianza de los hijos, los sentimientos recomendables y los censurables.[4] La narrativa venía así a desdecir en cierto modo la inmaterialidad que Arendt había anotado en su descripción sobre las dos esferas de lo privado: "La intimidad del corazón, a desemejanza del hogar privado, no tiene lugar tangible en el mundo" (Arendt, 1974: 60). El libro –la narrativa– se convierte entonces en un lugar "tangible" y su impacto en la vida cotidiana se refleja de inmediato en el hogar. El lujo de detalles cotidianos –lo que Charles Taylor (1996) llama "la afirmación de la vida corriente"[5] que sostiene esa especie de informe minucioso de la experiencia humana, abre un espacio de identificación con fuerte correlato material: cuerpos, objetos y costumbres.[6]

[4] Robert Darnton encontró, en los archivos de la Sociedad Tipográfica de Neuchâtel, editora de la obra del filósofo, las cartas que los lectores enviaban a Rousseau, comentándole las impresiones y emociones que había despertado en ellos su obra. Véase "Los lectores le responden a Rousseau. La creación de la sensibilidad romántica" (Darnton, 1987: 217-267).

[5] Taylor analiza el cariz que ha tomado este "ideal de la vida corriente" en nuestros días, donde la satisfacción de deseos y comodidades pide algo más respecto del sentido de la vida: algo de "vida mejor" que supere el mero utilitarismo y que defina la identidad como "una orientación en el espacio moral". El yo aparece así como un requisito de profundidad y complejidad, es uno en relación con otros y la comprensión de ese "sí mismo" sólo es posible a través de la narrativa (1996: 48-49).

[6] "Ese tocado ligero que finge cubrir los largos cabellos rubios que lo adornan: esa afortunada pañoleta con la que por lo menos por una vez no tendré que refunfuñar; esa ropa de cámara elegante y sencilla [...], esas chinelas tan graciosas que un pie flexible llena sin esfuerzo; ese cuerpo tan delicado que toca y abraza..." (Rousseau, J. J., *La Nueva Heloísa*, 1ª, parte, Carta LIV, citado en Ranum, O., 1985, págs. 212-265).

Cuerpos e imágenes se combinan también, obsesivamente, en el trazado visual de la intimidad: grabados, pinturas, esbozos, retratos, escenas que muestran los lugares y posturas convenientes a cada ocasión –donde el desnudo se va haciendo más permisivo–, gestualidades y actitudes, éxtasis y arrebatos, melancolías y meditaciones modelados bajo una nueva luz. También los objetos, que se intercambian y atesoran en acumulaciones fuertemente simbólicas, dan cuenta de la frágil sensibilidad que apela a la memoria y a ese lugar central de lo íntimo, que se inviste de todos los valores, el corazón: recuerdos, relicarios, joyas, miniaturas, cartas de amor, flores secas, lazos, pañuelos, piezas de tocador, cajas, cofres, rarezas, reliquias...

Finalmente, el territorio de la intimidad se hace aún más "tangible" en el altar doméstico, la casa –tal como la conocemos–, el *hogar;* un entorno apropiado para la naciente familia nuclear, más reducido y más privado, con la valoración del matrimonio basado en los afectos más que en las alianzas de fortuna y un amor creciente por los hijos, espacios ceremoniales abiertos a los extraños –el zaguán, la sala, el comedor– y otros, reservados a los moradores –la biblioteca, el dormitorio, la alcoba, el *cabinet–,* que a menudo cobijan las tribulaciones del corazón y donde empieza a perfilarse el hábito de la soledad, la lectura silenciosa y los ejercicios de la escritura autógrafa.[7] En ese trazado acotado del interior burgués se vislumbra ya la densidad semiótica del umbral, que separa el reino –femenino– de la domesticidad del mundo exterior, de esa indiferenciación de lo público, lo multifacético, de esa nueva entidad amenazadora, la calle –la multitud– que encontraría en la urbe su expresión más acabada.[8]

Pero en la medida en que el umbral *une* tanto como separa, interior y exterior se transforman en dos caras de la misma moneda: la Puerta

[7] La familia del siglo XVIII instituía, con la casa, un muro de defensa de la vida privada frente a la sociedad, que abrigaría las nuevas relaciones amorosas entre las personas y con los hijos, junto con la afirmación de los "buenos sentimientos" morales, de deber, etc. Véase Ph. Ariès y G. Duby (1987), tomo 5.

[8] El tema de la naciente inquietud de la urbe, la multitud, dio lugar a abordajes ya clásicos, tanto desde la imaginación poética (Baudelaire, Rimbaud) como pictórica (los impresionistas, las vanguardias estéticas) y sociológica (Engels, Simmel, Benjamin, Sennett, Bermann, etc.).

–en la simbólica acepción de Simmel (1986)– es tanto un medio de aislamiento como de comunicación. Si erigir una casa es para el filósofo repetir el primer gesto humano de manifestación de poder ante la naturaleza –"(recortar) una parcela de la continuidad e infinitud del espacio y (configurar) *un* sentido conforme a una unidad específica" (Simmel, 1986: 31)–, este gesto evoca tanto la cadena asociativa del "refugio" como la del encierro, el aislamiento, la finitud. Si ese encierro puede ser visto como frontera que el hombre se ha puesto a sí mismo, la puerta le permite superarlo y recuperar entonces su libertad: ella une el espacio finito con el infinito, el momento de contención con el de expansión, el adentro y el afuera, la unidad uniforme (el "ser para sí" en casa) y el ser natural, abierto a la potencialidad ilimitada de la existencia: "el hombre es el ser fronterizo que no tiene ninguna frontera" (Simmel, 1986: 34).[9]

Así, el umbral, la puerta que preanuncia la infinitud de lo público, puede leerse también como localización paradigmática de la distinción entre lo individual y lo social, que pone en evidencia tanto la contigüidad física entre ambos como su mutua implicación existencial. La intimidad como refugio, como ámbito propio de manifestación de la afectividad, de los instintos y deseos, al abrigo de las miradas del "mundo exterior", es precisamente, para Norbert Elias (1991), el resultado histórico de esa partición imaginaria de la modernidad, que pone "afuera" lo que en verdad el individuo ya ha internalizado y lleva consigo a todas partes: la uniformidad de la conducta –normas, reglas, valores–, a la vez imposición y autoconfiguración, control y *autocontrol,* que atravesará siempre –con nosotros– el umbral. Dicho de otro modo: no habrá nada de verdaderamente *privado* en los comportamientos, aún en el recinto amurallado de la casa: nuestra subjetividad individual será sólo un resultado –temporario, contingente–, un

[9] Es interesante también la concepción interaccional del espacio de Simmel: "La acción recíproca que tiene lugar entre hombres –prescindiendo de lo que en otros aspectos signifique– se siente como el acto de llenar un espacio. Cuando un número de personas viven aisladas dentro de determinados límites espaciales, cada una de ellas llena con su sustancia y actividad tan sólo el lugar que ocupa inmediatamente, y lo que queda entre ese lugar y el ocupado por el prójimo es espacio vacío, prácticamente nada. Pero en el momento en que esas dos personas entran en acción recíproca, el espacio que existe entre ellas aparece lleno y animado" (Simmel, 1986b: 645).

momento en la trama continua de la intersubjetividad. Quizá en ese sentido pueda interpretarse la poética frase de Arendt, siempre preocupada por la sobreexposición: "el crepúsculo que ilumina nuestras vidas privadas e íntimas deriva de la luz mucho más dura de la esfera pública" (1974: 75).

La rebelión de Rousseau contra sus "enemigos" contenía así el germen de su propia confrontación antagónica, esa eterna batalla consigo mismo que alimenta el mito del "yo" *contra* la sociedad moralizante y opresora)[10] Una tensión constitutiva, que sigue perdurando aún hoy, cuando podríamos hablar, valga el oxímoron, de una verdadera "intimidad pública".

I. Espacialidades

> *El espacio no es el medio contextual (real o lógico) dentro*
> *del cual las cosas están dispuestas, sino el medio gracias al*
> *cual es posible la disposición de las cosas.*
>
> M. Merleau-Ponty

La narración de una vida –umbral entre lo íntimo, lo privado y lo público– despliega, casi obligadamente, el arco de la temporalidad: fechas, sucesiones, aconteceres, simultaneidades que desafían la traza esquiva de la memoria o desordenan el empecinamiento de una serie, cesuras, dislocaciones, olvidos... hilos sueltos que perturban la fuerza de la evocación. Pero esa temporalidad es también espacialidad: geografías, lugares, moradas, escenas donde los cuerpos se dibujan en un ámbito que es a menudo la marca más consistente de la cronología, el anclaje más nítido de la afectividad. El espacio –físico, geográfico– se transforma así en espacio *biográfico*.

---

[10] Paradójicamente, la obra de Rousseau también ha sido interpretada como la primera reivindicación de la comunidad como la verdad misma del sujeto formulada contra el individualismo hobbesiano: "nuestro verdadero yo no está por completo en nosotros solos", afirma el filósofo en *J. J. Rousseau juge de Jean-Jacques*. Pero esta formulación, señala Roberto Espósito, tiene lugar en el mismo paradigma que finalmente "recorta a la comunidad sobre el perfil del individuo aislado y autosuficiente", cerrado en su perfecta completitud (Espósito, 2003:96 [cita de Rousseau] y 100).

Si la espacio-temporalidad es indisociable de la experiencia humana, si es imposible pensar la vida sin el escenario de su efectuación –qué es la infancia, en su investidura mítica, sino la casa familiar, la calle, el barrio, la mesa, el vecindario, la algarabía de los juegos, el silencio de los rincones...–, pensar el espacio, como afirma Doreen Massey, no es lo más habitual: estamos prioritariamente sujetos a la lógica –y aún a la angustia– del tiempo, al decurso irreversible de la temporalidad.

Pero, retomando su pregunta, ¿cómo *pensar* el espacio cuando vivimos naturalmente en él? ¿Cómo pensarlo más allá –o más acá– de la física, de la geografía o aun, de la filosofía?

Después de mi encuentro con ella en Londres, donde empezó a bosquejarse el proyecto de este libro, caí en la cuenta de que, por esas coincidencias que suelen darse entre dominios no tan cercanos, yo *ya había pensado el espacio* antes de conocer su obra como geógrafa cultural y de tener idea cabal de la problematicidad teórica y política de ese campo: había escrito un libro, *El espacio biográfico* (2002a), en curiosa sintonía con su propia concepción de la espacialidad. Se lo comenté y me contestó con una sonrisa: "¡De veras! Es que quizá eres realmente geógrafa...".

Mi conceptualización estaba en verdad lejos de la geografía, aunque invadida sin duda por esa metaforicidad del lenguaje que nos resulta hoy tan sugerente: mapas, itinerarios, recorridos, territorios, campos, márgenes.... Nacía justamente del intento por superar los límites –las fronteras– de los géneros auto/biográficos canónicos para abarcar la multiplicidad de formas y géneros –mediáticos, audiovisuales, cinematográficos, teatrales– en los cuales se despliega actualmente la narrativa vivencial, con una gran diversidad retórica respecto de sus ancestros del siglo XVIII y una *aparición* que desafía cada vez más el umbral, nunca nítido, entre público y privado. Un espacio –espacio/temporalidad más dilatado que el género, pensado justamente desde las interacciones, las interrelaciones, la hibridación de las formas, su intertextualidad, los deslizamientos metonímicos –de la autobiografía clásica a la entrevista periodística, por ejemplo, de la historia oral al *talk-show*–, en definitiva, las diferentes maneras en que las vidas "reales" –experiencias, momentos, iluminaciones, vivencias, recuerdos, anécdotas, testimonios– se narran, circulan y son apropiadas, en las incontables esferas de la comunicación globalizada.

No se trataba entonces de dar cuenta, desde la teoría literaria, de la especificidad de esos géneros –entre los cuales, la autobiografía ha sido siempre privilegiada– ni del análisis de obras emblemáticas de autores o períodos, sino de abordar justamente lo biográfico en su dispersión, en su diversidad y su recurrencia y aún, en la importancia, rara vez teorizada, que tiene en la conversación cotidiana. Desde esta perspectiva, por naturaleza multidisciplinaria, ese espacio puede ser visto como un horizonte de inteligibilidad para interpretar, sintomáticamente, ciertas tendencias relevantes en la reconfiguración de la subjetividad contemporánea.

Ese salto teórico fue posible por una elaboración, adaptada a mi objeto, de la concepción de los géneros discursivos de Mijail Bajtin (1982), uno de los primeros en pensar justamente la relatividad y la espacio-temporalidad en relación con los discursos sociales y con la literatura en particular. Según su óptica, los géneros –que acompañan todas las esferas de la praxis humana– son conjuntos de enunciados constitutivamente heterogéneos, en constante hibridación, que comparten ciertas características temáticas, compositivas y estilísticas, ciertos sistemas de valoración, pero cuya especificidad es sólo relativa: reconocibles por su tradición pero también sujetos al cambio, histórico o cotidiano, y sobre todo, al movimiento sin pausa de la interdiscursividad social. Fue precisamente ese énfasis en el carácter relacional, dialógico, de la producción simbólica, lo que me llevó a imaginar un *espacio* diacrónicamente habitado, en la doble tensión del lenguaje como pura actualidad, *presencia* sintagmática y como carga histórica, paradigmática, *ausencia* sobre la que se recorta todo decir, en un diferimiento (*différance*)[11] temporal del sentido. Dicho de otro modo, un espacio biográfico abierto a la multiplicidad, donde cada presente de la actualidad –del relato– se dibuja sobre el trasfondo de las genealogías narrativas, sobre la temporalidad de la propia vida, de las vidas de los otros, de *la vida* en general.[12]

[11] Utilizo aquí un sentido próximo del concepto de *différance* en Derrida.

[12] Remito en este punto a la conocida analítica del término *vivencia* de Gadamer (1977:

Si esta concepción amplia de lo biográfico permitía incluso ir más allá de la identidad personal para analizar, en la articulación de lo teórico y lo político, la configuración de identidades colectivas –en tanto posiciones relacionales, identificaciones contingentes, afirmación ontológica de la diferencia (Arfuch, 2002b)–, lo que me interesa aquí, por el contrario, es indagar en la esfera íntima y en una especie de *plano de detalle*: ciertos objetos, rincones, imágenes, escrituras, ciertos ritos cotidianos, ciertos derroteros, que forman parte inadvertidamente de la naturalidad con que vivimos ese espacio –espacio y cuerpo, cuerpo en el espacio–, pero cuya investidura simbólica los hace sin embargo indisociables de la idea de hogar, de identidad, de pertenencia, ideas que el carácter migrante de la cultura contemporánea –desde los flujos migratorios "reales" a los tecnológicos y al imaginario mismo de la globalización– somete a constante refiguración. Es esa escena íntima contemporánea, sus transformaciones, ambivalencias y desafíos, lo que nos proponemos atisbar.

II. La esfera íntima: la casa

Un plano de detalle puede comenzar por un objeto singular, la casa, espacio simbólico por excelencia, que condensa todas las coordenadas del *lugar*: casa natal, lugar de origen, hogar, cuna, amparo, abrigo, refugio, morada... En *La poética del espacio* Gaston Bachelard (1965) recorre minuciosamente esa pequeña geografía universal, que se inviste tanto de valores físicos como metafísicos, que atesora tiempos múltiples, comprimidos, presencias cálidas y amenazadoras, del sótano –lo subterráneo, el miedo, lo criminal, lo oscuro– al tejado –las nubes, la libertad, el aire–, de los rincones felices de la sociabilidad –la cocina, la mesa, el salón, la lámpara en la ventana– a los recovecos de la soledad. "Albergue de los recuerdos", "morada del ser", la casa es vista, en este "topo-análisis", como el espacio emblemático de la interioridad, la infancia, el mundo feliz, la ensoñación, protegida y alejada del mundo exterior pero con la cualidad de poder configurar un mundo propio.

96-107), que retoma la genealogía alemana del *Erlebnis* en sus vertientes ligadas a la escritura autobiográfica, como en el caso emblemático de Goethe.

Para Bachelard habría algo así como una "escena primitiva" del habitar, como resonancia de la necesidad de abrigo en la temprana edad del género humano, una suerte de pulsión que lleva a identificar la casa natal con los recorridos azarosos del inconsciente –o con los arquetipos: la casa = el alma– y al mismo tiempo con el trabajo esforzado de la memoria, para la cual la localización es esencial. Si la interioridad no puede construirse sobre la sola línea del tiempo abstracto sino sobre la *duración* –Ricoeur diría: la *temporalidad*–, es su relación con la espacialidad la que permite el anclaje –visual, auditivo, casi diríamos– de los devenires biográficos que componen una historia: rara vez hay infancia –adolescencia, madurez– sin novela familiar y ésta sin descripción de la casa. Cuerpos, encuentros, hábitos, ausencias –cuartos vacíos–, sonidos jubilosos de celebración, huellas que guardan la forma de la presencia: desgastes del sillón, hendidura de los escalones, acumulaciones en el desván...

Y también, podríamos agregar, pérdidas de la casa misma: demoliciones, transformaciones, abandonos, otros ocupantes que habitan un lugar que sigue siendo nuestro en la memoria y a la vez nos es vedado para todo reconocimiento. Más allá de la huella arcaica, fantasmal, de la casa "habitada" por el espíritu de antiguos moradores, algo de extraño e inquietante tiene la idea de la casa que sobrevive a nuestra presencia, que *ahora* contiene otras vidas, otras voces, otros pasos para los mismos recorridos. Escenas fantaseadas y temidas: el retorno –ya adultos–, la decrepitud del lugar, algo que ha quedado olvidado en algún rincón como un fragmento arqueológico, capaz de desatar el torrente del recuerdo.[13]

Por este camino no es extraño llegar a la poesía: la casa natal es también nido, cobijo, regazo materno, profunda nostalgia del tiempo ido: más allá de la magdalena de Proust, todos podemos abrir una alacena que despide un aroma único o descubrir súbitamente –quizá por haberla perdido– la entonación irrepetible de una voz. En notable coincidencia con lo que Bajtin (1982:134) define como "valor biográ-

[13] Doreen Massey hace un análisis geo-político y cultural, que convoca varias problemáticas, a partir de un "retorno al hogar" autobiográfico sobre la casa de sus padres. Véase "Living in Wythenshawe" (Massey, 2001: 459-474).

fico" —esa refracción especular por la cual todo relato de vida no sólo da forma o "pone en orden" la vida del autor/narrador sino también la del lector, y por elevación, la vida misma–, Bachelard dirá en su *Poética* —desde una óptica que él define como "una filosofía de la literatura y de la poesía"– que al leer/escribir un cuarto, una casa, "los valores de la intimidad son tan absorbentes que el lector no lee ya nuestro cuarto: vuelve a ver el suyo" (1965: 47) y aún más, en tanto hemos aprendido en la casa natal las funciones del habitar, si retornáramos después de largo tiempo "todo el ser de la casa se desplegaría, fiel, en nuestro ser" (1965: 48).

Pero ¿qué ocurre en un tiempo en que la casa se ha transformado para muchos en un cobijo pasajero, ambulante, desarraigado de un "lugar"? ¿Cómo alimentar la huella del recuerdo sobre la inscripción simbólica de la carencia en palabras recientes y estremecedoras, *homeless*, sin hogar?[14] ¿Será suficiente aquí pensar aquello de que el lugar/ el hogar es simplemente el sitio "donde está mi cuerpo"?

Si en la fantasía el cuerpo se enlaza con la casa familiar como certidumbre de la materialidad, al mismo tiempo la casa toma cuerpo en una dimensión onírica, como un sueño o en el sueño, a menudo traumático. Oscilación entre corpóreo e incorpóreo, entre interior y exterior, entre profundidad y extensión, entre abrigo e intemperie, que es quizá la condición misma del habitar, esa densidad simbólica que define la perdurabilidad de la vivencia y del recuerdo. Así, mientras el alejamiento pone al morador a merced de las fuerzas del mundo, la "vuelta al hogar" —después del periplo de una vida– aparecerá fuertemente simbolizada, como rito de pasaje a la madurez y al mismo tiempo como regresión, como búsqueda del amparo del seno materno. Viajes, separaciones, guerras, exilios forzosos o por elección y sobre todo los tránsitos migratorios que no dejan de multiplicarse con la globalización, reeditan una y otra vez ese retorno fantaseado que encuentra en Ulises su figura mítica: la dificultad –y hasta la imposibilidad– de

---

[14] Una palabra reciente pero que remite a antiguas genealogías. Según Richard Sennett (1990: 6): "La cultura judeo-cristiana se vincula, en sus mas auténticas raíces, con una experiencia de dislocación espiritual y de pérdida del hogar (*homelessness*)" (la traducción es mía).

cumplir el propósito de llegar a puerto, pese a la añoranza y al empeño; y finalmente, al llegar, la comprobación desconcertante de que nada es como era entonces, ni el viajero, ni el tiempo, ni el hogar. [15]

III. Cronotopos

Esta peculiar relación entre espacio, tiempo e investidura afectiva que caracteriza la vivencia de *la casa/el hogar* puede ser definida, con toda propiedad, como un *cronotopos*. El concepto fue elaborado por Bajtin en el marco de su teoría de los géneros discursivos a partir de una definición propia de la matemática inspirada en la teoría de la relatividad de Einstein. El cronotopos –literalmente: tiempo-espacio–, señala la correlación esencial de las relaciones espacio-temporales, tal como ha sido asimilada por la literatura: el tiempo se condensa, "deviene compacto, visible para el arte", mientras que el espacio se intensifica, "se abisma en el movimiento del tiempo, del sujeto, de la Historia" y ambos son indisociables de un valor emocional. "Lo que cuenta para nosotros –dirá el autor, refiriéndose a este uso, un tanto metafórico– es que expresa la indisolubilidad del espacio y del tiempo (este último, como la cuarta dimensión del espacio)" (Bajtin, 1978: 237, la traducción es mía).

El cronotopo es entonces una especie de punto nodal de la trama, tiene una dimensión configurativa, por cuanto inviste de sentido –y afecto– a acciones y personajes, que asumirán por ello mismo una cierta cualidad. En él operará tanto el presente de la narración –su actualización en un relato verbal, visual, audiovisual– como la carga valorativa que conlleva por historia y tradición. Ejemplos clásicos: la ruta –de los peregrinos a los *road-movies*–, la plaza pública –como en Rabelais–, la calle, el castillo, el salón –típico de Balzac–, pero también la vida –el camino de la vida–, el linaje, la familia, la casa, el hogar...

[15] Para Schutz (1974) el "hogar" está constituido por "grupos primarios" de identificación en los cuales "la vida del Otro pasa a ser una parte de su propia autobiografía, un elemento de su historia personal". Este modo de compartir la temporalidad hace que, con el extrañamiento del hogar sobrevenga la añoranza, en tanto las experiencias vívidas son remplazadas por recuerdos, que nunca encontrarán su adecuación en el retorno efectivo. Véase especialmente, "La vuelta al hogar", págs. 108-119.

A su vez, la esfera íntima de la casa, tanto en la literatura como en la vida –o en la vida bajo la impronta de la literatura, que impone su modelo a toda narración autobiográfica–, se multiplica en diversos anclajes cronotópicos: la "meditación de los rincones" que exaltaba Bachelard, la franja de luz debajo de la puerta del dormitorio de los padres, que anunciaba para Benjamin el viaje inminente,[16] el encierro de la ensoñación en Proust, el jardín sombrío y soleado de Barthes, los cajones, que atesoran lo inútil y lo invalorable, lo rescatado del olvido y lo ya olvidado[17]–la obsesión de las cajas apiladas de Christian Boltanski–, los cofres, que guardan secretos bajo llave, las valijas, que los migrantes no se deciden a vaciar, los armarios, con su carga misteriosa o siniestra, la ropa colgada, tan banal y sin embargo tan perturbadora ante la ausencia, la desaparición, la muerte...

Lugar aparte merecen quizá el álbum de familia, colección heteróclita de antecesores y contemporáneos que componen una improbable genealogía, y también las cartas, las postales, los diarios íntimos, las agendas, modestas escrituras que no soñaban con la celebridad, anotaciones rápidas, intensas, dramáticas, espacios/tiempos condensados en frases crípticas, como las que alejaban a Borges de la estima de los diarios íntimos y las correspondencias, incluso de famosos, en tanto esos deslizamientos del vivir, apañados por la complicidad, pretenden ser marca, incisión, traza en la temporalidad y al mismo tiempo secreto sin desciframiento. Objetos que, por la investidura de la representación –visual, gestual, escritural– constituyen el "núcleo duro" de la intimidad, resistentes a la tipología y a la teorización por ser "singulares" y, entonces, expresivos de la singularidad de cada uno en tanto tal. Sin embargo, y quizá paradójicamente, el énfasis memorial, de registro, de archivo, el interés –creciente– en la subjetividad y la

---

[16] En su *Infancia en Berlín hacia 1900* (Benjamin, 1987), el recuerdo está anclado en lugares, objetos, alusiones a personas pero no "personas" en términos de encuentros, rostros, caracteres.

[17] Es bien conocido el dilema que presentan ciertos objetos que atesoran la experiencia del pasado pero que vamos dejando en el camino ante la imposibilidad de conservar, archivar, coleccionar, o aquellos que nos detienen una y otra vez en el impulso del desprendimiento –regalar, tirar, dar a la caridad– para quedar agazapados en algún rincón, como haciendo poco ruido para no disturbar.

experiencia personal del "actor social" los ha convertido en objetos de deseo de la antropología, la sociología, la etnografía, la historia oral... Así, el álbum de familia, las cartas y hasta las postales recibidas a lo largo de una vida –y particularmente atesoradas– pueden convertirse súbitamente en "corpus" de una investigación.

Quizá escapan a esta intrusión científica los diarios íntimos –mientras que los de los famosos sucumben cada vez más a la voracidad editorial– aunque no a la curiosidad académica sobre su práctica,[18] pero por otro lado la moda de los *weblogs* en Internet los pone ahora al alcance de todos, como uno de los rasgos de la nueva "intimidad pública". Restarían solamente las agendas, huérfanas de interés, tanto poético como científico;[19] aunque, en verdad, consideradas seriamente, son el testigo más consecuente de nuestra espacio/temporalidad, del devenir de cada día con su carga –de obligación, de emoción, de novedad– con su vacuidad –blancos, vacíos, silencios–, con su angustia –encuentros fallidos, frustraciones, desencuentros–, con sus recordatorios de efemérides familiares, su marcación de personas, reuniones, celebraciones, infortunios, sus cambiantes geografías –tránsitos, viajes– y también, muchas veces, con anotaciones del vivir que las transforman súbitamente en diario íntimo: frases, impresiones, iluminaciones, tribulaciones del corazón –que no han cambiado con los tiempos–, pequeños ensayos de filosofía cotidiana... Hay quienes las conservan, justamente como huellas empecinadas de la existencia, quienes las convierten en tiempos muertos –tachaduras como crespones, abolición de lo pasado– y quienes sucumben a su reemplazo electrónico, desterrando la traza en el papel.

Curiosamente, nuestra época, tan atenaceada por el movimiento, la velocidad, la fluctuación identitaria, la "desterritorialización", por la

---

[18] Philippe Lejeune convocó a cantidad de jóvenes franceses a responder una encuesta sobre su práctica del diario íntimo, que resultó más frecuente de lo imaginado, y publicó sus resultados en *"Cher cahier..." Témoignages sur le journal personnel* (1989).

[19] Este improbable género literario inspiró sin embargo a Eliseo Verón sus *Efectos de agenda* (1999), donde, invocando la "paternidad" de Barthes y guiado por el "redoble temporal" de las fechas, el autor articula, narrándose a sí mismo en tercera persona, recuerdos, vivencias actuales o noticias de periódicos, secuencias de experiencias lejanas y recientes, reflexiones sobre antiguas convicciones y desarrollos teóricos, generando un diálogo entre aspectos íntimos e intelectuales.

innovación sin pausa de las tecnologías de la comunicación y, por ende, las cambiantes formas de estar en el mundo respecto de la ubicuidad, la conectividad, el registro, la memoria –lo que Scott Lash (2005) llama "formas tecnológicas de vida"–, parece cada vez más convocada por los viejos anclajes cronotópicos.[20] No solamente la idea de *hogar* resulta hoy una categoría que vale la pena redefinir teóricamente por su importancia en el panorama migratorio de la globalización –como lo hacen Massey, Morley y Robins y Aksoy en este mismo libro– sino que es también un poderoso motor del mercado: nunca antes había alcanzado tal envergadura la maquinaria simbólica del "hogar", asociada al gigantismo del consumo, a espacios desmesurados donde hay *todo* lo imaginable para poblar rincones, ensoñaciones, desplegar nuevas sofisticaciones, llevar al infinito la potencialidad –cada vez más temporaria y renovable– del *confort*, un registro primigenio en la configuración burguesa de los espacios de la intimidad.[21]

Coextensivamente, la producción mediática da un paso más allá de las clásicas revistas o programas televisivos de decoración para estrenar nuevas formas de *reality-show*, donde de lo que se trata es de la renovación total del ámbito doméstico, hecha generalmente por un equipo ad-hoc como una "sorpresa" para sus moradores –sin dejar de remitir a la fórmula del "hágalo usted mismo"–, que los instalaría súbitamente en un cambio de vida radical. Una gradación mayor de esta tendencia es la provisión lisa y llana de una casa, con todos sus

---

[20] Hannah Arendt anotaba, con su proverbial ironía, que lo que la esfera pública considera inapropiado puede tener un encanto "extraordinario y contagioso" para todo un pueblo, sin perder por ello su carácter privado: el moderno encanto por las "pequeñas cosas", por ejemplo, que hace a las personas felices "dentro de sus cuatro paredes, entre arca y cama, mesa y silla, perro, gato y maceta de flores, extendiendo a estas cosas un cuidado y ternura que, en un mundo donde la rápida industrialización elimina las cosas de ayer para producir los objetos de hoy, puede incluso parecer el último rincón puramente humano del mundo" (1974: 76).

[21] La idea del *confort* se desarrolla juntamente con el afianzamiento de la casa burguesa y la familia nuclear, y es su "tercer aspecto" constitutivo: muebles, adornos, comodidades, se acumulan en los espacios hasta la exasperación y ese despliegue, que se torna más y más "artístico", da lugar, hacia fines del XIX, entre otras cosas, a los movimientos de *Arts & Crafts, Liberty*, etc. (Rybczynski, 1991). Contemporáneamente, las grandes cadenas como IKEA reeditan –y estimulan– esa compulsión a poblar los espacios domésticos de todo tipo de implementos, donde el valor del "diseño" es esencial.

implementos, como resultado de una selección televisiva entre los "sin hogar".[22]

Pero si la lógica del mercado explora –y explota– la casa/ hogar como un inagotable objeto de deseo, en una temporalidad siempre prospectiva, las lógicas narrativas parecen tornarse, una y otra vez, hacia una búsqueda retrospectiva –¿una especie de "vuelta al hogar"?– que también podríamos definir, con Bajtin, como un "tono" de época: énfasis temático sobre la "tierra natal", la nación y la nacionalidad,[23] memorias personales, testimonios, recuerdos, fábulas familiares, indagación sobre la historia de los padres –nuestros más entrañables desconocidos–, rescate de objetos cotidianos para una nueva investidura, sobre todo en las artes visuales, experimentación cinematográfica o teatral[24] que compromete la propia biografía o se plantea como autorretrato –que a veces puede derivar en lo que Huyssen (2002) llama la "automusealización"–,[25] y por cierto, un despliegue mediático que

[22] El canal de cable *People and Arts* está poblado de este tipo de programas: "Tu casa, mi casa", "Mientras no estabas", "En venta", etc., además de los típicos programas de decoración, en distintos canales. El ejemplo de la provisión de la casa, que pone en escena paradigmáticamente el "poder de la televisión", en este caso, su capacidad de ir, resolutivamente, más allá de las instituciones del Estado, corresponde al programa "Extreme Makeover - Home Edition", transmitido en los Estados Unidos los domingos por la cadena ABC, cuyo *backstage* es editado y presentado al día siguiente con el subtítulo "How do they do that?".

[23] Al respecto, y solo para mencionar dos eventos recientes en un área académica donde es muy fuerte el impacto migratorio, la Universidad de California en San Diego, remitimos a los seminarios *Homelands, Borders and Trade in Latin America: Freedom, Violence, and Exchange After 911*, realizado el 24 y 25 de febrero de 2005 y *Diasporic homecomings: ethnic return migrants in comparative perspective*, realizado el 20 y 21 de mayo de 2005. En los últimos años, la temática ha dado lugar por otra parte a una profusa literatura y a la creación de programas de estudio y centros de investigación especializados en diversos países del mundo. En el contexto argentino el tema de la nación/nacionalidad también está siendo interrogado, sobre todo después de la crisis de 2001. Véase al respecto, Vernick (2005).

[24] En cine, el uso de la cámara digital ha llevado a experiencias intimistas donde se mezcla lo autobiográfico, lo testimonial y lo ficcional, dando lugar a productos difícilmente clasificables, a la vez cerca y lejos del documentalismo (Van der Koiken, Pedro Costa, etc.). En teatro, el ciclo experimental *Biodrama*, dirigido por Vivi Tellas, presenta desde hace varios años en Buenos Aires experiencias de puesta en escena –de diversos directores– con personas que proponen un guión y/o representan personajes de su propia vida.

[25] En *En busca del futuro perdido*, Huyssen analiza el fenómeno contemporáneo de la

incluye y desborda todos estos registros. Constelaciones significantes con "parecidos de familia" que, sin perjuicio de la valoración diferencial que deba hacerse, en virtud de los géneros discursivos y estéticas involucrados, quizá guarden alguna relación con la moda *retro* y la nostalgia, con sus inevitables ribetes *kitsch,* que parece retornar también, en contrapunto con la imaginación tecnológica, la futuridad y el minimalismo estético, espacial y conceptual.

Cabría preguntarse si estos "retornos" verdaderamente "vuelven" a algún punto de origen o trazan otras órbitas en una nueva espacio/temporalidad. Si es cierto una vez más que siempre se vuelve diferente, a esta altura del (nuevo) siglo, el vuelco hacia la interioridad –si alguna vez se la hubiera "abandonado"– no parecería ser precisamente hacia esa unidad imaginaria del sujeto de la modernidad sino, en todo caso, hacia esa fractura, esa multiplicidad, esos *yo como otros*, que la literatura, la filosofía, el psicoanálisis, la lingüística y hasta las ciencias "duras" han traído a las orillas de nuestra contemporaneidad. Sin embargo, es quizá por esa fragmentación de la experiencia –que no dudaríamos en reconocer como "propia"– que la búsqueda de anclajes más o menos "seguros" –localizaciones, geografías, objetos, memorias–, en su despliegue íntimo y global, adquiere, sintomáticamente, tal relevancia.

IV. Más allá del umbral

Pese a que la construcción histórica de la intimidad hace de ella un territorio, un espacio acotado, interior, "a un lado" del umbral –del cuerpo, de la conciencia, de la casa– una mirada más de cerca permite advertir su ubicuidad, la vaguedad de sus límites, su intrínseca condición *comunicativa.* Así como lo público y lo privado no pueden pensarse ya como dominios autonómicos con incumbencias –y sentimientos– específicos, sino más bien como espacios simbólicos mutuamente implicados, en constante interacción –e intersección–, la intimidad –componente esencial de lo "privado"– parece alcanzar

obsesión memorial, que no sólo concierne a las memorias traumáticas como la de la Shoah sino también a las efemérides globales, la proliferación de museos, memoriales, monumentos, autobiografías, operaciones de mercado y diversas experimentaciones artísticas de "musealización" donde el artista remite a sí mismo.

hoy un punto extremo de aquella *aparición* que Arendt señalara como paradójica: no sólo es posible expresarla públicamente en sus acentos más recónditos –exhibición de los cuerpos, de la afectividad, de la sexualidad– en lo que Elías definiría como una "flexibilización de las costumbres", sino que irrumpirá a su vez en el "altar" doméstico a través de las pantallas –televisión, video, Internet– como tematización casi maníaca, de lo científico a lo pornográfico –es decir, como intimidad pública– y entonces, como articulación "lógica" de ambos espacios, el público –los públicos– y el privado de su consumación.[26]

Esta especie de recursividad de una forma que se torna sobre sí misma evoca, para Susan Gal, (2002) la figura del fractal, que considera útil para pensar la vieja distinción entre público y privado desde un punto de vista semiótico. Así, cada espacio, lejos de ser definido de antemano, irá *tornándose* más o menos público o privado, según contextos interaccionales, indexicalmente, esto es, en relación con posiciones enunciativas, gestuales, corporales. En el interior de la casa, por ejemplo, el living, más público que el dormitorio, podrá tornarse privado en un encuentro amoroso sin testigos o un aparte de una fiesta, y el dormitorio abrirse a la más cruda realidad del mundo con la recepción, justamente, de la noticia y en general, de los medios de comunicación. Del mismo modo, la vereda propia resultará más "privada" que el contorno general de la calle en que habitamos y ésta más que cualquier otra calle de la ciudad. Siguiendo esta lógica, también podría pensarse la sucesiva ampliación de lo "privado", en tanto identificación y pertenencia, a la provincia, la nación, la etnia, la lengua, etc.

Pero además, el traspasar el umbral dejando atrás la propia morada es también una experiencia donde ambos espacios se articulan de manera singular: está allí lo biográfico, que se desgrana sin cesar al recorrer los mismos u otros sitios ligados misteriosa, poéticamente, en el recuerdo, hitos de temporalidades disyuntas, episodios, súbitas

---

[26] Una "consumación" que excede la recepción clásica de los productos mediáticos para transformarse, a través de la web, en nuevos modos de relacionamiento interpersonal, donde aparecen como un fenómeno creciente y digno de atención las prácticas del "ciber-sexo", que suponen reales cambios en la subjetividad.

remembranzas, tribulaciones del presente, la vida entera en la rutina de un día con sus estaciones obligadas "tangibles" e "intangibles", como en la paradigmática *Mrs. Dalloway* de Virginia Woolf, el rumor de la ciudad que alimenta el "discurso interior" bajtiniano o esa voz, ajena y propia, desdoblada –nuestra propia voz de transeúntes locales o globales– que la teoría literaria llama "fluir de la conciencia" o "estilo indirecto libre" y que inauguró, entre fines del XIX y principios del XX, una nueva experiencia del espacio/tiempo y de la escritura. Así, la intimidad, incluso más allá de sus "signos vitales"–los gestos exteriores que la *manifiesten*– se juega en el más simple deambular solitario –como en las *Rêveries* de Rousseau– y en los más dilatados escenarios. También en esos refugios transitorios del espacio público, defendidos apenas por el propio cuerpo, el silencio y la evasión de la mirada: salas de espera, aeropuertos, asientos, ventanillas...

Será quizá esa imprecisión de los límites, ese diálogo natural con el entorno y con los otros que nos constituye en tanto sujetos, esa fluctuación de pasados futuros ante la cualidad escurridiza del presente, lo que hace a la tentación de atrapar la experiencia para develarla –aun *desindividualizada*, como decía Arendt–, y dejar huella perdurable en algún registro significante, de la modesta agenda cotidiana o el diario íntimo al best-seller biográfico o la instalación celebrada en el museo. Así podrían leerse tal vez esas escrituras de "retorno" que mencionábamos más arriba, consecuentes con la inflación memorial de las últimas dos décadas, o esos experimentos de las artes visuales –no olvidar su raíz común con "experiencia"– que también parecen desafiar el umbral de la visibilidad, a menudo coincidente con el de la intimidad.

Ateniéndonos a las escrituras, hay un fenómeno reconocible en el escenario global en cuanto a la ampliación y el énfasis creciente que adquiere el espacio biográfico, en la multiplicidad de sus ocurrencias, de los géneros canónicos, siempre presentes en la lista de best-sellers –biografías, autobiografías, memorias, diarios íntimos, correspondencias– a diversas formas híbridas, innovadoras, experimentales. Así, la autoficción, que aparece como nueva categoría editorial –aunque, como siempre, podrían encontrarse antecesores– juega a "ser o no ser" verdadero relato del yo, aunque conserve la referencia al nombre propio, o bien toma la forma de una novela aunque indague de cerca en la propia biografía.[27]

Los "borradores" literarios, por otra parte, conservados en la intimidad de un autor, pueden adquirir súbitamente estatuto de *obra,* del mismo modo que los teóricos,[28] y también las notas de cursos y seminarios, como las "simulaciones novelescas de algunos espacios cotidianos" de Roland Barthes (2003), con sus marcas de agenda, que encuentran su momento de publicación precisamente ahora, casi treinta años después. Siguiendo esta tónica, hay toda suerte de recopilaciones de fragmentos, hojas sueltas, rastros perdidos, anotaciones ocasionales, que salen del ámbito doméstico por propia decisión, por insistencia editorial o voluntad de los sucesores. Estética de la fragmentación, a tono con la época, pero que también señala el renovado interés en la privacidad y la intimidad, en el universo de los objetos corrientes, cercanos, identificables, en que se mueven los personajes quizá extraordinarios. Una búsqueda de la *presencia* –que Derrida enfatizara como imposibilidad radical– con la garantía de "autenticidad", de lo realmente vivido, experimentado, imbuido todavía de la frescura de la espontaneidad –incluso, escrito *a mano*– aquello no pensado para su publicación y entonces, más verosímil que la obra concebida como autobiográfica.

Sin adherir por cierto a este imaginario de inmediatez, de *presencia,* el propio Barthes se había anticipado sin embargo a mostrar la pertinencia de esas textualidades dispersas, fragmentarias –lecturas, escrituras– en el trazado de una biografía, más allá de toda narración "canónica" de acontecimientos vividos. Así, su emblemático *Roland Barthes par Roland Barthes* (1975), enlazaba sintácticamente algunas fotografías de su álbum familiar con textos breves, facsímiles, listas,

---

[27] Remitimos a algunos ejemplos de esta tendencia en escritores argentinos contemporáneos: Chejfec, S., *Lenta biografía,* 1990, y *Los planetas,* 1999; Bianciotti, H., *La busca del jardín* y *El paso tan lento del amor,* 1996; Raschella, R., *Diálogos en los patios rojos,* 1994, y *Si hubiéramos vivido aquí,* 1998; Molloy, S., *El común olvido,* 2002, y *Varia imaginación,* 2003.

[28] En 1997 apareció justamente en español el volumen de Bajtin *Hacía una filosofía del acto ético. De los borradores y otros escritos,* que recuperaba inéditos de su archivo con comentarios de Iris Zavala y Augusto Ponzio.

comentarios, impresiones, esbozos de teoría, en la disyunción entre la primera y la tercera persona –ser narrado por un otro, como en la "extraposición" bajtiniana– dibujando una especie de "autorretrato" elusivo, a la manera de "un personaje de novela", que al desdecir la pretensión de coherencia y totalidad del autobiógrafo tradicional afirmaba, por elevación, que *toda* escritura es autobiográfica.

Si esta obra dejó una fuerte impronta deconstructiva en teorías y prácticas en cuanto a los modos contemporáneos de la (auto)narración, hay también, en el fenómeno que venimos describiendo, una notoria supervivencia del modelo clásico –la narración de acontecimientos y vivencias en un orden, cronológico y explicativo, la posición de enunciación testimonial, la pretensión veridictiva–, como puede advertirse, a través de innúmeras referencias, en los catálogos editoriales tanto a nivel local como en la web. Así, y más allá de la investigación académica sobre el candente tema de las migraciones, que pone en escena relatos de vida sobre las travesías, los tránsitos, las (re)localizaciones, las semblanzas idealizadas de la tierra natal, o aquellas que abordan la problemática de la memoria, especialmente traumática –un terreno tan hollado que hasta se ha hecho común la expresión "abuso de memoria"– hay una considerable producción en el contexto argentino actual que ronda, explícitamente, bajo el modo ficcional o testimonial, en torno a las "raíces", los antiguos inmigrantes, el pasado familiar y/o nacional.[29] A esta producción, que enfatiza en rasgos históricos, identitarios, costumbres, modos de la cotidianidad, se suman los testimonios, relatos de vida o ficciones, que remiten al pasado reciente, la década del 70, la experiencia de la dictadura militar y el terrorismo

---

[29] Algunos títulos representativos de esta amplia constelación, en términos temáticos y de circulación, son: Belgrano Rawson, E., *Fuegia* (novela que alude a los inmigrantes británicos en Tierra del Fuego), 1991; Giardinelli, M., *Santo Oficio de la memoria* (novela), 1991; Shua, A.M., *El Libro de los Recuerdos* (novela sobre judíos polacos), 1994; Ibarguren, C., *La historia que he vivido*, 1994; Brunswig de Bamberg, M., *Allá en la Patagonia* (inmigrante alemana en el sur), 1995; *Los dones del tiempo* (biografía de una asturiana afincada en Bahía Blanca), 1998; Canclini, A., *Navegantes, presos y pioneros en la Tierra del Fuego*, 1999; Sampedro, C., *Madres e hijas. Historias de mujeres inmigrantes*, 2000; Gambaro; G., *El mar que nos trajo* (novela), 2001; Fernández Díaz, J., *Mamá* (biografía de una española, que fue best-seller), 2002, etc. [Selección realizada por María Stegmayer, a quien agradezco.]

de Estado, a esa brecha trágica que la desaparición dejó en las subjetividades, la historia y las memorias públicas. Sin pretensión de "saldar" esa brecha y cuando todavía persiste la demanda de justicia, hay sin embargo una aproximación a la "pequeña escena", a una intimidad perdida, familiar, que intentan reponer tanto los relatos[30] como los "archivos biográficos" que ciertos organismos de derechos humanos han asumido como tarea indelegable en la construcción de esa memoria para una posteridad, en sus acentos individuales y colectivos.[31] Una vez más se manifiesta aquí esa voluntad "archivadora" –que también puede ser leída como un rasgo de época– pero con plena conciencia de su carácter performativo, tal como lo señalara Derrida: "La archivación produce, tanto como registra, el acontecimiento" (Derrida, 1997: 24).

En estas formas de recolección de vivencias y memorias la dimensión objetual asume singular relevancia –"Un objeto, a fin de cuentas, es lo que convierte en privado a lo infinito" decía Joseph Brodsky en *Marca de agua*–[32], tanto en los manuscritos que se "rescatan" para su publicación –a la manera de los objetos personales de nombres célebres, atesorados en la vitrina del museo– acompañados a menudo de una imagen facsimilar, como en los usos tradicionales o innovadores de la fotografía. Pero hay también una insistencia sintomática en el

---

[30] El tema de los desaparecidos en la Argentina dio lugar recientemente a diversos tipos de incursión auto-biográfica de exploración del pasado en el cine, como *Los Rubios* (2003, de Albertina Carri) y *Papá Iván* (2000, de María Inés Roque), ambos filmes hechos por hijas de desaparecidos. El primero, un ensayo de experimentación sobre la memoria sin recurso a lo testimonial; el segundo, más en esta última línea, pero también documentales sobre militantes desaparecidos, en ámbitos barriales o escolares, como *Historias cotidianas* (2001, Andrés Habegger), *Flores de septiembre* (2003, P. Osores, R. Testa y N. Wainszelbaum) o *Botín de guerra* (1999, David Blaustein). Infancias, recuerdos, evocaciones de escenas íntimas o cotidianas, trayectorias inconclusas, vacíos de memoria, en definitiva, la imposibilidad misma de la "reconstrucción" aparece, con distintos matices y estilos, en las obras mencionadas.

[31] Las Abuelas de Plaza de Mayo, en su búsqueda infatigable de los "nietos", es decir, de los hijos de desaparecidos que han sido ilegalmente apropiados por represores o por otras familias y que aún no han sido encontrados, vienen desarrollando la iniciativa, desde hace varios años, de armar un archivo para cada uno de ellos, con testimonios, objetos, fotografías, relatos, que les permita reconstruir, en el momento en que se revele su verdadera identidad, la historia de sus padres.

[32] Epígrafe citado por Fermín A. Rodríguez en "La educación del olvido", en AA.VV, *Borges en diez miradas*. Buenos Aires, Fundación El libro, 1999.

relato mismo, donde pueden aparecer como una retahíla que trae al presente de la enunciación el percutir de un tiempo ido –la infancia, por ejemplo–[33] o genealogías, remembranzas de épocas donde se articulan lo personal y lo colectivo. Los objetos –íntimos pero también públicos, ligados a consumos, hábitos, acontecimientos– aparecen así como verdaderos cronotopos, capaces de suscitar un fuerte efecto de identificación.[34]

Los objetos cotidianos, en su más cruda materialidad, también pueblan los espacios de las artes visuales, generalmente en el marco de una instalación y en una sintaxis narrativa que los distingue del *ready made:* no remiten a sí mismos, como gestos provocativos que adquieren su valor por su localización "fuera de lugar" en el museo sino en un contexto significante que (re)define semánticamente ese lugar. Usos perturbadores, inquisitivos, críticos, a menudo próximos de lo que Hal Foster (2001) llama "el retorno de lo real", jugando con la doble valencia que señala asimismo el concepto psicoanalítico de lo que escapa a la representación, lo no simbolizable. Para tomar unos pocos ejemplos –con diversidad estilística–, de esta tendencia del arte conceptual, hay usos sintomáticos de la ropa, con toda su carga histórica, generacional, emotiva, como materia de (auto)instalación –simbologías del cuerpo, de la carnalidad, de la uniformidad, y hasta de la posible cercanía con el diferente– (Kim Abeles, Eric Hattan),[35]

[33] "Plumetí, broderie, tafeta, falla, gro, sarga, piqué, paño lenci, casimir [...] Canesú, rangland, manga japonesa, canotier, talle princesa [...] Recuerdo estas palabras de mi infancia, en tardes en que hacía los deberes y escuchaba hablar a mi madre y a mi tía que cosían en el cuarto contiguo. Reproduzco este desorden costurero en mi memoria" (Molloy, 2003:23-24).

[34] Un ejemplo clásico es el *Je me souviens...* ("Me acuerdo de...") de Georges Perec, donde la enumeración obsesiva de objetos de consumo, lugares, hábitos, avisos publicitarios, películas, ídolos, etc., del tiempo de la infancia/adolescencia termina transformándose no sólo en una suerte de autobiografía sino también en un retrato generacional. En tiempos de nostalgia, migraciones y afluencia turística, apareció recientemente un libro de pequeño formato con cantidad de imágenes "típicas" de objetos y productos *Surtido, 286 imágenes del alma argentina,* cuya sola vista trae al recuerdo escenas entrañables de la infancia y el pasado, al tiempo que abona el terreno simbólico de la "argentinidad".

[35] Dos ejemplos de esta utilización en muestras presentadas en Buenos Aires son "Enciclopedia Persona", de la artista plástica americana Kim Abeles (Centro Recoleta, 1996), que había usado ropa vieja de sus amigos –con toda su carga afectiva y gene-

o como acumulación excesiva, traumática, que evoca el límite –laca-
niano– de "lo real" en las instalaciones de Christian Boltanski sobre el
Holocausto,[36] artista que además ejercita una especie de coleccionismo
obsesivo de objetos y/o fotografías personales, donde historia y memoria (colectiva) se sobreimprimen.[37] La indagación sobre el espacio
(del arte) la intimidad y la memoria puede asumir también la forma
de un trabajo metafórico con objetos emblemáticos: cartas, postales,
estampillas, agendas, en agrupamientos y dislocaciones traumáticas
–encerradas en cajas o buzones, torsionadas, ilegibles, atornilladas–,
como en el caso de Carlos Gallardo,[38] o impensados, como los colcho-
nes de Kuitca, con el trazado de sus mapas intervenidos, que señalan el

---

racional– para armar kimonos como siluetas humanas en distintas instalaciones, y la
participación de Eric Hattan en la colectiva "Buenos días Buenos Aires" (Museo de
Arte Moderno, 2003), muestra de artistas suizos sobre la crisis argentina, en la cual
el artista mencionado presentó las ropas –compradas de segunda mano en distintos
barrios del conurbano bonaerense– que había usado para "identificarse" con esos
"otros" que supuestamente las usarían en su vida cotidiana y tomar(se) fotografías,
que también formaban parte de la instalación.

[36] En la muestra "Canadá" (1988-90) –nombre con el que en Auschwitz se designaba
el lugar donde los judíos debían depositar sus pertenencias–, que Boltanski presentara
en distintos países, el artista colgaba toneladas de ropa comprada en ropavejeros en
las paredes del espacio monumental elegido (galpones, una vieja estación) y el recorrido culminaba en un espacio donde el espectador debía obligadamente *pisar* por
sobre esas ropas, con el consiguiente impacto físico y emocional que ello producía.

[37] El "archivismo" autobiográfico de Boltanski –cercano a la museificación– es bien conocido: la instalación *Recherche et présentation de ce qui reste de mon enfance* (1944-50)
o *Essai de reconstitution d'objets ayant appartenu à Christian Boltanski entre 1948 et 1954*,
autoficciones que ponen en escena, con jocosa ironía lo efímero de la temporalidad
siempre puntuada por la muerte. Una instalación de fotografías del artista, titulada
"Album de la familia D" fue presentada en Buenos Aires, en una muestra colectiva de
artistas de Francia, en marzo de 1996, aniversario de los 20 años del golpe de estado
en la Argentina, y su recepción inspiraba asociaciones no demasiado forzadas con
la traumática experiencia del Holocausto y en general, de la segunda guerra. Véase
Arfuch, "Álbum de familia" en la Revista *Punto de Vista*, n° 56, diciembre de 1996.

[38] El ejemplo remite a la muestra *Kronos*, del argentino Carlos Gallardo, inaugurada en
el Centro Cultural Recoleta unos días antes del 24 de marzo de 2000 (aniversario del
golpe de estado de 1976). El nombre y los significantes que puntuaban la lectura de
las obras –*Qué, Quién, Cuándo, Dónde, Adónde, Cómo, Porqué*– señalaban un recorrido
posible donde remoción y rememoración se articulaban, sin necesidad de alusiones
específicas. Significantes –interrogantes– cuya inscripción sobre las acumulaciones
fuertemente simbólicas de los objetos mencionados, capturados en viejos buzones
domésticos, o bien sobre cajas/nichos vagamente siniestras, trazaba un itinerario
inquietante de identificaciones y reconocimientos en la memoria colectiva.

oxímoron entre la intimidad del hogar y el deambular de la geografía, entre lo estático del cuerpo en reposo y el viaje –de placer o de exilio–, un anclaje cronotópico que opera también, en su caso, como eslabón entre biografía y memoria colectiva.[39] Para seguir con el objeto más recóndito de la privacidad, *My Bed* de Tracey Emin –su propio lecho, rodeado de todas las trazas del uso y del tiempo como uno de los objetos-fetiche de la Saatchi Gallery londinense– funcionaría como un "autorretrato" reactivo y escandaloso[40] –al tiempo que totalmente "desindividualizado"–, que desacraliza violentamente la intimidad en su inequívoca cercanía con la sexualidad, tanto como quizá denuncia con ironía el creciente –y a menudo irrelevante– carácter público/ terapéutico que ésta asume.

Son justamente los medios de comunicación y especialmente la televisión quienes han tomado a su cargo, de modo prioritario, la construcción pública de una "nueva" intimidad que se ofrece como un consumo cultural fuertemente jerarquizado. Están allí por supuesto los diversos modelos de "novela familiar", incluso –aunque minoritaria- mente– los que contrarían la "norma" heterosexual, la gama completa –y estereotípica– de los avatares de la domesticidad, desde el decálogo de usos y costumbres al de la moda y la decoración, de los preceptos elementales de la nutrición a la cocina gourmet de alta sofisticación. La interioridad física y emocional se cultiva tanto desde la salud –cuyo desfile de "expertos" es abrumador– como desde la gimnasia, la medi- tación, el yoga y toda suerte de "tecnologías" próximas al foucaultiano "cuidado de sí", incluida, por supuesto, la confesión de los más íntimos pecados (de los otros). Mención aparte merece la sexualidad, transitada desde la medicina o la consultoría –las *Confesiones* de Cosmopolitan aúnan, emblemáticamente, el "consejo experto" y la confesión– a la

---

[39] Entre junio y agosto de 2003 se realizó en el Museo de Arte Latinoamericano de Buenos Aires una retrospectiva de Guillermo Kuitca, quien expuso, en una sincronía paradigmática, una obra donde la memoria, el exilio, la tragedia argentina y el deam- bular –físico, imaginario– lejos del "hogar" se articulaban.

[40] La instalación fue presentada por primera vez en 1998 en la Tate Gallery de Londres como una de las finalistas para el Turner Prize. Al respecto, la artista comentó: "Es un auto-retrato, pero no el que a la gente le gustaría ver. Recoge un peso terrible de soledad y malestar. Luce como la escena de un crimen" (*Time out: the Saatchi Gallery*, 2003).

ficción "testimonial" –*Real sex*– o las "instrucciones de uso" del tipo *Sex and the city*, sin contar la chismografía instituida con rubro fijo u ocasional. Un paso más allá, el sexo se ofrece para todo público en las múltiples formas de la pornografía "soft" y "hard", sumado a una especie de desencadenamiento verbal y visual apto para toda circunstancia, que no vacila en infringir el "horario de protección al menor".[41]

Pero aún otro umbral de la intimidad mediática fue cruzado de modo innovador hace ya más de una década por el *reality show*, que introdujo el protagonismo "en vivo" de los seres comunes, desde la actuación que pretendía recrear la propia peripecia ocurrida "en la vida real" bajo cámara –difuminando así la frontera entre testimonio y ficción– hasta "Gran Hermano" y sus epígonos, donde un ojo orbital cumplía aparentemente el sueño de velar, noche y día, sobre los menores movimientos, físicos y psíquicos, de un grupo conviviendo en la más abrumadora cotidianeidad. Esta ficción concentracionaria, cuyo tedio parecía no disminuir el *rating,* no por azar se aventuraba en los terrenos de la "intimidad" con la complicidad de un espectador *voyeur* pero sin la carga pulsional del acecho: varias lecturas, retóricas y políticas podrían hacerse sobre ese modelo paradigmático de control, de una subjetividad globalizada y asocial, fundada sobre la competencia feroz y la exclusión constitutiva. La variante del *talk show,* por su parte, introducía la palabra como un don terapéutico –la "confesión"–, y ponía en escena la miseria sexual, el arrebato pasional y la agresividad

---

[41] En su ya clásica *Historia de la sexualidad* (Tomo I) Michel Foucault analizaba esta compulsión a "decirlo todo sobre el sexo" pero a través del tamiz de la "sexualidad", un significante que le otorga jerarquía científica –y de este modo "encapsula" su poder liberador–, como una "hipótesis represiva" que, desde fines del siglo XVI viene operando en un régimen de "poder-saber-placer", cuya puesta en discurso es al mismo tiempo una incitación creciente y una normalización de usos, valoraciones y prácticas. En este marco, la confesión (cristiana) fue –y sigue siendo– la matriz que rige la "producción verídica" sobre el sexo, aunque considerablemente transformada: una escena típica de esa transformación es justamente, médica, la otra terapéutica (psicoanálisis incluido), y –sin dejar afuera el poder de policía del Estado (en su sentido amplio: técnicas, administración y control)–, podríamos afirmar que los medios, en su dimensión "globalizada" constituyen hoy una escena privilegiada, cuya "flexibilización" no escapa sin embargo a la lógica del reforzamiento del autocontrol. Sobre el concepto del "cuidado de sí", en su raigambre clásica, griega y romana –que no disocia la atención placentera al cuerpo de la del espíritu– y su contraposición histórica con el "conocimiento de sí", véase *Tecnologías del yo* (1990).

física, tanto como la frustración y la soledad, dos aspectos "fallidos" de una intimidad cuya realización plena se ve siempre en relación con una afectividad compartida. Todo un abanico de vidas incumplidas según los preceptos de la época –matrimonio feliz, armonía familiar, éxito profesional, confort, sociabilidad– se desplegaba así, también "bajo los ojos", apuntando a la identificación imaginaria del "podría ser yo" pero también, simbólicamente, a la modelización del *deber ser*. Un "deber-ser" tomado a su vez a cargo por la publicidad, uno de los rubros más significativos en cuanto a la configuración de la intimidad, que opera transversal y valorativamente en todos los registros: la casa/hogar y la serie ilimitada de sus implementos, las delicias de la vida familiar, los sentimientos de identificación y pertenencia –grupal, barrial, nacional, generacional–, la identidad personal y la relación con los otros, las imágenes idealizadas –sexuales, corporales, profesionales– las agresiones, las pulsiones, los ritos de pasaje, y sobre todo esos "rasgos típicos", reconocibles, "virtudes y defectos" que hacen a un imaginario común.

De este modo, y quizá paradójicamente, la esfera de la intimidad se intensifica como la más "real", como un valor a preservar frente a la indeterminación de lo colectivo, y al mismo tiempo es expuesta en su radical fragilidad, tomada a cargo tanto por la modelización social como por la jurisprudencia –violencia doméstica, maltrato y abuso infantil, acoso sexual, etc.– y la terapéutica, del psicoanálisis a las variadas modalidades, grupales o individuales, de intervención. Una vulnerabilidad que, para Laurent Berlant (1998), deriva justamente de la tensión irresoluble entre el deseo y la normativa, entre la habitualidad y el (des)conocimiento: pese a que en nuestras sociedades "tener una vida" equivale a "tener una vida íntima", nadie sabe en verdad cómo vérselas con la intimidad aun cuando se pueda opinar sobre los problemas de los otros. De ahí la fascinación por esas escenas ajenas y propias de la "intimidad pública", con sus fantasías, utopías, conflictos y ambivalencias. Capaz de "crear mundos" y usurpar lugares –también de la política–, la intimidad plantea asimismo interrogantes en cuanto a la manera en que incide en la afirmación de relaciones interpersonales, la configuración de identidades y subjetividades, la articulación entre las vidas individuales y las trayectorias colectivas.

V. Lo individual, lo colectivo: derivas de la intimidad

Si bien la inquietud en torno de la intimidad –su configuración, sus prácticas, sus límites, sus relaciones con las esferas de lo público– es de larga data, nuevos interrogantes comenzaron a perfilarse nítidamente a partir de la segunda posguerra, con la acelerada expansión de los medios de comunicación y la consecuente ampliación de la visibilidad democrática. Este fenómeno, coincidente con el auge de la publicidad, traía a un primer plano, junto con la liberalización de las costumbres, los diversos aspectos de la privacidad –todos los que hoy vemos en un *crescendo* paroxístico– en desmedro, según encendidas opiniones, del espacio público y en particular de la política, que iba cediendo sus terrenos canónicos –lo ideológico, lo programático– en aras de la "personalidad", el "carisma", los rasgos de la vida privada de candidatos y funcionarios, exhibida –y publicitada– como un producto más del mercado. Es conocido ese momento de inflexión, que algunos interpretaban como el fin de una época. Richard Sennett, por ejemplo, en su clásico *El declive del hombre público,* denunciaba una "caída en el narcisismo" que transformaba al "yo" de cada persona en su carga principal y hacía de la vida privada un fin en sí mismo. Este tipo de imaginación tenía consecuencias sociales, en tanto impulsaba una "visión íntima" de la sociedad: "'Intimidad' connota calor, confianza y una abierta expresión de sentimiento" (Sennett, 1978: 13), frente a ella el mundo exterior –lo público, la "cultura pública"– aparecía como impersonal y hostil. También Habermas (1994), para la misma época, expresaba su preocupación ante el "desbalance" de lo privado en lo público gracias a la mediatización y al triunfo de la publicidad, que retrotraía los tiempos del "raciocinio político" a las "vagas opiniones" premodernas con una fuerte acentuación sentimental.

El par público/privado revelaba una vez más su índole conflictiva, ya anticipada por Arendt: el término débil, *lo privado* traía a la escena pública su poder perturbador y desestabilizador, su exceso constitutivo, aquello por lo cual, quizá, había sido confinado, en la imaginación burguesa, detrás del protegido umbral doméstico. Y si bien las preocupaciones sociológicas y políticas han ido cambiando de signo y se han complejizado con la globalización, la idea de un "desborde" de lo privado en lo público, que afecta tanto al tejido social como político, confundiendo los términos, usurpando lugares, operando en una banalización generalizada de los vínculos o difuminando los objetivos del "bien común", sigue vigente en diversos círculos teóricos. Sin renunciar a una crítica de la sobreexposición contemporánea, en los apartados anteriores hemos tratado de mostrar justamente la dificultad intrínseca de tal contraposición.

Más allá de las dicotomías, la intimidad también puede ser pensada como un poderoso motor de transformación de la sociedad y del espacio público/político, al punto de ser considerada en relación positiva con la democracia. Es lo que propone Anthony Giddens en *La transformación de la intimidad* (1995), un estudio sobre los cambios en la sexualidad, el amor y el erotismo ocurridos en las últimas décadas, que, desde su óptica, han contribuido enormemente a afirmar el sentimiento de autonomía de los sujetos y a "democratizar" la vida personal. Este proceso, asentado fundamentalmente en el derecho ganado por las mujeres a una "sexualidad plástica", desligada de la reproducción y de la constricción matrimonial, sin "objeto fijo", abre caminos, según el autor, a una notoria expansión –y público reconocimiento– de las prácticas diversas de la sexualidad, con su correlato en cuanto a la (re)configuración de identidades individuales y colectivas.

Pero la verdadera "subversión" de la intimidad va más allá de la sexualidad –incluso "plástica"– y es la que vienen realizando los movimientos feministas y de mujeres a lo largo del último siglo y cuya virulencia teórica y política no se "aplaca" con los derechos ya conquistados. Son ellas las que han cuestionado con mayor radicalidad la carga ideológica de la división clásica entre ambos espacios, que hacía de la domesticidad el reino femenino "por naturaleza", llevando este cuestionamiento a la oposición misma entre los sexos/géneros e indagando en los sustratos teóricos y lingüísticos de la nominación. Así, las feministas postestructuralistas, por ejemplo, han planteado la desarticulación de la antinomia varón/ mujer por el procedimiento teórico de la negatividad, interrogándose sobre la construcción de "lo femenino" no ya como término débil, no marcado, de esa oposición, sino como *cuerpo propio,* polimorfo, con una peculiar voz, imagen, escritura, etc. La intimidad no será ya entonces aquel espacio canonizado del pensar, sentir, obrar "como una mujer" sino el enigma a interrogar acerca de las maneras, las modulaciones, las intensidades de una construcción cultural de siglos que ha producido "un efecto-mujer".[42]

Esa interrogación —llevada a cabo en una diversidad de espacios políticos, académicos y geográficos cuya cartografía intrincada sería muy difícil trazar— fue de la filosofía al psicoanálisis, de la lingüística a la semiótica, de la literatura a la teoría literaria, de la antropología a la política, de la historia a los estudios culturales, del cine a las artes visuales, es decir, no dejó terreno sin transitar. Una de sus (felices) consecuencias es justamente esa ubicuidad, la potencialidad de infringir límites instituidos, la libertad del deambular y poner juntas cosas que no "necesariamente" lo estarían: la poesía y la teoría, por ejemplo, la historia y la autobiografía, la filosofía y la propia experiencia. Dentro de esta trama polifónica quisiera puntualizar algunos enfoques, también radicalmente cuestionadores de la "interioridad femenina" como algo dado.

El primero es la definición misma de género (*gender*) que realizó Joan Scott en un artículo ineludible, "El género: una categoría útil para el análisis histórico".[43] Allí, la autora, desde una perspectiva postestructuralista que combina los enfoques de Foucault y Derrida, realiza una indagación sobre las formas simbólicas que han configurado un *saber* sobre la diferencia sexual, un saber siempre relativo, que comprende instituciones, prácticas, rituales, discursos, representaciones múltiples

---

[42] Si bien las feministas postestructuralistas francesas, Julia Kristeva, Luce Irigaray y Helène Cixous entre otras, fueron pioneras en esta indagación sobre "lo femenino" desligado de su "contracara", el énfasis en la "especificidad" de la diferencia conlleva el riesgo, según ciertas críticas, de una "recaída" en el esencialismo.

[43] El artículo fue presentado por primera vez en la reunión de la American Historical Association en Nueva York (1985). Versión castellana publicada en Marta Lamas (comp.), *El género: la construcción cultural de la diferencia sexual,* México, Porrúa, PUEG.

y contradictorias, y a través del cual se establecen relaciones específicas de poder y de subordinación entre hombres y mujeres. El género es entonces este saber, y no meramente la diferencia física, biológica, que por otra parte nada tiene de "natural" sino que ha sido investida de diversos significados a través de los siglos.

El segundo es la elaboración que hace Judith Butler (1990) acerca de la perturbación intrínseca que conlleva el concepto de *gender*.[44] Partiendo de una concepción performativa del sujeto –el lenguaje, la discursividad, como constructores de efectos ontológicos–, la autora puntualiza dos aspectos: por una parte, en tanto el género no es una esencia estática ni una "profundidad" sino una reiterada sanción de normas, el término que reclama para sí la representación de una realidad previa produce *retroactivamente* esa prioridad como un efecto; por la otra, cada estructura determinada alcanza su determinación por repetición *(iterabilidad)* y, por ende, está sometida a diversas contingencias que ponen en riesgo el carácter determinado de esa estructura. En otros términos, para este feminismo "el género no *representa* una profundidad interior sino que *produce* esa interioridad y profundidad performativamente, como un efecto de su propia operatoria" (el subrayado es mío).[45] Un paso más allá, Butler (1993) retoma la pareja sexo/género y parte de la fisicalidad como valor central en cuanto a la sexuación del cuerpo, para indagar en la normativización

[44] Como suele suceder, la traducción de una lengua a otras no siempre tiene una equivalencia asegurada: el pasaje de *gender* a las lenguas romances trajo aparejados no pocos problemas de interpretación. Paola Di Cori (2000) analiza extensamente los avatares, semióticos y teóricos, del significante: equiparable a la distinción gramatical (género y número), corre el riesgo de ser tomado "al pie de la letra", como mero índice (femenino/masculino) en desmedro de toda investidura simbólica; tomado como sinónimo liso y llano de "diferencia sexual" intensifica su carga biologicista, tomado desde el punto de vista de su contexto histórico de enunciación a menudo es equivalente a(l) "hablar de mujeres" o simplemente remite a la distinción, aún cultural, entre los sexos, pero sin tener en cuenta la cuestión del poder. También está el peligro de cristalizar el singular *(género)* como una construcción ya realizada, uniforme, cuando la multiplicidad, la temporalidad y la perturbación interna del concepto mismo son ejes fundamentales del análisis de Scott. He abordado estas cuestiones en "Mujeres y escritura(s)", *Revista Sociedad* n° 22, primavera de 2003, págs. 235-253 y el artículo fue incluido posteriormente en *Crítica Cultural entre Política y poética*.

[45] Judith Butler: "Further reflections on conversations of our time", en *Diacritics*, vol. 27:1, Johns Hopkins University Press, Baltimore, primavera de 1997, pág. 14.

discursiva-institucional por la cual la diferencia biológica aparece como característica prioritaria del sexo. Desde esta óptica, tampoco el sexo describe una materialidad previa a la identificación sexual, sino que produce y regula la inteligibilidad de esa materialidad del cuerpo en una dualidad apta para mantener la sexualidad reproductiva como orden obligado de la vida.[46]

Otro concepto a destacar es el de *experiencia,* canonizado como "universal", en tanto suele anteponerse el "individuo" a toda distinción de género, etnia, raza, etcétera, es revisado asimismo por Joan Scott (1996), para marcar todo lo que hay de construcción social sobre aquello que consideramos la "propia" experiencia (femenina), que deberá entonces ser interrogada en términos de una relación –o mejor, una negociación cambiante– entre lo personal y lo colectivo.

Sin pretensión de agotar el tema, lo que aparece claramente en estos planteos es la idea de *posicionalidad,* no una "identidad" (femenina) definida a priori sino identificaciones múltiples, históricas, contingentes, incapaces de dar cuenta de una "totalidad" del sujeto –imposible por otra parte, por cuanto estructurado, según el psicoanálisis, en torno de una falta, de un vacío constitutivo–, pero susceptibles sin embargo de articularse temporariamente en "puntos nodales", donde alguna de ellas se torna hegemónica.[47] En ese juego de posiciones, el *género* o la diferencia sexual juega un papel en mayor o menor medida determinante, según los enfoques, junto a otros parámetros identificatorios concurrentes: clase, raza, etnia, religión, etc.[48]

En esta lenta construcción de una nueva intimidad, que supone justamente la "salida" del espacio doméstico tradicional hacia una multiplicidad de otros espacios y formas de vida, la narración, y la

---

[46] Este énfasis performativo, apuntando al núcleo mismo de la materialidad, aportaba nuevos matices a la inquietud teórica y a la profusa indagación en torno de la diferencia sexual que venían desplegando diversas corrientes del feminismo, los estudios gay y lesbianos, los *queer studies*, etc.

[47] Tomamos aquí por cierto el clásico concepto de "hegemonía" de Laclau-Mouffe (1985).

[48] Distintas corrientes del feminismo, de los estudios antropológicos, afroamericanos, subalternos o de minorías étnicas, sostienen la pertinencia de considerar el cruce de estos parámetros identificatorios y no sólo la preeminencia del sexo/género, por cuanto no siempre son equivalentes las subjetividades ni las demandas en juego.

autobiográfica en particular, desempeñó –y desempeña– un papel esencial, tanto en el campo teórico, de la historia oral, de la historia de las mujeres, como en el artístico y literario.[49] Si en el siglo XVIII había sido necesario *escribir* la experiencia de una nueva subjetividad, también la escritura –en todos los lenguajes que imperan en la era de la imagen– permite realizar, performativamente, el despegue hacia una subjetividad-otra, incluso por la comprobación, nada irrelevante, de que aquello que tal vez se había considerado como un dato singular e infortunado de la propia biografía era, en realidad, un rasgo común a una posición histórica de desvalorización y subalternidad.[50] Un despegue –sexual, teórico, estético, político– que suele investirse de acentos nomádicos (Braidotti, 2000: 2004), de un cierto alejamiento del "hogar"[51] y articularse, simbólicamente, a los tránsitos, las migraciones, los devenires, esas figuras tan reconocibles en el universo de lo contemporáneo.[52]

---

[49] Dos ejemplos de autobiografías "grupales", en el sentido en que cada una dialoga con otras en una sintonía histórica y generacional son *Autoritratto di gruppo* (Passerini, 1988) y la más reciente *Baby Boomers. Vite parallele dagli anni Cinquanta ai cinquant'anni* (Braidotti, Mazzanti, Sapegno, Tagliavini, 2003).

[50] De un amplio campo bibliográfico de indagación teórica sobre la práctica autobiográfica femenina, remitimos a: Varikas (1996), Smith (1991) y Catelli (1991).

[51] Doreen Massey ve justamente en la inscripción mítica del "retorno al hogar", que se expresa muy a menudo en relatos de migrantes o de asiduos viajeros, un rasgo "masculino", que supondría justamente regresar al ámbito materno/femenino por excelencia.

[52] La idea de una subjetividad femenina nómade, sin anclajes predeterminados, abierta a los desplazamientos contemporáneos, al abanico de las identificaciones (Rosi Braidotti, *Sujetos nómades*, 2000) también se manifiesta en una cierta "subjetividad de frontera", donde lenguas y culturas se interpenetran dando lugar a nuevas búsquedas identitarias, como en el caso de la teórica y escritora chicana Gloria Anzaldúa: *Borderlands / La Frontera. The new Mestiza* (1987) y *Este Puerte que llamamos Hogar: visiones radicales para la transformación* (2002), entre otros. Desde el punto de vista del desplazamiento de la mirada femenina en el cine, ese "ver/narrar de otra manera" es emblemático el caso de Chantal Akerman, especialmente en la que es considerada su obra maestra, *Jeanne Dielman* (1975).

253

VI. Nomadismos

Barcos sobre el agua natal.
Agua negra, animal de olvido. Agua lila, única vigilia.
El misterio soleado de las voces en el parque. Oh, tan antiguo.
Alejandra Pizarnik

En su artículo, Doreen Massey (2001) invita a pensar el espacio/ tiempo no como una superficie extensa, homogénea, sino en sus discontinuidades y disrupciones, espacio abierto a la interrelación, la multiplicidad, la diferencia y sobre todo, a la coexistencia de las diferencias –o, lo que es lo mismo, a la simultaneidad de las historias–. Esta concepción se aproxima a ciertos significantes que habitan la reflexión postestructuralista: desterritorialización, nomadismo, devenir-otro, en Deleuze-Guattari, iterabilidad y *différance* en Derrida.

Significantes que suponen justamente el desplazamiento, el espaciamiento –que impide el volumen homogéneo del espacio y la linealidad del tiempo–, la suspensión, la multivocidad y por ende un metafórico "alejamiento del hogar" –llámese a éste "origen", sentido "literal", univocidad, dominio específico– en pro de las interacciones, las hibridaciones, las fronteras indecisas, el juego de las diferencias. La tensión, siempre irresuelta, entre el desplazamiento y el enraizamiento –que suele asumir contornos críticos cuando se contrapone la "deriva" conceptual a la búsqueda de fundamentos y "raíces"– puede ser un modo de caracterizar tanto los espacios del saber como los tránsitos migratorios, cuya amplitud y diversidad creciente es uno de los rasgos más nítidos de la globalización y también de las identidades y los espacios –íntimos, públicos– resultantes. Tensión que a veces puede asumir un carácter retrógado, conservador, en tanto pretenda "resolverse" en una única dimensión –ciertos nacionalismos, ciertos "retornos a las raíces"–, pero cuya productividad deriva justamente de la indecidibilidad, de esa oscilación que puede llevar de uno a otro polo, según la contingencia, sin fijarse, definitivamente, en ninguno: "raíces en el aire", como diría Roland Barthes.

Esta figura del intervalo también está presente en la definición de *identidad narrativa* que Paul Ricoeur (1983, 1984,1985) elaboró jus-

tamente para deslindarse de una concepción esencialista sin perder
por ello el anclaje del autoreconocimiento. Así, es la constante oscilación entre mismidad e ipseidad, entre el *ídem* –el "uno mismo"– y
el *ipse* –el (otro de) "sí mismo"– lo que configura el movimiento de la
identidad. Un movimiento que encuentra su modelo en la narrativa,
único lugar donde puede expresarse el devenir, nunca clausurado, de
la temporalidad. La temporalidad es entonces el sostén por excelencia
de la *trama* como mediación que da al tiempo –categoría en singular– su carnadura *humana,* diversa del tiempo cósmico o crónico,[53] en
tanto lo pone en relación con el acontecimiento y la experiencia. La
identidad narrativa –personal, colectiva– se despliega así, a la manera
de un relato ininterrumpido, en una tensión marcada por el *llegar a
ser* más que por el *ser.*

Pero si bien el aparato teórico del filósofo hacía de la temporalidad el
eje articulador de toda narrativa -un "tercer tiempo" configurado en el
relato por la cualidad mediadora de la trama y ligado a una "inteligencia
narrativa" como precomprensión, disposición innata a la producción e
interpretación–, esta visión se complementa, en su obra más reciente,
con una indagación sobre el espacio que tiene al cuerpo como referencia. El espacio estará entonces "habitado" en la relación entre pleno y
vacío, emplazamiento y desplazamiento, un espacio vi*vido,* susceptible
de ser definido como "tercer espacio", paralelo al "tercer tiempo",
que expresa la correlación entre "habitar" y "construir" –con la fuerte
impronta de la arquitectura– y sobre todo la articulación indisociable
entre espacialidad y temporalidad, una "cuadrícula geométrica" del
espacio vivido. Así, la memoria será también *inscripción,* talla sobre
el recuerdo –actualizado– de "haber vivido en tal casa de tal ciudad o
el de haber viajado a tal parte del mundo". La exploración del sitio,
el *lugar,* encontrará asimismo la idea del resguardo, el sentimiento de
"no estar en su sitio hasta no estar en casa de uno" pero a la vez el

---

[53] En su analítica de la temporalidad de *Tiempo y narración,* Ricoeur parte de la
distinción aristotélica del tiempo cósmico, inmutable, pasa luego por la concepción
agustiniana del tiempo interior, del alma, revisa la concepción kantiana y hegeliana,
discute con la fenomenología de Husserl y Heidegger e incorpora la distinción clásica
de Benveniste entre el tiempo crónico y el lingüístico, para llegar a su formulación
del "tercer tiempo", que está configurado en el relato (Ricoeur, 1985, vol. III: 435).

deseo, a menudo urgente, de desplazarse, más allá del umbral, aun "a riesgo de ser ese paseante, ese vagabundo, ese errante al que la cultura contemporánea dividida en todos los sentidos pone en movimiento y paraliza a la vez" (Ricoeur, 2004: 192-193).[54]

Las figuras clásicas del desplazamiento retornan así, como correlato de la idea misma de "hogar": el peregrino, el vagabundo, el paseante, el viajero, el migrante, el exiliado, el expatriado, el turista, súbitamente devenido "global".[55] Sus recorridos enhebran caminos a distancia, transitoria o permanente, del anclaje en la "tierra natal", así como geografías divergentes para el reconocimiento de la "intimidad". La propia, como mirada que se abisma en la interioridad, la de los otros, como atisbo desde una exterioridad: la ventana iluminada en la noche con la escena familiar, los diálogos en lenguas ajenas, las vidrieras donde asoman objetos desconocidos. Distintos ropajes para una posición, la del extranjero, figura de la diferencia siempre enigmática e inquietante, cuya trayectoria en los márgenes modula los espacios simbólicos de la modernidad, "alguien que debe lidiar creativamente con su propia condición desplazada, con los materiales de la identidad" y que hace del "hogar" no ya un lugar físico sino "una necesidad móvil", un deseo cambiante –pero permanente– de "otro lugar" (Sennett, 1995: 47).

Por cierto la globalización ha cambiado radicalmente esa figura del "extranjero", entre misteriosa y romántica, que poblara tanto la literatura como la ensayística, y de la cual da cuenta con particular agudeza el bello texto de Sennett que acabamos de citar. La masividad, la recurrencia, los flujos, tradicionales o recientes, que se agolpan en las diversas "fronteras calientes" del planeta no dan lugar precisamente al descubrimiento de la singularidad del otro sino más bien al recelo, la resignación, la jurisprudencia o la xenofobia. Pero quizá algo de aquella investidura persiste, incluso cuando la globalización no ha

[54] Esta oscilación entre el adentro y el afuera, entre anclaje y movimiento, entre una "andadura" tranquila y estable –que puede ser "la casa"– y la territorialidad dilatada, informe, abierta, evoca también el "ritornelo", como agenciamiento territorial que siempre guarda relación con lo Natal, lo Originario (Deleuze y Guattari, 1988:319).

[55] Zygmunt Bauman traza un recorrido de estas figuras míticas, del peregrino al paseante benjaminiano y al turista actual, interrogándolas desde una perspectiva ética. Véase Bauman (1997).

dejado ya territorios "desconocidos" ni extrañezas que sorprendan demasiado a los propios migrantes: se tiene ya una imagen, mil veces reiterada, del *lugar* al que se llega, una idea de la lengua, una colectividad previamente afincada, una visión de los objetos casi universal. Lo que persiste es justamente la *distancia de la intimidad*: lenguas, olores, sabores, ritos, estereotipos, rasgos que "caracterizan" la pertenencia a una comunidad y que suele aludirse como "intimidad cultural" (Herzfeld, 1999).[56] También, creo, perdura esa "necesidad móvil" del "hogar", que puede aparecer como un retorno idealizado a lo que siempre será la "tierra natal" –sin serlo ya–, donde el tiempo ha sufrido una detención "psíquica" si pudiera decirse, ajeno en el recuerdo al devenir del mundo –que también *allí* ha cambiado–. Un retorno investido de "real" y, entonces, esas casas que el migrante compra en su pueblo –que nunca habitará– no tienen tanto que ver con el resguardo físico de una posteridad sino quizá con esa inscripción mítica que, desde los tiempos del héroe, señala la *vuelta* –narrativamente– como un cumplimiento de sentido. Pero también hay, en el complejo *puzzle* de la migración contemporánea, un "retorno" efectivo adonde nunca se estuvo antes: la tierra de los padres o abuelos, reconquistada esta vez, quizá sin tono épico ni imaginación previa, por sus descendientes.[57]

Y aun, es posible (re)crear el hogar en tierra extraña por la acumulación, justamente, de "cronotopías de la intimidad" bajo la forma de objetos atesorados, que se transportan en las valijas del migrante o que se adquieren después, en prácticas altamente ritualizadas, en los "mercados de pulgas" del propio territorio de adopción: fotografías, ropas, utensilios típicos, souvenirs, una parafernalia de cosas entre el coleccionismo y el *kitsch,* que atiborran vitrinas o "altares" domésticos –como nunca lo harían en la propia tierra, donde muchas

[56] Michael Herzfeld define como "intimidad cultural" el reconocimiento de aquellos aspectos de la identidad cultural que son fuente de embarazo ante los extraños pero que procura al grupo la seguridad de un fundamento y una socialidad comunes y la familiaridad de una "creativa irreverencia" sobre ellos: rasgos nacionales, étnicos, religiosos, autoestereotipos, etc.

[57] Este fenómeno, bastante habitual, fue analizado recientemente en el seminario internacional *Homecomings* (véase nota 23) y tuvo un carácter recurrente en la emigración argentina a Italia de 1988-89, donde hijos o nietos de italianos se radicaban, aún temporariamente, en los pueblos de donde habían partido sus ancestros décadas atrás.

de ellas serían desdeñadas precisamente por los mismos "efectos" de sentido–. Todas prácticas estéticas de la cotidianidad que configuran al mismo tiempo un relato del exilio y un lugar de memoria y cuyo intento de preservar la "identidad" toma, curiosamente, la forma de una "intimidad diaspórica".[58]

El "camino de la vida" sigue modelándose así como uno de los más conspicuos cronotopos, el que define los lugares por su relación con otros lugares, aquel que permite la apertura al mundo y a los otros y por consiguiente las experiencias de lo próximo y lo lejano: el aprendizaje, los contratiempos, los logros, la madurez. Etapas de una "peripecia" que no requieren por supuesto del desplazamiento a otras tierras, sus trayectos también pueden desplegarse en la más absoluta inmediatez, en la vecindad de la casa, el barrio, la ciudad –componentes biográficos por excelencia–, en la mirada quieta, "local", que todavía puede deslumbrarse ante un "extranjero".

Desde ese "camino" y volviendo al principio, podríamos recuperar ahora ciertas perseverancias respecto de la intimidad como inscripción mítica de la modernidad, que conviven con disonancias y dislocaciones, tanto en la percepción como en las prácticas. Así, en sus múltiples sentidos, la "intimidad" habita y potencia nuestra vida cotidiana como cuerpo/territorio a defender y tesoro a compartir, como misterio que se nos escapa, interioridad "sin puertas ni ventanas", como diría Lévinas y al mismo tiempo muralla translúcida que dibuja un "afuera", como narrativa empecinada que nos muestra a la mirada de los otros, como vaivén dialógico, como investidura afectiva de espacios, objetos, imágenes, como lugar de memoria que atesora un pasado y también como resistencia, rebeldía, escape, como ámbito donde resuena la

---

[58] La expresión pertenece a Svetlana Boym, quien analiza estas prácticas en emigrados rusos a los Estados Unidos, donde el afán de "memorabilia" puede llegar incluso a la recolección de objetos viejos de la basura, de cualquier procedencia, en una verdadera compulsión "retrospectiva". Alguno de sus entrevistados explicaba, al mostrar los objetos típicos de sus vitrinas y bibliotecas, que nunca los hubiera exhibido en su propio país (Boym, 1998: 498-524). El mismo énfasis en atesorar la memoria de la ciudad y la comunidad natal en objetos antiguos y rituales podía advertirse en el filme documental *Odessa, Odessa*, de Michale Boganim (2004), centrado en la diáspora judía de esa ciudad en Israel y los Estados Unidos, que fue exhibido en el VII Festival de Cine Independiente de Buenos Aires en abril de 2005.

lengua materna y a la vez invención de otras lenguas, una intimidad diaspórica, trabajada por la diferencia, que se despliega entre el alejamiento y el retorno pero que sigue anidando en el "hogar".

Bibliografía

Anzaldúa, Gloria (1987): *Borderlands / La Frontera. The New Mestiza*, San Francisco, Aunt Lute books.

—— 2002: *This bridge called home*, Nueva York/Londres, Routledge.

Arendt, Hannah (1974) [1958]: *La condición humana*, Barcelona, Seix Barral.

Arfuch, Leonor (1996): "Album de familia", Revista *Punto de Vista*, n° 56, diciembre.

—— (2002a): *El espacio biográfico. Dilemas de la subjetividad contemporánea*, Buenos Aires, FCE.

—— (comp.) (2002b): *Identidades, sujetos y subjetividades*, Buenos Aires, Prometeo.

—— (2003): "Mujeres y escritura(s)", Revista *Sociedad*, n° 22, primavera.

Ariès, Philippe y Georges Duby (dir.) (1985) [1987], *Historia de la vida privada*, Madrid, Taurus, tomo 5, dirigido por Roger Chartier.

Bachelard, Gaston, 1965 [1957]: *La poética del espacio*, México, FCE.

Bajtin, Mijail (1978) [1975]: *Théorie et esthétique du roman*, París, Gallimard.

—— (1982) [1979]: *Estética de la creación verbal*, México, Siglo XXI.

—— (1997) [1986] [1992]: *Hacia una filosofía del acto ético. De los borradores y otros escritos*, Barcelona, Anthropos.

Barthes, Roland (1975): *Roland Barthes par Roland Barthes*, París, Seuil.

—— (2003) [2002]: *Cómo vivir juntos*, Buenos Aires, Siglo XXI.

Bauman, Zygmunt (1997): "From Pilgrim to tourist -or a short story of Identity", en Hall, S. y P. Du Gay (eds.), *Questions of cultural identity*, Londres, Sage, págs. 18-37.

Belgrano Rawson, Eduardo (1991): *Fuegia*, Buenos Aires, Sudamericana (1987).

Benjamin, Walter [1950]: *Infancia en Berlín hacia 1900*, Buenos Aires, Alfaguara.

Berlant, Laurent (1998): "Intimacy: a special issue", *Intimacy,* Revista *Critical Inquiry,* vol. 21, número 2, invierno, University of Chicago Press.

Bianciotti, Héctor (1996): *La busca del jardín,* Barcelona, Tusquets.

—— (1996): *El paso tan lento del amor,* Barcelona, Tusquets.

Boym, Svetlana (1998): "On diasporic intimacy: Ilya Kabakov's Installations and Inmigrant Homes", *Critical Inquiry,* vol. 24, n° 2.

Braidotti, Rosi (2000): *Sujetos nómades,* Buenos Aires, Paidós.

—— (2004): *Feminismo, diferencia sexual y subjetividad nómade,* Barcelona, Gedisa.

Braidotti, R.; Mazzanti, R.; Sapegno y S. Tagliavini, A. (2003): *Baby Boomers. Vite parallele dagli anni Cinquanta ai cinquant'anni,* Firenze, Giunti.

Brunswig de Bamberg, María (1995): *Allá en la* Patagonia, Buenos Aires, Vergara.

Butler, Judith (1997): "Further reflections on conversations of our time", *Diacritics,* vol. 27:1, Johns Hopkins, University Press, Baltimore, primavera.

—— (2001): *El género en disputa,* Buenos Aires, Paidós.

—— (2002): *Cuerpos que importan,* Buenos Aires, Paidós.

Canclini, Arnoldo (1999): *Navegantes, presos y pioneros en la Tierra del Fuego,* Buenos Aires, Planeta.

Catelli, Nora (1991): *El espacio autobiográfico,* Barcelona, Lumen.

—— (1996): "El diario íntimo: una posición femenina", *El diario íntimo, Revista de Occidente,* n° 182-183, julio/agosto.

Chejfec, Sergio (1999): *Los planetas,* Buenos Aires, Alfaguara.

Darnton, Robert (1987) [1984]: *La gran matanza de gatos y otros episodios de la cultura francesa,* México, FCE.

Deleuze, Gilles y Guattari, Felix *(1988)* [1980]: *Mil mesetas,* Valencia, Pre-Textos.

Derrida, Jacques (1997) [1995]: *Mal de archivo. Una impresión freudiana,* Madrid, Trotta.

Di Cori, Paola: "Genere e/o gender? Controversie storiche e teorie femministe", en Alice Bellagamba, Paola Di Cori, Marco Pustianaz (editores), *Generi di traverso,* Vercelli, Mercurio, *2000.*

Elias, Norbert (1991) [1987]: *La société des individus,* París, Fayard.

Espósito, Roberto (2003): *Comunitas. Origen y destino de la comunidad*, Buenos Aires, Amorrortu.

Fernández Diaz, Jorge (2002): *Mamá*, Buenos Aires, Sudamericana.

Foster, Hal (2001) [1999]: *El retorno de lo real. La vanguardia a finales de siglo*, Madrid, Akal.

Foucault, Michel (1999) [1976]: *Historia de la sexualidad*, tomo I *La voluntad de saber*, México, Siglo XXI.

(1990) [1988]: *Tecnologías del yo*, Barcelona, Paidós.

Gadamer, Hans (1977) [1975]: *Verdad y método*, Salamanca, Sígueme.

Gal, Susan (2002): "A Semiotics of the Public/Private Distinction", *Differences*, vol. 13.1.

Gambaro, Griselda (2001): *El mar que nos trajo*, Buenos Aires, Norma.

Giardinelli, Mempo (1991): *Santo Oficio de la memoria*, Buenos Aires, Seix Barral.

Giddens, Anthony (1995) [1992]: *La transformación de la intimidad*, Madrid, Cátedra.

Habermas, Jürgen (1994) [1962]: *Historia y crítica de la opinión pública*, Barcelona, Gustavo Gili.

Herzfeld, Michael (1999): *Cultural Intimacy: Social Poetics in the Nation-State*, Nueva York and Londres, Routledge.

Huyssen, Andreas (2002): *En busca del futuro perdido*, México, FCE.

Ibarguren, Carlos (1999): *La historia que he vivido*, Buenos Aires, Sudamericana.

Kogan, Gabriela (2003): *Surtido. 286 Imágenes del Alma Argentina*, Buenos Aires, Magazine.

Laclau, Ernesto y Mouffe, Chantal (2004) [1985]: *Hegemonía y estrategia socialista*, Buenos Aires, FCE.

Lash, Scott (2005) [2001]: *Crítica de la información*, Buenos Aires, Amorrortu.

Lejeune, Philippe (1989) (org.): *"Cher cahier:..". Témoignages sur le journal personnel*, París, Gallimard.

Massey, Doreen (2001): "Living in Wythenshawe", en Borden, I., J. Rendell y A. Pirvaro (eds.): *The Unknown City*, New Heaver, MIT Press.

Molloy, Sylvia (2002): *El común olvido*, Buenos Aires, Norma.

—— (2003): *Varia imaginación*, Rosario, Beatriz Viterbo.

Passerini, Luisa (1988): *Autoritratto di grupo*, Firenze, Giunta.

Perec, Georges (1978): *Je me souviens*, París, Hachette, Collection "POL".

Podestá, María Esther (1995): *Desde ya y sin interrupciones*, Buenos Aires, Corregidor.

Ranura, Orest (1985) [1987]: "Los refugios de la intimidad" en Philippe Ariès y Georges Duby (dir.), *Historia de la vida privada*, Madrid, Taurus, tomo 5 (dirigido por Roger Chartier).

Raschella, Roberto (1994): *Diálogos en los patios rojos*, Buenos Aires, Paradiso.

—— (1998): *Si hubiéramos vivido aquí*, Buenos Aires, Losada.

Ricoeur, Paul *(1984, 1985)*: *Temps et récit*, tomos I, II y III, París, Seuil.

—— (2004) [2000]: *La memoria, la historia, el olvido*, Buenos Aires, FCE.

Rousseau, Jean-Jacques (1973) [1959]: *Les Confessions* [1766], París, Gallimard.

Rybczynski, Witold (1991): *La casa. Historia de una idea*, Buenos Aires, Emecé.

Sampedro, Carmen (2000): *Madres e hijas. Historias de mujeres inmigrantes*, Buenos Aires, Planeta.

Schutz, Alfred (1974): "La vuelta al hogar", en *Estudios sobre teoría social*, Buenos Aires, Amorrortu.

Scott, Joan (1996): "El género: una categoría útil para el análisis histórico", en Marta Lamas (comp.), *El género: la construcción cultural de la diferencia sexual*, México, Porrúa, PUEG.

—— (1996): "The evidence of experience", en *The Historic Turn in the Human Sciences*, Ann Arbor, University of Michigan Press.

Sennett, Richard (1978) [1974]: *El declive del hombre público*, Barcelona, Península.

—— (1990): *The Conscience of the Eye*, Nueva York y Londres, W. W. Norton & Company.

—— (1995): "El extranjero", Revista *Punta de Vista*, n° 51, abril.

Shua, Ana María (1994): *El libro de los recuerdos*, Buenos Aires, Sudamericana.

Simmel, Gëorg (1990) [1908] 1950: "Digressions sur l'étranger", en Grafmeyer Yves y Joseph Isaac (eds.), *L' école de Chicago. Naissance de l'ecologie urbaine*, París, Aubier.

—— (1986): "Puente y puerta", págs. 29-34 y "Las grandes urbes y la vida del espíritu", págs. 247-261, en *El individuo y la libertad*, Barcelona, Península.

—— (1974): *Estudios sobre teoría social*, Buenos Aires, Amorrortu.

Smith, Sidonie (1991): "Hacia una poética de la autobiografía de mujeres", en *La autobiografía y sus problemas teóricos*. Barcelona, Anthropos, Suplemento n° 29.

Taylor, Charles (1996) [1989]: *Fuentes del yo*, Barcelona, Paidós.

Varikas, Eleni (1996) [1988]: "L' approccio biografico nella storia delle donne", en P. di Cori (ed.), *Altre storie. La critica femminista alla storia*, Bologna, CLUEB.

Vernik, Esteban (comp.) (2005): *Qué es una nación. La pregunta de Renán revisitada*, Buenos Aires, Prometeo.

Verón, Eliseo (1999): *Efectos de agenda*, Barcelona, Gedisa.

9. Escritura, pasión, espacio y superficie en la poesía de Jorge E. Eielson

William Rowe

William Rowe es profesor de Arte Poética en el Birkbeck College de la Universidad de Londres, donde enseña literatura contemporánea latinoamericana, británica y norteamericana. Es director del Centro de Investigación de Poética Contemporánea, fue fundador del *Journal of Latin American Cultural Studies* y actualmente publica la revista de investigación poética *PORES* (www.pores.bbk.ac.uk). Graduado en Cambridge en Lengua Inglesa, trabajó en universidades de Perú, donde conoció y tradujo a varios poetas peruanos. Entre sus libros se cuentan: *Juan Rulfo: El llano en llamas* (Londres, Támesis, 1987); *Memory and Modernity: Popular Culture in Latin America* (Londres, Verso, 1991; en colaboración con V. Schelling); *Hacia una poética radical: ensayos de hermenéutica cultural* (Rosario y Lima, Beatriz Viterbo y Mosca Azul, 1996); *Ensayos arguedianos* (Lima, Sur y Universidad Nacional Mayor de San Marcos, 1996); *Poets of Contemporary Latin America: History and the Inner Life* (Oxford, OUP, 2000); *Jorge Luis Borges: Intervenciones sobre pensamiento y literatura* (Paidós, 2000; comp. con C. Canaparo y Annick Louis); *Siete ensayos sobre poesía latinoamericana* (México, El Poeta y Su Trabajo, 2003), e *Images of Power: Iconography, Culture and the State in Latin America* (Nueva York y Oxford, Berghahn Books, 2005; comp. con J. Andermann). Fue profesor invitado en la Universidad Iberoamericana (México), en la de San Marcos (Lima) y en la Pontificia Universidad Católica del Perú.

Tras haber trabajado intensamente en Estudios Culturales, desde hace más de una década el autor se interesa en la poesía como una práctica de conocimiento. En lugar de aislarla de otros campos, prefiere poner a prueba su capacidad de abrirse hacia el exterior y, en esa acción, proclamar una verdad que no podría expresarse de otros modos. "Me parece –afirmaba recientemente– que la mejor poesía contemporánea latinoamericana es capaz de hacer esto, y lo hace de maneras que pueden confrontarse con otros dominios del conocimiento". Sus investigaciones actuales sobre poética y epistemología incluyen trabajos sobre la poesía y el chamanismo en Perú, la poesía lírica en el Reino Unido en la década de 1970 y la relación entre el cine y la poesía en la obra de César Vallejo. Tiene libros de próxima aparición sobre los dos últimos temas.

Se podría comenzar con algo recurrente en la poesía de Jorge Eielson: una silla, una silla vacía, o una silla donde sólo hay apoyados un pantalón y una camisa, un objeto en el espacio que es una palabra, una palabra en el espacio que es un objeto. El tema es cómo el lenguaje genera el espacio, cómo los objetos generan el espacio, y los distintos modos en que se entrecruzan. "Una silla vacía", escribe Eielson, es un "emblema" de la melancolía (pág. 218)[1]. Puede definirse un emblema como un signo-objeto tradicional, donde la forma visual del objeto y la división de su significado discursivo revelan una simetría. La melancolía, según el poema citado, tiene origen en el corazón, aunque involucra otros órganos. Ése es su lugar pasional. Y sin embargo, el corazón es otra palabra-objeto, cuyo lugar en el espacio depende de una simetría semejante. Se lo describe metafóricamente como "La amapola de la carne que adormece/ Nuestra vida". Lo mismo sucede con el resto del poema: las palabras-objeto generan el espacio que habitan; no hay ningún otro tipo de espacio al que apelar. O tal vez sea mejor decir que hay otros espacios evocados por el poema, pero ninguno que éste elija habitar.

Los otros tipos de espacio incluyen los de la interioridad cristiana y romántica, que convertirían la silla vacía en una parte o división del yo, constituido ya como un dominio especial, protegido de la fusión total del organismo y el ambiente. (El análisis de Michel Foucault sobre las tecnologías del yo muestra la construcción del yo cristiano; de las numerosas críticas al yo romántico, una de las más famosas es el *Je est un autre* de Rimbaud.)

En 1950, al comenzar la década en la que Eielson escribió la mayor parte de los poemas analizados en este ensayo, el poeta estadounidense Charles Olson escribió una crítica sobre los efectos del humanismo en

[1] Todas las referencias de los poemas de Eielson pertenecen a la edición de Martha Canfield (1998): *Poesía Escrita*, Bogotá, Norma.

el lenguaje, donde identifica el lugar donde las cosas son arrastradas al "universo del discurso" como "la succión del símbolo" [*the suck of symbol*], en contraposición a ese otro universo, físico, del que cada ser humano elige de acuerdo a su naturaleza. El simbolismo, cuya etimología Olson remonta a la etimología de *comparación* (en griego *symballein*: arrojar con, comparar)[2], reduce esa selección del ambiente que el organismo es capaz de realizar. Olson trabaja con la tradición de la Gestalt, la fenomenología y la cibernética de los años 50, pero su atención se centra en el lenguaje: el modo en que un hábito discursivo, de muy larga data (cuyo origen ubica en Platón y Aristóteles), se interpone en el camino de la apertura al ambiente y qué respuesta podría ofrecer la poesía a una era poshumanista. Las consecuencias a largo plazo de esta cuestión suponen revelar si sería posible una modernidad alternativa, una modernidad que no abstrajera su definición de lo humano del ambiente físico, es decir, que no definiera lo humano de modo tal de permitir la destrucción del ambiente y la manipulación de los seres humanos por un poder irresponsable.

¿Cómo se vincula el poema "Cuerpo melancólico" de Eielson con la crítica del simbolismo de Olson si aquél llama a "una silla vacía" un "emblema" de la melancolía, una proposición que recuerda el grabado *Melancolía* de Durero, repleto de comparaciones entre objetos y estados subjetivos? La relación radica en que Eielson insiste en la relación entre el lenguaje y la fisicalidad, si entendemos por fisicalidad lo mismo que Olson llama ambiente o universo. Entonces surge la pregunta: ¿de acuerdo a qué tipo de segmentación o división del espacio físico se producen las comparaciones de Eielson? (Dejo de lado la cuestión de con qué tipo de espacio está trabajando Durero; sólo señalaré aquí que se ajusta a lo que Olson denomina humanismo.)

La dimensión cinética de la escritura, es decir, su relación con el movimiento del cuerpo en el espacio, es una zona relativamente desatendida por los estudios contemporáneos de poesía. En primer lugar, lo cinético no se refiere al gesto, donde el movimiento del cuerpo es equivalente a una estructura de signos, sino al desplazamiento físico, ya sea interno o externo a la piel. Los mapas y la geometría presuponen

[2] Charles Olson (1997): *Collected Prose*, Berkeley, University of California Press, pág. 410.

ese movimiento pero no lo incluyen en sus modos de representación. Ese modo de leer que elimina el cuerpo-en-movimiento de la escritura vuelve invisible la economía real del tiempo –el tiempo en el que se mueven los cuerpos–, el tiempo que el capitalismo necesita convertir en capital, que las sociedades de control necesitan para ejercer el control. La poesía de Eielson recobra el movimiento que es el cuerpo, pero como dicha absoluta, anterior al dolor de la pérdida o a la narrativa simbólica de la melancolía.

Como tema, la melancolía depende de la atribución de un cierto sentido al tiempo. El grabado de Durero está lleno de referencias al *pathos* del paso del tiempo. La silla vacía de Eielson, de alta iconicidad por su evocación a Van Gogh, parece referirse a la ausencia como una instancia de pérdida: pérdida del otro, tal vez de un otro amado. Y esa referencia lleva implícita una comparación: silla vacía = sufrimiento. Y sin embargo, el poema, y el libro al que pertenece, llamado *Noche oscura del cuerpo,* hace hincapié en el cuerpo físico: la corporalidad física que subyace y excede toda comparación o simbolismo.

Empezando por su título, *Noche oscura del cuerpo* lanza la corporalidad física contra el universo del discurso. El acto de lectura sigue una alternancia continua entre las cosas como *physis* y las cosas como símbolos. El lenguaje son palabras en el espacio así como las partes del cuerpo son objetos en el espacio, pero al mismo tiempo las palabras y las partes del cuerpo adquieren un carácter simbólico.

> Sentado en una silla
> Con los ojos y las manos en pantalla
> Veo pasar el río de mi sangre
> Hacia la muerte (pág. 224)

La "sangre" se convierte en "río", como en la meditación de Jorge Manrique sobre la muerte, pero por una ambigüedad heraclitea también se convierte en movimiento puro, que a la vez arrastra las palabras. En otros momentos, la dimensión simbólica se vacía completamente y se convierte en pura superficie sin sentido:

Mi cuerpo es humo materia indiferente
Que brilla brilla brilla
Y nunca es nada (pág. 223)

Desaparecen todas las comparaciones. El efecto se asemeja al uso
del solo de clarinete en *Melancolia I* (1976) de Harrison Birtwistle,
donde el clarinete empieza como una especie de voz que se oye sobre
un fondo orquestal denso y sin melodía, y expresa cadencias reconocibles de *pathos,* pero luego produce notas sostenidas extremadamente
largas que carecen de referencia, y el clarinete deja de ser una voz y
se convierte en sonido puro. El desarrollo se asemeja a la forma en
que el "sufrimiento" del poema se convierte en "el brillo del dolor",
una superficie que brilla. Así, no es la pérdida lo que se expresa, sino
la ganancia de la pérdida. En obras como *Blanco sobre blanco* de Ma-
levitch o en usos similares que los expresionistas abstractos hacen de
la superficie, es más fácil captar el goce de una superficie visual pura
como un lugar de aparición que entender un efecto similar en la escritura, aunque este tipo de efecto se pueda remontar a la fascinación
de Mallarmé por la nada. En la poesía de Eielson, este efecto tiene que
ver con la alternancia entre la afirmación y el rechazo de lo simbólico,
relacionado a su vez, en un nivel más fundamental del lenguaje, con
un movimiento que establece cruces entre el sentido y el no-sentido.
Dentro de este contexto, el objeto principal de este ensayo es la interrelación de los efectos visuales y verbales.

Primero, sin embargo, me gustaría ampliar brevemente mi enunciado acerca de las relaciones entre interioridad, *pathos* y sonido. En
uno de los primeros libros de Eielson escrito en Perú, *Reinos*, el sonido
sirve para interiorizar el *pathos:* "Amo todavía aquello que habla lejos,
como los astros/ De terciopelo, al oído del viento" (pág. 59). Al viento
se le otorga la interioridad de un yo, un espacio interior compuesto
por sonido interior. Y este proceso está acompañado por los patrones
de sonido de las palabras; la relación entre el vaciamiento del espacio
interior y el modo en que un lector puede organizar los patrones de
sonido de las palabras es simétrica. Como libro, *Reinos* vacila entre dos
poéticas distintas. La escritura oscila entre los colores ("rojos campos

labrados por el cielo azul") y los sonidos saturados ("los astros/ De terciopelo, al oído del viento") del simbolismo tardío, y la dispersión de lo simbólico y la negación de lo sagrado en un ambiente y sensibilidad de mediados del siglo XX: "un agua pura/ Pensando por nosotros contra un árbol de dolor" (59). Si el árbol, como un emblema, señala el carácter simbólico del dolor *(em-ballein:* insertar marcas simbólicas como una insignia), el agua ofrece la posibilidad de la fisicalidad pura, a pesar de que la palabra "contra" permanece como el índice de una relación ambiguamente simbólica y física.

En el libro de Eielson *Doble diamante,* él último que escribió en Lima, hay una crisis en la relación entre el yo lírico y la naturaleza. En un poema llamado "Habitación en llamas" escribe: "he de llorar acaso/ Ante los fríos ciclos naturales, como ante un ciego,/ Vasto, inútil teléfono descolgado?" (pág. 115). En vez de reflejar y simbolizar el sentir humano, el ambiente se ha convertido en "fríos ciclos naturales". La naturaleza no responde al sufrimiento interior. En lugar del sonido que crea un espacio interior, hay un teléfono inútil. En términos literarios, el cambio está relacionado con el abandono por parte de Eielson de la poética simbolista y el yo lírico tradicional, pero en este trabajo lo que me interesa es la relación entre pasión y ambiente como tipos de espacio y superficie.

El poema que da título al libro, "Doble diamante", se puede leer como una aproximación al lenguaje de *Noche oscura del cuerpo.* Comienza llamando al cuerpo "esfera de la noche", una frase con ecos cosmológicos que evoca el lado oscuro del objeto de conocimiento:

> ¿Conoces tu cuerpo   esfera de la noche
> Esfera de la noche
> Huracán solar   conoces tu cuerpo
> Conoces tu cuerpo   conoces
> Tu admirable cabeza tus piernas moviendo
> El centro miserable
> De mis ojos de oro
> De mis ojos de oro de mirarte
> De oro de soñarte
> De llorarte? (pág. 116)

¿El lado oscuro es el conocedor o lo conocido, el lector o lo leído? Cuando la lectura está a punto de fijar un objeto identificable ("Tu admirable cabeza tus piernas moviendo"), el lugar (sintáctico, tipográfico) ocupado por el objeto es reemplazado por una visión ("mis ojos") que se convierte en superficie ("oro") y sujeto de la pasión ("soñarte"). La lectura-visión atraviesa entonces los desfiladeros físicos del cuerpo ("caigo/ Como un rayo fácilmente en tu garganta. Contigo/ Sólo silencio placa de horrores sedimentos"). El poema finalmente invierte la relación entre el espacio y la pasión. Aquello que antes estaba plegado hacia adentro –el "terciopelo" de las estrellas en el interior del "oído del viento", como una voz que hablara hacia adentro– deja de ser el volumen interior de un cuerpo:

> Rotación de mi cuerpo
> Hazme volver a mi cuerpo
> Destrúyeme los ojos en el acto
> [...]
> Conviérteme en silencio
>
> Deja rodar mis lágrimas [...]
> Sobre la viva   atroz   remota   clara
> Desnudez que me disuelve
> [...]
> Sobre tantísimo cielo y tanta perfección enemiga
> Sobre tanta inútil hermosura
> Tanto fuego planetario
> Tanto deseo mío (págs. 117-8)

El deseo es ahora el exterior; no está adherido a nombres/objetos sino que es la totalidad de un exterior que incluye el cosmos. El hábito o el mecanismo por el que los objetos externos se convierten en símbolos que funcionan por segmentación y constitución de (un discurso de) un yo interno ha terminado, o por lo menos se ha interrumpido. En otras palabras, en cierto modo se interrumpió el *modus operandi* del inconsciente freudiano o junguiano. Digo "interrumpirse" porque me parece que no es cuestión de abolir ese inconsciente sino de producir una detención temporaria de su segmentación de la experiencia mediante la disolución del teatro de su interioridad en el "silencio". La disolución del "yo" del poema se libera de la geometría de base edípica y lleva a rechazar las operaciones simbólicas que la capturarían. En vez de una captura por parte de lo simbólico, a través del lenguaje que divide en sujetos y objetos, aparece un lenguaje diferente, que no resuena más hacia el interior como un yo en el mundo. Sus redundancias, su garantía de sentido, ya no estarán subordinadas a la subjetividad interior. El resultado es una aproximación a la figura que no tiene ni interior ni exterior sino sólo superficie, como una cinta de Moebius.[3] Pero el hábito de separar espacios interiores del exterior está tan arraigado que el acceso a este otro tipo de espacio sólo es ocasional y ocurre en estados de euforia.

¿Cuáles son las relaciones entre escritura y espacio, si el espacio no se recorta cómodamente, como la sintaxis, en nombres, adjetivos, verbos y demás? Como ejemplo de la relación entre sintaxis y espacio, consideremos el uso del nombre "arena" en su función de segmento sintáctico en el siguiente poema del poeta de vanguardia argentino Oliverio Girondo publicado en *Persuasión de los días* (1942):

Arena,
y más arena,
y nada más que arena.

De arena el horizonte.
El destino de arena.
De arena los caminos.
El cansancio de arena.
De arena las palabras.
El silencio de arena.

[3] Sería interesante comparar el lenguaje de Eielson con la idea de la caminata del esquizo de Deleuze y Guattari en el primer capítulo del *Anti-Edipo*, que reemplaza el inconsciente de la representación por el inconsciente productivo, donde todos los cortes (segmentaciones) también son flujos. En ambos textos, la división en sujetos y objetos desaparece. La diferencia principal sería que Deleuze y Guattari no desarrollan sus ideas en términos de superficies visuales.

Arena de los ojos con pupilas de arena.
Arena de las bocas con los labios de arena.
Arena de la sangre de las venas de arena.

Arena de la muerte...
De la muerte de arena.

¡Nada más que de arena![4]

Gramaticalmente, la arena se articula como sujeto, luego como predicado, y luego como ambos a la vez. Comienza su vida en el poema como un signo que indica selección. Con esta lógica, de todas las cosas del mundo se eligió la arena para representar ciertas otras cosas del mundo. Incluso si el poema establece que todo es arena, la lógica indica que la mayoría de las cosas no son arena pero se pueden pensar como arena. Pero dos cosas suceden a medida que avanza el poema: el primer enunciado ("nada más que arena") deviene "literal", no figurativo ni emblemático, y la selección deja de ser selectiva al incluirlo todo. En el proceso de lo que el poema hace con el lenguaje (más estrictamente, con nuestra relación con los nombres), pasamos de una arena a otra: de un espacio escrito segmentado por nombres a una superficie continua donde el lenguaje y la fisicalidad convergen.

También existe el problema del efecto que producen los enunciados que quiebran las reglas de los enunciados "sobre" un tema; por ejemplo, el uso del material acerca del que tratan los enunciados para crear enunciados sobre éste. El interior (el lugar desde el que se realizan los enunciados) y el exterior (aquello a lo que los enunciados se refieren) se pliegan uno sobre el otro. ¿Esto no crea una figura que es pura superficie, dado que en última instancia la arena podría ser cualquier otra cosa del universo? ¿Acaso el componente semántico (sintáctico) devino físico, aunque no físico en el sentido del discurso científico positivista?

[4] Oliverio Girondo: *Obras: Poesía*, Buenos Aires, Losada, 1968, p. 307.

Estas preguntas son en gran medida matemáticas (el poema pasa de un conjunto de subdivisiones a un conjunto de conjuntos), pero no tengo la competencia para responder en términos matemáticos. Sin embargo, lo que para mí resulta claro es que en términos de teoría de la poesía, es decir, de poética, el poema de Girondo, como la obra de Eielson de la década de 1950, ejemplifica una ruptura con el formalismo y la creación de una alternativa. El resultado es la abolición del "interior" del lenguaje.

Esbozaré aquí la postura formalista y luego mostraré cómo rompe con ella la obra de Eielson. El formalismo se resume en la formulación de Roman Jakobson: "La función poética proyecta el principio de equivalencia del eje de la selección al eje de la combinación".[5] La selección, en este contexto, significa la elección de una palabra en oposición a otra de acuerdo a cómo dividen el campo referencial. La combinación consiste principalmente en patrones de sonido, es decir, en sílabas con patrones de ritmo, tono y timbre. El resultado es que estos patrones producen efectos metafóricos de un tipo particular. Un significado interior se ve desplazado continuamente, a lo largo de los patrones de combinación, de un término o segmento a otro: un significado que simultáneamente se siente en el interior de las palabras y en el interior del yo, y que provoca una resonancia entre estas dos interioridades y una apariencia de identidad.

Curiosamente, sin embargo, toda la idea de que la selección (la división de lo real) se convierte en combinación (patrones de palabras) depende de que se presuponga que toda segmentación de lo real por el lenguaje es arbitraria: en palabras de Todorov y Ducrot, "el recorte de la realidad extralingüística en unidades lingüísticas no se inscribiría, como una filigrana, en el interior de las cosas, sino que manifestaría más bien la elección libre que pertenece al lenguaje".[6] La poética de Eielson quiebra tanto el supuesto de que las divisiones de la "realidad extra-lingüística" realizadas a través del lenguaje son arbitrarias

[5] David Lodge (1988): *Modern Criticism and Theory: A reader*, Londres, Longman, pág. 39.

[6] Oswald Ducrot y Tzvetan Todorov (1981): *Encyclopedic Dictionary of the Sciences of Language*, Oxford, Blackwell, pág. 135. [Hay traducción al español: *Diccionario enciclopédico de las ciencias del lenguaje*, México, Siglo XXI, 1983.]

como la definición de Jakobson de lo poético en tanto selección que se convierte en combinación.

Un efecto clave de la poesía de Eielson es el deshacer el aura de metaforicidad –o interioridad del lenguaje– al devolvernos al eje de la selección, y esto se ve acompañado por la característica ya mencionada en relación con el poema "Arena" de Girondo, que es el uso del material del referente como materialidad del enunciado. Tomemos el poema "Piazza di Spagna" de Eielson, que comienza con la pregunta "¿Quién ha dicho que el cielo/ no es sino un viejo tambor/ completamente inútil/ y sin sonido?" (pág. 182). Una metáfora, aparentemente: el cielo como un tambor. A medida que el poema avanza, subiéndonos por la escalera de mármol de Bernini, se agrega una serie de metáforas sobre el ambiente como sonido: el crepúsculo es una trompeta, las nubes son violines, las fuentes un arpa, etc. Si reaccionamos a éstas sólo como metáforas o como metáforas en un solo nivel, tenemos un poema que juega, como el barroco, con metáforas cuyo contenido son otras metáforas en una regresión al infinito. Pero, ¿y si suponemos que esas metáforas representan un proceso por el cual todo el ambiente se convierte en sonido, un sonido olvidado o secreto, y que ese sonido es el material de la intuición cosmológica, como en la teoría de Anaximandro del universo como tambor? Entonces el ambiente como sonido es tanto el material de las metáforas como su referente, su "vehículo" pero también su "tenor". Nosotros –o el mundo– *somos* el tambor, el cuerpo *es* el alma, o como dijo Kerouac, lo que vemos *es*... el paraíso. Seguramente esto es similar a lo que propone John Cage al abolir la diferencia entre el ruido y el sonido. El resultado es la no-selección, el exterior se convierte en interior.

La no-selección, en relación con el sentido, se aproxima a la visión, si entendemos por visión el conocimiento extático que puede, pero no necesita, tomar una forma eidética. En la novela *Bid me to Live,* de H.D., aparece el siguiente enunciado: "Pasado el punto de peligro, pasado el punto de toda lógica y todo sentido, todo tiene sentido".[7] El poema "Piazza di Spagna" tiene, como sonido final, "una divina melodía/ que ya nadie recuerda", un sonido que proviene de dos poetas,

[7] H.D. (1960): *Bid me to Live*, Nueva York, Grove Press, pág. 88.

"ambos ingleses y puros/ niños poetas que la eternidad ha encerrado/ en un mismo crepúsculo latino". La alusión, por supuesto, es a Keats y Shelley, que primero aparecen, al oeste, como dos soles menores pero más luminosos. De modo que el poema nos ofrece una serie de metáforas, cuyo material es la escena (la *piazza,* el crepúsculo, etc.) pero que se vacían o se llenan –el resultado es el mismo– lúdicamente hasta que (a medida que el poema se realiza en la imaginación) su contenido ("voces y melodías que ya nadie escucha") se convierte en el marco y no en el contenido de la escena. Digo "marco", pero tal vez también se pueda utilizar la palabra "superficie". El resultado es un goce topológico, un oír y ver eufóricos. La palabra final de la novela de Eielson *El cuerpo de Giuliano* es "euforia".

"Piazza di Spagna" pertenece al libro *Habitación en Roma* (1952), y es interesante observar que lo que Eielson comienza a hacer con el espacio y el lenguaje en este libro se cruza con las ideas que había empezado a desarrollar en su arte visual durante la misma década, y es en cierta medida simétrico respecto de ellas. Antes de decir más acerca de esto, debemos mencionar su primer libro europeo, *Tema y variaciones* (1950).[8] Los poemas de *Tema y variaciones* inician una serie de experimentos con el lenguaje que se mueven hacia la abstracción, en el sentido de que los procesos formales de significación –en oposición al contenido "empírico"– son llevados a un primer plano. "Impromptu" comienza con una afirmación acerca del cuerpo del otro, probablemente del otro amado: "éste es tu cuerpo o nada/ una nube o una rueda/ un caballo o cinco dedos / qué alegría estoy vivo/ o la lluvia [...]" (pág. 151) y sigue con una larga serie de predicados ("un ruido de tijeras/ cuatro pasos", etc.) que repiten todos el movimiento inicial ("éste es tu cuerpo o nada"), desde el enunciado sobreinvestido ("Este es mi cuerpo") hasta su vaciamiento. Es el goce semiótico, una relación con el lenguaje que deviene simétrica a la relación con el cuerpo del otro.

Los procesos formales del lenguaje mismo, en este caso su segmentación en predicados, se convierte en un agregado afectado a la

---

[8] Para ser más precisos, su primer escrito publicado en Europa fue el texto breve "Primera muerte de María".

superficie semiótica y no en profundidad simbólica. Este es el gran descubrimiento de Eielson. Guarda cierta similitud con la noción de lo semiótico de Julia Kristeva, con su relación con el cuerpo cinético de la *"chora"*.[9] Ambos amplían la exploración del lenguaje de las vanguardias modernistas, especialmente de Mallarmé. La principal diferencia es que Eielson se compromete con una poética visual, donde el goce de las superficies semióticas subvierte la mirada del individualismo posesivo.

"Verbos", del mismo libro, utiliza su título, que se puede tomar como un marco delimitador, para llamar la atención sobre un tipo particular de segmentación del lenguaje. Aquí, una vez más, el método es la sustitución de partes específicas de una secuencia, que hace que el acto de lectura se mueva a lo largo del "eje" de la selección; las sustituciones ponen en primer plano las relaciones sintácticas llamadas "verbo" y "nombre" (ambas incluidas en el término "verbo" en español) y no la dimensión referencial del lenguaje, no su señalamiento de "cosas" que se asume que están "ahí". El último verbo es "escribir":

escribir un poema
no escribir un poema
escribir otro poema
no escribir nada (pág. 150)

En un nivel, la repetición de *escribir,* si se continúa la reducción de lo referencial, hace que el verbo vuelva sobre sí mismo, convirtiéndose en un puro evento del lenguaje. La sustitución de *escribir* por *no escribir* introduce una paradoja, que produce un salto a otro nivel: del goce semiótico (goce en la productividad del lenguaje) a la emanación de ese goce (cuya encarnación es la escritura) como si tuviera un nombre ("nada") que vacía la categoría de todos los nombres. Un goce peligroso porque no le falta nada.

---

[9] K. Oliver (ed.) (1997): *The Portable Kristeva*, Nueva York, Columbia University Press, págs. 32-69. Esta discusión de lo simbólico y lo semiótico está desarrollada en el libro de Kristeva, *Revolution in Poetic Language*.

Creo que aquí es donde se puede comenzar a entender algunas de las consecuencias prácticas del no-formalismo particular de Eielson. El retorno al eje de la selección está acompañado por la exposición del nombrar a la luz del exterior. Del mismo modo en que la energía/información de una estrella se registra como una línea en la página en "Esta vertical celeste" de *Poesía visual,* la investidura de cualquier interioridad identificatoria en el lenguaje –si se quiere, cualquier interpelación– fracasa. No hay superficie interna del lenguaje que no sea también superficie externa. Los agentes de interpelación –Padre, Nación, Dios– se derrumban.

La abstracción hacia la que se dirige *Tema y variaciones* está relacionada con las acciones del lenguaje más como modos de dar forma al mundo que como un contenido empírico particular atribuido al mundo. Es como tomar la parte exterior de las palabras, como si fueran las camisas y los pantalones que habitamos, y luego mirar qué hacen con el espacio, igual que las sillas vacías o las camisas y los pantalones vacíos que pueden tener apoyados encima.[10]

El espacio implícito en la pregunta "¿qué hacen estos objetos con el espacio?" puede entenderse como corpóreo en un sentido particular. Las relaciones entre objetos, señala Poincaré, no pueden producir la noción de espacio como un *continuum*.[11] Eso sólo puede hacerlo el cuerpo humano, en la medida en que es capaz de movimiento. Se puede mover a través del Foro romano, por ejemplo, y satisfacer la intención monumental de ese espacio creado. La intención monumental reduce la velocidad del tiempo, y el *continuum* de espacio enmarcado lo somete. En la literatura de los monumentos en ruinas, el tiempo es *pathos.* Las columnas rotas se convierten en el polvo indiferenciado del tiempo, disponible para la contemplación del escritor y del lector. Pero el lugar de la contemplación permanece intacto, porque el *continuum* espacial también permanece.

---

[10] Reproducciones de estas obras visuales se encuentran en *Jorge Eielson*, editado por la Galleria D'Arte Niccoli, Parma, Illva Saronno, 2004, págs. 92-107.

[11] Henri Poincaré (1952): *Science and Hypothesis*, Nueva York, Dover, pág. 79. [Hay traducción al español: *La ciencia y la hipótesis*, Madrid, Espasa-Calpe, 2002.]

El poema "Foro romano" trabaja de forma diferente. La regularidad que establece la base de la subjetividad ("todas las mañanas me despierto/ el sol arde fijo en el cielo/ el café con leche humea en la cocina" (pág. 178) deja de ser una secuencia significativa ("Yo le pregunto a quién me acompaña/ ¿cuántas horas he dormido?/ pero nadie me responde"). Algo ha sucedido con el marco que da sentido a estas regularidades de la vida. Digo que algo le sucedió al marco, pero el marco se sostiene en su lugar por la puntuación o segmentación de la experiencia. El sol y el café marcan los segmentos (como las frases lo hacen en el lenguaje). Y sobre éstos se pueden erigir otros significados. Funcionan como una superficie de inscripción. Pero si el tiempo transcurrido entre estas dos marcas resulta incierto y no hay respuesta a la pregunta "¿Cuántas horas he dormido?", entonces el espacio regular se curva. En la obra visual posterior de Eielson el espacio se anuda, la superficie de inscripción se anuda, como en la serie que lleva por título "Codice sul volo degli uccelli e sugli annodamenti di Leonardo", que está compuesta por complicados nudos de tela que lleva impreso el códice manuscrito de Leonardo da Vinci[12] En "Foro romano", el efecto es una aceleración del tiempo y un reemplazo del espacio continuo por objetos evanescentes.

La puntuación de aquello que se denomina experiencia se derrumba porque se le escapa lo material, ya no lo puede marcar apropiadamente. La experiencia no se puede procesar como un *continuum* subdividido y por lo tanto, en cierta forma, no tiene sentido. Dos hechos permanecen: la memoria y el cuerpo del amor.

> ¿mi memoria es quizás tan inmortal como tu cuerpo
> cuando te desnudas ante mí
> tú que no eres sino un pedazo de mármol
> montaña de polvo
> columna
> reloj de ceniza

[12] Véase *Jorge Eielson*, ob. cit., págs. 199, 228-9. Sobre el anudamiento del espacio como una forma de arte visual en Eielson, véase Lorraine Verner y Luciano Boi (2002): "Enlazar arte, ciencia y naturaleza", en Martha Canfield (ed.), *Jorge Eduardo Eielson: Nudos y asedios críticos*, Madrid y Frankfurt, Iberoamericana Vervuert, págs. 185-198.

hueso sobre hueso que el tiempo avienta en mis ojos?
¿no recuerdo acaso las últimas horas de la noche
cuando te besaba enfurecido sobre mi catre de hierro
como si besara un cadáver? (pág. 179)

He denominado a este cuerpo el cuerpo del amor, porque no es el cuerpo empírico que se mantiene en su lugar debido a las regularidades del tiempo y el espacio y la división concomitante que hacen de la experiencia. No es, por lo tanto, el cuerpo de la ciencia clásica. Tampoco la memoria mencionada en el poema corresponde al arte clásico de la memoria. El Foro romano, con sus estatuas y arcos, es un teatro de la memoria ideal, como en la práctica clásica. Pero la forma real, como el cuerpo del amante, se convierte en polvo.

En poema en dos partes, "Albergo del Sole", Eielson ubica al amor, la visión, el dibujo, la piel, la lectura y la escritura sobre una misma superficie: no necesitamos pensar en nada debajo de esa superficie ni en un punto de vista general desde arriba. Toda la primera parte necesita citarse completa.

dime
¿tú no temes a la muerte
cuando te lavas los dientes
cuando sonríes
es posible que no llores
cuando respiras
no te duele el corazón
cuando amanece?

¿en dónde está tu cuerpo
cuando comes
hacia dónde vuela todo
cuando duermes
dejando una silla
tan sólo una camisa
un pantalón encendido
y un callejón de ceniza
de la cocina a la nada? (pág. 190)

La primera pregunta (¿tú no temes a la muerte…?) es una pregunta sobre dónde están los sentimientos. Los términos de la posible respuesta están dados por la misma pregunta, es decir, las premisas dictan la forma de la respuesta, de modo que sea ésta sí o no, la respuesta aún tendrá la misma forma, una forma que depende de la posesión de un yo y de la memoria como ubicación de los sentimientos. Los sentimientos que se atribuyen al ser amado son *acerca* del amor: hablan de la relación entre el amante y el ser amado, una relación que se encuentra en el *interior,* en el interior del yo como el cuerpo está en el interior del lenguaje. (¿No amo acaso a un yo, y por ende poseo un yo que ama un yo?) Estas son las premisas, y por supuesto, incluyen tanto el espacio como el lenguaje.

La segunda pregunta (¿en dónde está tu cuerpo?), sin embargo, cambia las premisas. No es una pregunta acerca del cuerpo empírico, que es el lugar del yo, sino acerca del cuerpo amado. El cuerpo amado no tiene lugar dentro de los términos del primer tipo de ubicación. De modo que hay otro tipo de espacio involucrado. ¿Qué es la luz que emana del pantalón?[13] Espacialmente, más que una invitación a lo físico en sí, tenemos la continuidad segmentada que implican los nombres.

La transición en la poética de Eielson prolonga un cambio epistémico de mediados del siglo XX. Si la respuesta a la pregunta de Cavalcanti, *dove sta amore?,* es que el amor reside en la memoria como "algo delicado que se tiene en la mente" (la frase es de Ezra Pound).[14] Luego, ésta es una postura modernista, que ubica la poética del afecto en el interior de una individuación que separa al individuo de la masa, una postura a menudo etiquetada con el término no demasiado útil de elitista. Si el amor no está en la memoria, si no es "algo delicado que se tiene en la mente" y los sentimientos y los objetos físicos ocurren en el mismo espacio, entonces la mente es inmanente a la naturaleza, un cambio epistémico que se encuentra en Bateson, Deleuze y Negri, entre muchos otros, y en la poética de Olson, Prynne y Parra, por ejemplo.

[13] Véase "Blue-Jeans", en *Jorge Eielson*, ob. cit., pág. 100.

[14] Ezra Pound (1960): "Cavalcanti", en *Literary Essays of Ezra Pound*, Londres, Faber, pág. 159. Pound señala que la afirmación de Cavalcanti de que el amor reside *dove sta memoria* "es platonismo", que él combina con "la concepción del cuerpo como un instrumento perfecto de la inteligencia creciente", pág. 152.

282

Paso ahora a presentar algunas especulaciones acerca del tipo de espacio que implica el cuerpo del amor de Eielson. Por cierto, no se trata del espacio vacío homogéneo de la física newtoniana. Poincaré muestra que es sólo a través del cuerpo, en el sentido de que tiene músculos y se mueve, que somos capaces de establecer correlaciones entre los desplazamientos y producir un espacio homogéneo:

> distinguimos dos categorías de fenómenos: los primeros, involuntarios, no están acompañados por sensaciones musculares y se los atribuye a objetos externos; son los cambios externos; los segundos, de carácter opuesto y atribuidos a los movimientos de nuestro propio cuerpo, son los cambios internos.
>
> Observamos que ciertos cambios en cada una de estas categorías se pueden corregir con un cambio correlativo en la otra categoría.

Poincaré agrega que "Las leyes de estos fenómenos son el objeto de la geometría",[15] lo que significa que sin esta base corpórea la geometría es imposible.

No obstante, esta caracterización en sí no es suficiente para describir el tipo de espacio implícito en los poemas de *Habitación en Roma*. Cuando Poincaré escribe que "observamos" que los cambios internos y externos pueden entrar en correlación, no se refiere a un proceso: si lo fuera, no podríamos movernos ni alcanzar un objetivo. El proceso forma parte de un inconsciente físico,[16] que está involucrado en una "enacción" del espacio (para utilizar el término de Francisco Varela).[17] Este inconsciente físico es el objeto del yoga y el Zen, y esto también forma parte de los poemas.

La pregunta "¿en dónde está tu cuerpo?" incluye el lugar, los materiales y las superficies de la escritura misma. Eielson tiende a ubicarlos

---

[15] Poincaré, ob. cit., pág. 63.

[16] Gregory Bateson (1973): *Steps to an Ecology of Mind*, Londres, Paladin, págs. 114-115. [Hay traducción al español: *Una unidad sagrada: Pasos ulteriores hacia una ecología de la mente*, Barcelona, Gedisa, 1983.]

[17] La "enacción" describe una interrelación entre el organismo y el ambiente de la que surgen la superficie, el color y otros elementos básicos de lo visual. Véase Francisco J. Varela (2001): *Conocer: Las ciencias cognitivas. Tendencias y perspectivas. Cartografía de las ideas actuales*, Barcelona, Gedisa, cap. 5.

en el mismo plano del contenido del lenguaje. Su novela *El cuerpo de Giulia-no* incluye un reconocimiento embelesado de los *quipus,* como encarnación de "Las Grandes Letras No-Escritas procedentes de la Vía Láctea".[18] Los *quipus* son letras sin literatura, torsiones del espacio realizadas por la mano, gestos, figuras, algoritmos, formas geométricas, poemas: "en la brillante desnudez de aquellos gestos latía la unidad fundamental de lo creado".[19] La novela fue escrita a mediados de los años 50, poco tiempo después de la edición de *Habitación en Roma,* uno de cuyos poemas, "Escultura de palabras para una plaza de Roma", encuentra un eco en la obra visual "Piramide de Stracci",[20] una escultura hecha con ropas dejadas por bañistas en una playa. El poema muestra en su disposición en la página la escultura compuesta por las frases "te amo" y "escultura de palabras":

> sólo existes
> porque te amo
> te amo
> te amo
> te amo
> te amo
> te amo
> escultura de palabras
> escultura de palabras
> escultura de palabras
> escultura de palabras (pág. 198)

Una escultura exige una superficie continua, pero en el caso de la escultura de palabras esta continuidad no está compuesta de sintaxis ni de sustancia fónica:

---

[18] J. Eielson (1971): *El cuerpo de Giulia-no*, México, Mortiz, pág. 120.
[19] Ibíd., págs. 122-123.
[20] Jorge Eielson, ob. cit., pág. 115.

apareces
y des   apareces
dejando un hueco encendido
entre la a y la s
un vacío entre los labios
una gota en la retina (págs. 198-9)

La sustancia (de la estatua) que besan los labios también es un vacío, una distancia entre letras, un goce en los huecos o diferencias que se abren camino por entre el lenguaje al mínimo nivel de significado. ¿Dónde está entonces la continuidad que forma la superficie de la escultura? ¿Cuál es su naturaleza? Para hacer una comparación contrastiva, la película de celuloide se detiene y empieza en la "ventanilla" del proyector con la velocidad necesaria para que la retención retiniana produzca la continuidad. Si se corta la película cuadro por cuadro, deja de ser una imagen que se mueve. Pero en el poema de Eielson, el corte al nivel de la letra produce lo real sin divisiones: "macho y hembra confundidos/ sol y luna en un instante" (pág. 199).

Sin embargo, esto todavía no responde completamente la pregunta acerca de la continuidad. Poincaré escribe: "si [un *continuum* físico] sólo se puede subdividir mediante cortes que son a su vez continuos, diremos que [éste] posee varias dimensiones" (pág. 32). En los cortes entre letras, la escultura de Eielson en su totalidad aparece y desaparece. Por lo tanto, es difícil pensar en los cortes como continuidad o en, en consecuencia, en el volumen de la escultura. ¿Entonces, dónde, en qué tipo de espacio, existe la escultura? Creo que la respuesta puede ser que existe como un "algoritmo del corazón", para usar la frase de Bateson, que hace posible "la unidad de lo creado", incluyendo la luz de Alfa Centauro. No es un *continuum* físico, porque existe y no existe ("eres y no eres" [pág. 200]); es sonido y silencio, blanco y negro. Pero posee una superficie, que surge de un cruce entre la forma de la información y del amor.

10. "Mentir" cuando se dice la verdad

Denise Riley

Denise Riley vive en Londres y es profesora de la Facultad de Artes y Humanidades de la Universidad de East Anglia, en Norwich, Inglaterra. Entre sus obras se incluyen *War in the Nursery: Theories of the Child and Mother* (Londres, Virago, 1983), *Am I That Name? Feminism and the Category of "Women" in History* (Londres, Macmillan, 1988, y Minneapolis, University of Minnesota Press, 1988), *The Words of Selves: Identification, Solidarity, Irony* (Stanford, Stanford University Press, 2000), *The Force of Language* (Londres y Basingstoke, Palgrave Macmillan, 2004; con J.-J. Lesercle) e *Impersonal Passion. Language as Affect* (Raleigh, Duke University Press, 2005). Fue Escritora Residente de la Tate Gallery de Londres en 1996. Es autora de varios volúmenes de poesía y compiladora del libro *Poets on Writing: Britain, 1970-1991* (Londres, Macmillan, 1992). Su última colección de poemas, posterior a *Penguin Modern Poets vol. 10* con Ian Sinclair y Douglas Oliver (1996), es *Denise Riley: Selected Poems* (Londres, Reality Street Editions, 2000).

La problemática del lenguaje es central en la obra de la autora, tanto en el plano teórico como poético. Ha explorado, por ejemplo, los efectos retóricos de las categorías de persona en períodos en que experimentan cierta politización, sobre todo en *Am I That Name?*, donde abordó las inestabilidades históricas de "las mujeres" como una categoría, y en *The Words of Selves*, donde apuntaba a una idea del lenguaje público de la autodescripción como una ambigua retórica moderna y aventuraba una concepción de desasosiego lingüístico, a ser diferenciada de la culpa existencial y psicológica. En su obra reciente analiza el carácter indisociable de las palabras y el afecto y también las posibilidades beneficiosas de la ironía. Su último trabajo publicado, *Impersonal Passion* (2005) –al cual pertenece el capítulo que sigue–, trata sobre la emotividad cotidiana del lenguaje: el falso consuelo, la construcción retrospectiva de la verdad, la defensa de la soledad, el carácter de la vergüenza lingüística, la timidez, la incomodidad y la culpa en el discurso y la sensación de estar mintiendo cuando se dice la verdad.

Título original: "'Lying' when you aren't", publicado en *Impersonal Passion*, Durham, Duke University, 2005.

En ciertas ocasiones, nada puede hacernos sentir tan culpables como el decir la verdad. No me refiero a la costumbre vieja como el mundo de mentir deliberada e ingeniosamente diciendo la pura verdad. Tampoco a la coartada verídica, afirmación consciente de inocencia con la que se dice la verdad de los hechos enmascarando la dimensión emocional real: la verdad literal no se condice con la falta de verdad situacional. A lo que me refiero, en cambio, es a esa sensación de estar irradiando un aura de mentira y al correspondiente temor a no ser creíble. Cuando uno no está mintiendo en absoluto y sin embargo siente que lo han descubierto en una mentira burda y censurable. Desde lo racional, no se debería tener esa impresión de la propia exposición, de modo que uno se reprocha a sí mismo por esa sensación desproporcionada, que muchas veces aparece en situaciones triviales. Y, lo que es peor, es más acentuada cuando el interlocutor es alguien no muy cercano, un conocido o hasta un extraño. La sensación de estar mintiendo aunque se diga la verdad es algo que uno espera que aparezca en momentos con alta carga de dramatismo, en los que todo está a punto para que aflore la tortuosa culpa. En cambio, sus más agudas ocurrencias pueden producirse en situaciones cotidianas de lo más ordinarias, como cuando rechazamos una invitación a un evento social o nos justificamos por haber cometido un error menor. Entonces, ¿por qué debería uno sentirse invadido por la culpa cuando sabe que las explicaciones que da son absolutamente verdaderas?

¿Hay alguna pregunta real que formular aquí? ¿No se trata de un caso de culpa a secas, la incomodidad que produce la verdad reprimida, encapsulada en la frase de Cocteau: "Yo soy una mentira que siempre dice la verdad"?[1]

---

[1] "Je suis un mensonge qui dit toujours la vérité". Del poema "Opéra; Le Paquet Rouge", en Jean Cocteau (1927): *Jean Cocteau, Oeuvres poètiques 1925-1927*, París, Librairie Stock.

Daré algunos ejemplos, primero. No a modo de realismo psicológico sino apenas unas viñetas que son bastante reconocibles.

Tomemos el caso de una mujer que, llegada la noche de una fiesta a la que durante mucho tiempo tenía planeado ir, se da cuenta lenta, inexorablemente, de que, a pesar de todas sus intenciones de asistir, no va a poder hacerlo. Tiene un fuerte resfrío y le duele terriblemente la cabeza. Lo único que puede hacer es llamar por teléfono antes de que comience la fiesta y dar las excusas del caso, que, después de todo, son completamente verdaderas. Hacer las cosas a tiempo es fundamental. De repente el conflicto se instala. Se detiene antes de llegar al teléfono. Por cierto, no quiere ganarse la fama –o, lo que es peor, que le pongan la etiqueta– de que casi nunca va adonde la invitan, de ser retraída, de aislarse y hundirse en soledad. Se dice a sí misma que la gente siempre es en algún punto interesante, que a ella sin duda le *gusta* la gente, ¿o acaso esos eventos sociales no gozan siempre de esa dichosa impredictibilidad, por la cual alguien puede dejar caer un comentario lo suficientemente enigmático como para dejarla contenta durante semanas? Pero ella no sólo se siente terriblemente mal sino que no tiene la energía necesaria para ponerse glamorosa para la ocasión, y, de todos modos, cuando está así, la ardua labor de tratar de embellecerse da pocos frutos. Tampoco tiene auto, por el momento. Y, aunque está a favor del derecho de las mujeres de recuperar las calles y la libertad de caminar solas por la noche, no ignora el hecho de que algunas zonas densamente pobladas del centro de la ciudad ya han sido tomadas por quienes están ansiosos de liberar a esas mujeres de la carga de portar su cartera y sus tarjetas de banco. ¿Será ésta –se pregunta– la verdadera razón de su indecisión, un nerviosismo conservador que tal vez no sabía que tenía? ¿Por qué, entonces, no llamar un taxi o un remise? ¿Acaso tiene alguna mezquindad oculta que la hace dudar? ¿Y por qué –se pregunta– estará sintiendo esa angustia? El realismo le indica que su ausencia no va a ser devastadora para los dueños de casa: ella no es una amiga íntima y, además, lo más probable es que hayan invitado a mucha gente a la fiesta, y de todos modos –reflexiona lastimosa– su presencia no agregaría ningún brillo especial al evento ni le aportaría un aura de lúcida vivacidad. Seguramente, a los pocos segundos de llamar para excusarse, los anfitriones se dedicarían a descorchar el vino y servirían el salmón ahumado, ya sin ningún rastro de ella en sus mentes tan preocupadas, se contentarían con la muestra de buena educación y no se interesarían por considerar si lo que ella dijo era cierto o no. ¿O será que ella cree que no va a encontrar a nadie con quien hablar –departir con extraños no es su fuerte–; y de todos modos, es sabido que nadie puede hablar realmente con nadie en una fiesta; y que todos van a estar en pareja; que, así como está, ella no tiene muchas probabilidades de gustarle a nadie y que volver sola a casa le quitaría la única satisfacción real que se puede tener en esas ocasiones, el placer de comentar la fiesta post-mortem en buena compañía? Y, además, ¿puede ser que se haya vuelto tan infantil, tan poca cosa? Sin más titubeos, llama por teléfono. Se siente mal, pero además se esfuerza para que la gravedad de su resfrío se le note en la voz, tose con exageración, y su actuación es tan pobre que está segura de que los anfitriones de la fiesta no sólo van a sospechar de la veracidad de su excusa, que es verdadera, sino que además van a despreciar sus pobres dotes actorales. Ella exagera y se da cuenta, pero no hay forma de volver atrás. La Reina Actriz –de quien Gertrudis observó que protestaba demasiado– no era inocente.[2] Nuestra dama, sin embargo, no sólo dice la verdad sino que, en su desesperación por hacer que su interlocutor reciba el mensaje, se da cuenta de que está adornándolo demasiado. Su mentirita nunca fue tal, pero para ella, la que la dice, es como si lo fuera y se va complicando a medida que habla hasta que parece una gran mentira. Descorazonada, cuelga el teléfono. Realmente, hubiera querido explicar, aunque sonara absurdo, que "Normalmente no actúo así. Cualquiera les puede decir lo confiable que soy". Y, más aún, de haber sido posible, hubiera agregado para mayor certeza "Realmente, les *estoy* diciendo la verdad".

Ella se da cuenta ahora de que la ironía está en que cualquier mentira más o menos creíble hubiese sonado más verdadera que la verdad misma. Hubiera sido mucho más fácil transmitir veracidad (no sólo a los anfitriones sino también para sus propios oídos) apartándose de su excusa trillada pero honesta y haciendo, en su lugar, una proyección

[2] *Hamlet*, Acto 3:2.

kleiniana mediante la invención de una historia que no pudiese verificarse: "Lamento no poder ir, pero una vieja amiga que no conocen se apareció en casa sin avisar y está terriblemente mal. No pude decirle que se fuera, así que tengo que quedarme con ella hasta que se calme un poco, algo que parece que va a llevar su tiempo, pero si se calma, iría más tarde con mi amiga, si les parece bien..."

Demasiado tarde. Y ahora se siente peor físicamente. Se compara con una niña que no quiere ir a la escuela y llora tan fuerte que finalmente se enferma de verdad. Sí, su situación es infantil, y ella también siente la frustración sofocante del niño al que acusan injustamente y que no logra que le crean, que berrea sin parar hasta que se enferma o colapsa en una seudoconfesión histérica para satisfacer la acusación errónea de los padres. Cuando, encerrada en su casa, se da cuenta de que mientras se dedicaba a autocriticarse, su resfrío se ha intensificado considerablemente, la inunda una sensación de alivio porque, tal como lo supo todo el tiempo, no es que se sentía un poco mal, sino que realmente tiene fiebre y de ninguna manera hubiese podido salir; seguramente tenía una infección viral, y ahora el termómetro lo confirma con su marca de más de treinta y ocho grados...

Por cierto, está muy nerviosa. ¿Acaso esta situación tan común no demuestra claramente su culpa soterrada, culpa porque su verdadero deseo fue el de no ir nunca a la fiesta?, ¿o por su rivalidad secreta –o mejor, inconsciente– con sus amigos "oficiales"? Después de todo, la galería de incompetentes de Freud, sus criminales por sentimiento de culpa, hicieron mal en tratar de moderar ese sentimiento de culpa *a priori,* que viene de las fantasías inconscientes por delitos ya cometidos.[3] Y, seguramente, esta mujer no sentiría una culpa tan abrumadora si no estuviese cargada de su propia hostilidad no reconocida.

Dejemos los comentarios por el momento. Presentaré ahora otro caso corriente en el que se brindan excusas: es aquel en el que alguien

[3] Sigmund Freud (1964): "Some character types met with in psychoanalytic work: Criminals from a sense of guilt", en James Strachey (ed.), *Standard Edition*, Londres, The Hogarth Press, vol. 14, págs. 332-333. [Hay traducción al español: *Obras completas*, Buenos Aires, Amorrortu Editores, 1978-1985.]

tiene alguna dificultad que le impide participar en determinada actividad. Una persona tiene una enfermedad crónica, una forma severa de artritis por ejemplo, y algunos días, al azar, la enfermedad se agudiza, de modo que no puede ir a su oficina. Cada vez que llama para explicar que ese día no puede ir pero que trabajará desde la casa, se siente un mentiroso que no sólo engaña a quienes tienen que creerle sino que además comete un pecado peor: los aburre. Aunque su incapacidad es real y tiene un acuerdo con su jefe para tomarse libres los días en que siente más dolor, percibe que sus colegas no le creen, advierte su burla solapada. Imagina que ellos piensan que su falta de originalidad es una afrenta adicional y que, ya que él abusa de su buena predisposición, al menos podría tratar de sonar un poco más convincente poniendo algo de inventiva a su engañosa trama. ¿No podría acaso hacer ese juego? Escucha el aburrimiento cortés de la secretaria que atiende el teléfono mientras toma el mensaje –no por conocido menos verdadero–, sin ningún interés. A él le parece que su mensaje es tan poco convincente como si dijera que murió su abuela y que tiene que ir al funeral, lo que le recuerda que su única abuela viva, que ya supera los noventa años, últimamente está un poco débil. No le cae en gracia tener que decir otra mentira verdadera, es decir, otra verdad que suene como una mentira. De modo que lo único que le queda por hacer es añadir algún ornamento barroco a su verdad simple y pura para que parezca veraz. Decide con amargura que el día en que de verdad deba ir al funeral de su abuela, dirá que lo convocaron inesperadamente para presidir el jurado de un concurso de calabazas que se llevará a cabo en su pueblo natal. ¡Y que se lo crean!

La que sigue es una tercera instancia en la que decir la verdad trae aparejada la culpa. Los motivos no tienen el peso suficiente para explicar la angustia que provoca, y eso la asemeja al pánico desproporcionado de la invitada a la fiesta y a la irritabilidad del artrítico. En este caso, se trata del pretexto de la ignorancia o la incompetencia, como en el clásico: "Es que no entendí qué tenía que hacer". En el subterráneo de Praga uno se encuentra con una burocracia inflexible que no hace concesiones al extranjero confundido. Así, una pasajera imaginaria sabe que ha hecho todo lo posible por comprar el boleto adecuado (las instrucciones están sólo en checo), pero compra un boleto de tarifa reducida en lugar del que le corresponde. El inspector está al acecho, expectante.

La pasajera explica en su deficiente alemán que se trata de un error, pero la explicación no hace mella en el inspector, que la lleva a su oficina, la acusa de engañar a la empresa de subterráneos e incluso la amenaza con confiscarle el pasaporte y con llamar a la policía de transportes. Ella sospecha que el inspector sabe perfectamente que ella cometió un error involuntario, pero quizá él se vea recompensado por la recolección diaria de turistas incautos, aunque más no sea con la satisfacción de su sadismo. Cuanto más ella dice: "Usted se da cuenta de que cometí un error. Mire, las tarifas que figuran en la estación están escritas en checo, idioma que no sé leer, y además es poco probable que yo vaya a cometer una infracción sólo para ahorrar unas monedas", más invoca él a la policía. Una vergüenza indignante la invade. La razón le indica que toda la situación se debe a la burocracia en funcionamiento, como si Europa Central estuviese desplegando ardorosamente su costado literario. No había por qué tomárselo como algo personal; bien recuerda ella el comienzo de *El proceso*, de Kafka: "Alguien, seguramente, había calumniado a José K., pues sin que éste hubiera hecho nada malo, fue detenido una mañana". Pero ambas partes, el inspector y la turista, son presa de las emociones oficiales inherentes a sus respectivas posiciones. La turista insiste cada vez con más energía en que su error fue absolutamente involuntario y que no corresponde que le confisquen el pasaporte; el inspector, por su parte, sigue, con una inflexibilidad glacial, en la postura de que justamente eso es lo que va a ocurrir. Hasta ahora, nada nuevo: no hay nada rebuscado en el hecho de que las propias emociones se inflamen cuando se sospecha que el relato liso y llano de las cosas que le suceden a uno no será suficiente para resolver la cuestión. Es algo similar a lo que escribió de Tocqueville sobre los políticos: "Con frecuencia se los acusa de actuar sin convicción, pero mi experiencia dice que eso no es tan frecuente como se supone. Es que ellos tienen una facultad preciada y muchas veces necesaria en la política: crear convicciones efímeras que se correspondan con las emociones e intereses del momento".[4] Sin

---

[4] Alexis de Tocqueville (1990): *Recollections: The French Revolution of 1848*, New Brunswick, NJ, Transaction Books, pág. 4.

embargo, la reacción de nuestra turista en esta escueta escena de captura y amenaza –donde no está en juego nada personal y el asunto es una nimiedad típica de una interacción corriente– es sentir una culpa intensa y persistente como si estuviese mintiendo, especialmente porque le hacen pagar una multa considerable. ¿Por qué aparece tanta pasión en un escenario de evidente corte impersonal donde la agresión es rutina? ¿Por qué ella se consume en la vejación y la mortificación cuando el incidente da muestras de la falta de interés del inspector por su persona y de la irrelevancia de si miente o no? Quizá, en la notoria indiferencia del inspector frente a la verdad de la excusa esté la clave del malestar de la mujer. Entonces, ¿no podríamos simplemente concluir, como ya se ha hecho tantas veces, que el egoísmo siempre va de la mano de la culpa?

No obstante, sigo sospechando que hay aquí un registro de la peculiaridad del lenguaje que acarrea su propia carga emocional y que, por lo tanto, se trata precisamente de una peculiaridad más que de culpa generalizada. Hay algo distintivo en el intenso malestar que provoca la excusa verdadera, y valdría la pena intentar aprehenderlo.

¿Acaso, mi cuarto y último ejemplo ilustrará el caso de la verdad que genera culpa debido a un fuerte deseo de hacer lo que se repudia? Aquí, uno *esperaría* que la sensación de estar mintiendo cuando se dice la verdad se manifestara al máximo. Es el viejo tema de *Sí, ya dejé de verlo/a; te lo digo en serio.* Imaginemos la típica escena de telenovela en la que me enamoré de otro, le confieso el adulterio a mi marido y le aseguro que ya no veo más a mi amante, lo cual, por otra parte, es la pura verdad. Después de una angustiosa y prolongada lucha conmigo misma, decidí dejar a mi amante para no poner en peligro mi matrimonio. No voy a volver a verlo, de verdad. Voy a dejar que empiece una nueva vida con otra persona, por más que me espante la idea de que lo consiga. No me sorprende, sin embargo, no ser capaz de persuadir a mi marido, que me mira con una expresión de desprecio escéptico, nueva en él, mientras yo le repito la verdad con un tono de indignación que me perfora los oídos. "Está en ti creerme o no, ¿cómo puedo convencerte?, ah, está bien, ya sé que no creerás nada de lo que te diga, ya destruí tu confianza y todo es culpa mía, no me lo voy a perdonar, pero el hecho es que, a pesar de lo que pienses, de verdad he dejado de verlo para siempre." (Aquí me esfuerzo por evitar la frase: "y no creas que no me cuesta y que no sufro por eso".) En ese punto aparece la tentación de pensar que "perdido por perdido, bien podría seguir viendo a mi amante" porque, de todos modos, mi marido ya no va a volver a creer en mí y, dado que va a sospechar siempre, ¿por qué no volver sobre mis palabras y seguir viendo en secreto a mi amante si, total, el naufragio emocional del matrimonio ya no tiene salvación, y mi marido siempre va a desconfiar de mí, haga lo que haga?

Con toda su horrible banalidad, la frase *Lo dejé por ti* suena como si fuese una prueba irrefutable de que la sensación de estar mintiendo cuando se dice la verdad nace de un deseo: el deseo culposo de querer hacer justamente lo que no se hace. Pero, en este caso, mi sensación de estar mintiendo al repetir la verdad sobre mi romance concluido es mucho más débil. Yo sé bien que no estoy mintiendo, pero también sé que me gustaría estar mintiendo. Sin embargo, darme cuenta de esto no intensifica mi culpa; por el contrario, produce en mí un efecto de inocente resentimiento. ¿Cómo osa mirarme con esa frialdad burlona? "Toda mi culpa se hace a un lado por la avalancha de irritación, dolor, y la sensación de haber actuado tontamente con rectitud. El hecho de que yo sea capaz de reconocer que ese escenario emocional es típico de novela barata y poco convincente no alcanza para disiparlo.

Esta culpa marital que persiste se siente de manera consciente. Entonces, ¿no es de esperar que una excusa veraz que se da en el marco de una relación social se viva con más sufrimiento porque el que la expresa tiene una culpa *inconsciente?* Una vez más, quisiera explayarme en este aspecto: si es así, se trata de la culpa inconsciente del lenguaje –del lenguaje de la excusa. Hay un componente lingüístico-emocional que es decisivo en la formulación de la excusa, y que tiene la estructura general de una mentira, independientemente de que en algunas ocasiones sea verdadera. Por esa razón, cuanto menos conmovedora sea una mentira y más ligada esté a la rutina social, peor se siente quien recurre a esa excusa trillada en relación con sus posibles consecuencias, y más precisamente cuando, en efecto, *es* la verdad. En una situación llena de angustia, melodrama y serias repercusiones (como la de la escena matrimonial, que, por previsible que sea, está lejos de la modesta situación de la mentira relacionada con la fiesta) es más fácil, irónicamente, decir la verdad por medio de una fórmula, incluso sin sentirse agobiado por la culpa. Es que cuanto más densa es la mezcla emocional y su cuota de resentimiento por haber hecho lo correcto, más alejada está la culpa punzante que se produce, en apariencia de modo tan perverso, cuando se da una simple excusa totalmente veraz.

La fórmula

Fue la presencia dominante de una fórmula lingüística lo que determinó la angustia en la mujer de nuestro ejemplo que no podía ir a la fiesta, tanto antes como después de la llamada de disculpa. Por cierto, se podría profundizar en la caracterización de su enunciado y definirlo como un acto de autojustificación o autoexoneración, pero lo que interesa aquí es hasta qué punto se lo puede incluir dentro de lo formular y cómo determina un sufrimiento acorde. Cuanto más verdadera es la excusa, más agudo es el cargo de conciencia. En cambio, si la excusa se hubiese acercado más a una mentira, la culpa habría sido menor en la medida en que la mentira no fuese burda sino medianamente creativa y plausible, como la de la amiga imaginaria que llega sin avisar sintiéndose terriblemente mal. Aunque a primera vista resulta paradójico el hecho de que una mentira funcione mejor que la verdad, esa paradoja se desvanece si se advierte que lo que está en juego es la imposibilidad de llenar aquello que se acepta como una mentira social con un contenido veraz.

La excusa verdadera de la invitada a la fiesta que no puede asistir porque no se siente bien, es la receta corriente para ese tipo de ocasiones. Ya viene lista para usar y, como está al alcance de la mano, el que la dice parece estar mintiendo. La forma de la mentira es lo que abruma. La mortificación por decir la verdad se agudiza porque ella se da cuenta de que en esa situación se activa un conocimiento psicoanalítico popular convencional que le dice con el dedo levantado que a menudo las mentiras dicen verdades y que la angustia surge de que la mentira sea la expresión de un deseo real. Pero esta interpretación psicológica pasa por alto la decisiva retórica peculiar de la excusa social. Esto se relaciona con la anécdota de Bertrand Russell sobre G. E. Moore: "Nunca logré que él mintiera, excepto en una oportunidad en la que usé un subterfugio. 'Moore, ¿siempre dices la verdad?', le pregunté. 'No', respondió. Creo que ésa fue la única mentira que dijo en su vida."[5] Entre otras cosas, la anécdota trata sobre el triunfo de la convención lingüística en atrapar a Moore, la convención del saber popular de acuerdo con la que *todos, como bien sabemos, dicen mentiras,* a pesar de lo cual, aunque la veracidad de Moore sea siempre incuestionable, él nunca podría haber dicho que sí sin parecer intolerablemente puritano o hipócrita.

Por su carácter mecánico, la excusa social despierta un escepticismo automático e indiferente en los que la oyen. (Y a una escala mayor, la mentira colectiva, la mentira política, despierta un cinismo colectivo en las personas a las que se dirige, y se mantiene en un equilibrio inestable que se rompe sólo con la irrupción violenta de algún evento cruel.) Como cualquier hablante, la mujer, que dice la verdad, intuye ese escepticismo, y así, repite la verdad que subyace a la maquinaria verbal y que existe a pesar de ella. Pero cuanto más repite, más fuerte es la sensación que tiene de estar mintiendo. La culpa persiste, ajena a las características impersonales del intercambio y a la poca importancia de lo que está en juego. Así, los sujetos de mis ejemplos (con excepción del marido engañado) entienden que los despreocupados anfitriones de la fiesta, el estricto inspector y la cínica secretaria del jefe no tienen ningún interés personal en ellos, y así debe ser. Estructuralmente inducida, su culpa se vincula con la frustración de intentar llenar verazmente un modelo o tropo lingüístico que tácita y colectivamente se entiende como no verdadero. La fórmula conlleva la expectativa de que se la tome como una mentira inocente, su oscuridad latente cae sobre quienes la expresan, se apodera de ellos, ya sea que la digan con actitud honesta o mendaz. "La conciencia es la voz interior que nos avisa que alguien puede estar observándonos", dijo H. L. Mencken a modo de broma, mostrando cómo la supuesta

---

[5] Bertrand Russell (1967): *The Autobiography of Bertrand Russell*, Londres, George Allen & Unwin Ltd, vol. 1, pág. 64.

interioridad de la conciencia se corresponde en realidad con la exterioridad.[6] Los que recitan una excusa absolutamente verdadera temen que los demás los estén observando porque la fórmula en los labios suena muy desvergonzada. ¿Qué se puede decir de los que no se ven afectados por las fórmulas y dan excusas sociales con fluidez? La suya es una patología de indiferencia lingüística, pues dada la psicología del lenguaje, la susceptibilidad y la vulnerabilidad a su contundencia son de hecho la reacción normal, y no una prueba de hipersensibilidad.

Hasta aquí he esquematizado casos de personas que "no saben" decir la verdad. Pero si uno no sabe mentir (que en la práctica es lo mismo), ¿eso podría provenir de la ilusión infantil de que los demás pueden leer lo que uno piensa y por eso siempre que uno trata de engañarlos, fracasa? ¿Existe una psicopatología del que dice la verdad (además de la patología obvia de sentir que se dice la verdad cuando se miente deliberadamente)? ¿Y acaso este acto compulsivo de decir la verdad quiere decir que uno no ha madurado lo suficiente como para abandonar la ilusión de ser transparente ante los ojos de los adultos?[7] Pero en el caso de la mentira social, hay una complicación adicional debido a una angustia inducida por la retórica: la vergüenza de presentar un cliché, precisamente cuando el contenido es absolutamente verdadero. Por lo tanto, como ya he sugerido, la mejor estrategia para tener la conciencia tranquila sería, de hecho, mentir en vez de usar las fórmulas convencionales para decir la verdad. La mujer que no puede ir a la fiesta siente que le resulta imposible convencer a los anfitriones de que ella *realmente* dice la verdad. Si insistiera, repetiría la estructura general de la excusa social, pero en vano, y con el agregado de que daría una imagen de trivialidad. Su esfuerzo se volvería en su contra, porque el género de la mentira social es siempre más resistente y más flexible que un hablante que diga la verdad en una situación determinada. La

---

[6] H.L. Mencken (1949): *A Mencken Chrestomathy,* Nueva York, Random House, pág. 617.

[7] John Forrester escribe sobre este tema: "El enunciado 'mis padres saben lo que pienso' es la formulación del discurso –todo el pensamiento se encuentra en el Otro (en el discurso del Otro)". Pero, continúa Forrester, Lacan señala que más adelante uno descubre que eso no es verdad, como lo prueba la capacidad de mentir. En John Forrester (2000): *Truth Games: Lies, Money and Psychoanalysis,* Cambridge, Mass, Harvard University Press, pág. 98.

fórmula pone de manifiesto la irrelevancia de la honestidad del que la usa. Si se define como neuróticos a la mujer que no va a la fiesta, al empleado con malestar crónico y a la turista confundida, entonces la suya es una neurosis de la sensibilidad frente al cliché lingüístico, a la trampa que la existencia de la excusa social tiende mecánicamente al pertinaz recitador de verdades.

A la luz de lo expuesto, conviene, en cambio, cultivar una inocencia deliberada. "Es más vergonzoso desconfiar de los amigos que ser engañado por ellos."[8] La máxima podría aplicarse a todos, aunque tal actitud tiene sus riesgos. Por razones similares, yo me esfuerzo por creerle al estudiante que me dice: "Yo escribí el ensayo, pero justo cuando lo terminé, se arruinó la computadora y perdí todo lo que había hecho". Con tal de conservar mi voluntad de creer, me cuido bien de no inquirir sobre la plausibilidad, tecnológica o de cualquier tipo, de tales afirmaciones acerca de computadoras arruinadas. Stendhal relata un cuento clásico que trata sobre la necesidad de creer, especialmente allí donde hacerlo supone una estupidez deliberada y donde la heroína insiste en que esa actitud de cortesía es la adecuada: "La historia de Mademoiselle de Sommery es muy famosa en Francia. La dama, sorprendida *in fraganti* por su amante, lo niega todo. Cuando él la presiona, ella grita: ¡Ah! Ahora me doy cuenta de todo. Ya no me amas: ¡crees más en lo que ves que en lo que yo te digo!".[9]

Aun así, no hay que considerar la mentira social sólo como una terrible *dominatrix;* en muchas ocasiones nos resulta útil. El equivalente actual de la mucama a la que se le pide que conteste el teléfono y diga "La señora no está" es el contestador telefónico, que miente por nosotros con profesionalismo, estemos o no en casa. A diferencia de sus dueños, el aparato está diseñado para no tener vergüenza cuando miente ni tampoco cuando por casualidad dice la verdad porque realmente no hay nadie en la casa. Si estamos allí, esperamos mientras

---

[8] François, duc de La Rochefoucauld (1959): *Reflections. Or Sentences and Moral Maxims*, Leonard Tancock (trad.), Harmondsworth, Penguin, máxima 84, pág. 45. [Hay traducción al español: *Máximas*, Madrid, Akal, 1973.]

[9] Henri Stendhal (1957): *Love*, Gilbert y Suzanne Sale (trads.), Londres, The Merlin Press, pág. 92. [Hay traducción al español: *Del amor*, Barcelona, Planeta-De Agostini, 2003.]

declara que no nos es posible atender, en tanto la verdad es que nada nos lo impide excepto el cansancio o el temor de que quien llama sea alguien con quien no tenemos ganas de hablar. Los que idean los mensajes incorporados al aparato han logrado fórmulas de un hermetismo impecable. La dama de voz metálica que anuncia "La persona a la que está llamando no está disponible" cubre una variedad de pecados, lo mismo que "En este momento no podemos atenderlo". No dice que la persona no quiere atender porque está descompuesta en el baño o tratando con desesperación de destapar el desagüe de la cocina, sino que "no puede atender". Cuando escuchamos las mentiras que ya vienen grabadas en nuestro contestador automático, quizá nos sonrojemos, pero el contestador no se sonroja. Hay quienes son capaces de grabar buenos mensajes; por ejemplo, los adolescentes que al final de todas y cada una de las llamadas exclaman un estridente "¡Te quieroooo!". Sin embargo, el afecto automatizado de este mensaje grabado es sólo una forma novedosa de las viejas reglas de la buena educación. No parece correcto criticar la "falta de sinceridad" del saludo "¡Que tenga un buen día!" usado por los empleados de restaurantes y tiendas de los Estados Unidos, crítica que tienden a hacer los europeos que viajan allí. La fórmula es moneda corriente y bien puede ser que los que la pronuncian la sientan como algo hueco o no, pero criticar al que la dice es muestra de arrogancia y de incapacidad de comprender la vida retórica de la fórmula.

Muchas otras fórmulas lingüísticas sin contenido claro pueden adoptarse sin problemas. No es lo más común que seamos devotos de la autenticidad y la originalidad verbales.

De hecho, los enunciados de fórmula pueden adoptarse por sí mismos, sin que se tenga en cuenta su vacuidad. Pensemos en las tarjetas o en los ramos de rosas del Día de los Enamorados: quienes los reciben saben que es un ejemplo transparente de mala fe y cursilería comercial con fecha fija y, por eso los desprecian; sin embargo, esperan con ansiedad que se los regalen. Lo que se espera es *la cosa*, pero en la medida en que opera como testimonio de la voluntad del amante de someterse a la vacuidad de la cosa. Quienes reciben este tipo de regalos podrían llegar a adherir a esta receta: después de todo, él debe quererme de verdad, porque llega al extremo de humillarse aceptando esta tonta costumbre comercial que en sí misma es tan poco sincera; incluso está dispuesto a cumplir con el ritual hueco de enviarme una tarjeta del Día de los Enamorados, en forma anónima, por supuesto, sólo por darme el gusto. Por mí, está dispuesto a quedar como un tonto, no de acuerdo con la ley del falo, sino –si es que hay alguna diferencia– con la del vacío, la autoanulación y la idiotez.

Impreso por TREINTADIEZ S. A. en 2016
Pringles 521 (C1183 AEI)
Ciudad Autónoma de Buenos Aires
Teléfonos: 4864-3297 / 4862-6794
editorial@treintadiez.com